Eugen E. Hüsler

Erlebnis Klettersteig

Die 100 schönsten Vie ferrate in den Alpen

Eugen E. Hüsler

Erlebnis Klettersteig

Die 100 schönsten Vie ferrate in den Alpen

Inhalt

Vorwort 9

Tipps für unterwegs 10
Ausrüstung • Gefahren • Sicherheit • Schwierigkeiten

Traum-(R)Eisen – wer träumt denn
da von Klettersteigen? 14

▲ Der »Gamsängersteig« auf die Ellmauer Halt im Kaisergebirge zählt zu den klassischen Klettersteigen der Nordalpen.

Nordalpen 18

1 Bert-Rinesch-Gedächtnissteig
   Totes Gebirge 20

2 Stodertaler Klettersteig
   Totes Gebirge 21

3 Eselstein – Jubiläumssteig
   Dachsteingebirge 22

4 Ramsauer Klettersteig
   Dachsteingebirge 23

Die »Eiserne Runde« 24

5 Südwandsteig »Der Johann«
   Dachsteingebirge 27

6 Königsjodler
   Hochköniggruppe 28

7 Watzmann-Überschreitung
   Berchtesgadener Alpen 29

8 Wildental- und Südwandsteig
   Berchtesgadener Alpen 30

9 Gamsängersteig
   Kaisergebirge 31

10 Innsbrucker Klettersteig
   Karwendelgebirge 32

11 Mittenwalder Klettersteig
   Karwendelgebirge 33

12 Alpspitze – Nordwand-Ferrata
   Wettersteingebirge 34

13 Jubiläumsgrat
   Wettersteingebirge 35

In letzter Minute: Heiße Eisen 36

14 Tajakante-Klettersteig
   Mieminger Gruppe 38

15 Schlicker Klettersteig
   Stubaier Alpen/Kalkkögel 39

16 Jubiläums-/Schiestl-Klettersteig
   Ötztaler Alpen 40

17 Tiroler Weg
   Ötztaler Alpen 41

18 Imster Klettersteig
   Lechtaler Alpen 42

19 Arlberger Klettersteig
   Lechtaler Alpen 43

20 Mindelheimer Steig
   Allgäuer Alpen 44

21 Karhorn-Klettersteig
   Lechquellengebirge 45

22 Panüeler Kopf
   Rätikon 46

23 Drei-Schwestern-Steig
   Rätikon 47

Südalpen 48

24 Prisojnik-Nord-/Jubiläumssteig
   Julische Alpen 51

— 4 —

Inhalt

25	Hanzasteig Julische Alpen	52
26	Via Italiana Julische Alpen	53
27	Sentiero Goitan Julische Alpen	54
28	Via Amalia Julische Alpen	55
29	Cellon – Bergführerweg Karnische Alpen	56
30	Sentiero attrezzato Corrado Karnische Alpen	57

Wenn einer einen Führer schreibt 58

31	Via ferrata Zandonella Sextener Dolomiten	61
32	Cengia Gabriella Sextener Dolomiten	62
33	Strada Sanmarchi Marmarolegruppe	63
34	Sentiero Bonacossa Cadinigruppe	64
35	Via ferrata Marino Bianchi Ampezzaner Dolomiten	65
36	Via ferrata Giovanni Lipella Ampezzaner Dolomiten	66
37	Via ferrata Cesco Tomaselli Ampezzaner Dolomiten	67
38	Via ferrata degli Alleghesi Civettagruppe	68
39	Via ferrata Costantini Civetta-Moiazza-Gruppe	69
40	Zacchi – Berti – Marmol Schiaragruppe	70
41	Boèseekofel – Südwandsteig Sellagruppe	71

▲ Der »Pößnecker Klettersteig« in der Sellagruppe zählt zu den ältesten Eisenwegen in den Dolomiten.

42	Pisciadù-Klettersteig Sellagruppe	72
43	Lichtenfelser Steig Sellagruppe	73
44	Pößnecker Klettersteig Sellagruppe	74
45	Cirspitze V – Klettersteig Puezgruppe	75
46	Günther-Messner-Steig Geislergruppe	76
47	Sas Rigais Geislergruppe	77
48	Santnerpass Rosengartengruppe	78
49	Masarè-Rotwand-Klettersteig Rosengartengruppe	79

— 5 —

Inhalt

▲ Gigantisch! Das ist das passende Prädikat für die »Via ferrata Che Guevara« in den Gardaseebergen.

50	Ferrata Col Ombert
	Fassaner Dolomiten 80

51	Alta via Bruno Federspiel
	Fassaner Dolomiten/Monzonikamm 81

52	Sentiero Miola
	Palagruppe 82

53	Via ferrata Reali
	Palagruppe 83

54	Via ferrata Bolver-Lugli
	Palagruppe 84

55	Sentiero Cacciatore/Buzzati
	Palagruppe 85

56	Sentiero Gaetano Falcipieri
	Trentiner Voralpen 86

57	Sentiero Angelo Pojesi
	Lessinische Alpen 87

58	Via ferrata Angelo Viali
	Lessinische Alpen 88

59	Via delle Bocchette
	Brentagruppe 89

60	Sentiero Claudio Costanzi
	Brentagruppe 90

61	Sentiero dei Fiori
	Adamellogruppe 91

62	Fennberg-Klettersteig
	Mendelkamm 92

63	Sentiero Burrone/Rio Secco
	Etschtaler Alpen 93

Pizza ferrata 94

64	Sentiero attrezzato Degasperi
	Gardaseeberge 97

65	Via attrezzata Giulio Segata
	Gardaseeberge 98

66	Via attrezzata Rino Pisetta
	Gardaseeberge 99

67	Via ferrata Che Guevara
	Gardaseeberge 100

68	Colodri – Anglone – Sallagoni
	Gardaseeberge 101

69	Via dell'Amicizia
	Gardaseeberge 102

70	Sentiero dei Camminamenti
	Gardaseeberge 103

71	Zucco di Sileggio
	Comer-See-Berge 104

72	Sasso Cavallo
	Comer-See-Berge 105

73	Grignetta – Direttissima/Cecilia
	Comer-See-Berge 106

74	Monte Coltignone
	Comer-See-Berge 107

75	Dente del Resegone
	Comer-See-Berge 108

76	Via ferrata del Centenario
	Comer-See-Berge 109

Westalpen 110

Fondue oder Röschti? 112

77	Säntis – Nasenlöcher/Lisengrat
	Appenzeller Alpen 116

— 6 —

Inhalt

78	Braunwalder Klettersteig Glarner Alpen 117
79	Rigidalstock-Klettersteig Vierwaldstätter Alpen 118
80	Fürenwand-Klettersteig Vierwaldstätter Alpen 119
81	Via ferrata Diavolo Urner Alpen 120
82	Salbitschijen – Kettenweg Urner Alpen 121
83	Monte-Generoso-Klettersteig Tessiner Voralpen 122
84	Tälli-Klettersteig Urner Alpen 123
85	Rotstock-Klettersteig Berner Alpen 124
86	Ferrata Tour d'Aï Waadtländer Alpen 125
87	Jägihorn-Klettersteig Walliser Alpen 126
88	Leukerbadner Klettersteig Berner Alpen 127
89	Ferrata de Tière Walliser Alpen 128
90	Ferrata Béthaz-Bovard Grajische Alpen 129

Vie ferrate à la française 130

91	Tour de Jalouvre Savoyer Alpen 132
92	Ferrata Yves Pollet-Villard Savoyer Alpen 133
93	Ferrata du Roc du Vent Beaufortain-Alpen 134
94	Ferrata de la Roche à l'Agathe Savoyer Alpen 135

▲ Viel Eisen und noch mehr Luft unter den Sohlen – an der »Via ferrata de la Tour de Jalouvre«.

95	Tête de Cheval Savoyer Alpen 136
96	Ferrata du Plan du Bouc Vanoise-Massiv 137
97	Ferrata de l'Adret Maurienne-Alpen 138
98	Ferrata de la Chal Belledonne-Alpen 139
99	Poingt Ravier – St-Pierre Maurienne-Alpen 140
100	Ferrata du Télégraphe Maurienne-Alpen 141

Register 142

— 7 —

Vorwort

Faszination Klettersteig

Manchmal kann ein Blick zurück nichts schaden, auf die Anfänge, will man einem Phänomen auf die Spur kommen. Und da lernt uns die »Ferrata-Historie« vor allem, dass es wenig Neues unter der Alpensonne gibt. Bereits in der zweiten Hälfte des 19. Jahrhunderts wurde zwischen Bodensee und Wienerwald recht fleißig »genagelt« und »verdrahtet«. Eine Hauptaufgabe der noch jungen Alpenvereine galt der Erschließung, also dem Wege- und Hüttenbau; so erhielt mancher Gipfel seinen gesicherten Steig. Relikte aus dieser Pionierzeit kann man etwa am Hohen Dachstein bewundern; andere Routen wie der Stüdlgrat des Großglockners sind längst wieder verfallen.

Als eigentliche »Erfinder« des modernen Klettersteigs gelten die Wiener; sie bauten in ihren Hausbergen zahlreiche Kletterrouten aus, machten schwierige Führen mit Eisenhaken und Seilen gangbar – der Weg als Ziel … Ziemlich genau ein Jahrhundert liegt zwischen diesen ältesten Steigen in der Rax und den »Vie ferrate à la française«, dazu fast tausend Kilometer Distanz sowie eine Sprach- und Kulturgrenze. Hanfseile und genagelte Schuhe sind längst aus der Mode, auf dem hübschen Lockenkopf sitzt ein Polyesterhelm, Gore-tex schützt zuverlässig vor Wetterunbillen. Die Eisenteile – Haken, Bügel, Seilklemmen – kommen nicht mehr aus der Schmiede, sie werden industriell gefertigt; eine große Schautafel am Einstieg informiert über Verlauf und Schwierigkeit der Route. Der Parkplatz ist gut besetzt, und aus der Wand hört man das Klick-klick der Karabiner.

Vieles hat sich verändert – der Reiz, die Faszination ist geblieben. Zigtausende sind jedes Jahr unterwegs auf den Vie ferrate, und es werden immer mehr. Dabei hatten die Klettersteige seit ihren Anfängen kaum je eine Lobby, schon gar nicht in der alpinen Szene, wo man sie eher widerwillig zur Kenntnis nahm, nehmen musste. Dem Ferratisten – so hieß es abwertend – fehle das Können zum (Kletter-)Artisten, sein Erlebnis sei ein geborgtes und schließlich: Natur werde verschandelt, verdrahtet …

Tempi passati. Längst haben Tourismusmanager die Zugkraft von Klettersteigen fürs schwächelnde Sommergeschäft erkannt; Hütten mit einer Via ferrata verzeichnen rapide steigende Besucherzahlen, Seilbahnbetreiber machen mit: am Drahtseil hin und am Drahtseil hinauf! Das Klettersteiggehen ist eine von vielen Möglichkeiten, die Alpen sportlich kennenzulernen, und (fast) so unterschiedlich wie die Berglandschaften zwischen Salzkammergut und Provence, zwischen Dolomiten und Matterhorn ist auch das »eiserne« Angebot – die Tourenauswahl in diesem Buch beweist es.

Ich wünsche meinen Lesern viel Spaß zwischen Tal und Gipfel, schöne, erlebnisreiche Stunden und Tage auf den Vie ferrate, am »Che Guevara«, am »Johann«, auf dem »Leukerbadner« und wie sie alle heißen.

Dietramszell, Februar 2002   *Eugen E. Hüsler*

◀ Als Bergwanderer die Vertikale erleben! Das ermöglichen die Klettersteige (an der »Strada Sanmarchi« in der Marmarolegruppe).

Allgemeine Hinweise

Was man über Klettersteige unbedingt wissen sollte ...

Wenn Klettersteiggehen als relativ ungefährliches Tun auf der alpinen Spielwiese gilt, bedeutet das natürlich nicht, dass zwischen Einstieg, Gipfel und Tal keine Risiken lauern. Grob gesehen kann man zwischen drei Risikobereichen unterscheiden:
- die Natur, unberechenbar wie je (Steinschlag, Wetter)
- der Bergsteiger, der auf jeder Tour Entscheidungen zu treffen hat, seine Fähigkeiten richtig einschätzen muss
- die Ausrüstung

Passiert etwas, so ist oft eine verhängnisvolle Kombination aus mehreren Risikofaktoren schuld: ein Wetterumsturz, den der Klettersteigler nicht wahrhaben wollte (Ehrgeiz), Steinschlag, ausgelöst von Voraus- oder Nachsteigenden, veraltete oder nicht angelegte Ausrüstung (Helm, Set).

Die richtige Ausrüstung

Klettersteiggehen ist eine »Outdoor-Aktivität«, es spielt sich draußen vor der Tür ab, im Gebirge. Und für so etwas braucht's die richtige Ausrüstung. Die richtet sich natürlich nach dem Tourenziel. Will man beispielsweise auf die Marmolada, ist der Ballast ungleich größer als beim Training am talnahen Sportklettersteig. Da gehört dann der Biwaksack in den Rucksack, werden Steigeisen und Pickel aufgepackt. Taschenlampe und Handschuhe kommen ohnehin mit, Kleidung zum Wechseln ebenfalls.

▲ Die modernen Klettersteig-Sets werden nicht mehr mit Knoten am Klettergurt befestigt, sondern mit einem einfachen Ankerstich.

Unterschiedlich wird auch die **Schuhwahl** ausfallen. An der »Via Pisetta« greift man auf Kletterpatschen mit elastischer Sohle zurück, die maximale Reibung im Steilfels garantieren. Schwere Bergstiefel, im Hochgebirge auf gesicherten Steigen durchaus passend, schneiden da schlecht ab. Für talnahe Sportklettersteige à la française eignen sich auch Laufschuhe mit griffiger Gummisohle.

Und immer dabei: **der Helm**. Denn wenn etwas nicht stimmt auf Klettersteigen, dann der Spruch »Alles Gute kommt von oben«. Also: lieber einmal zuviel aufsetzen, denn »sicher ist sicher« (das allerdings stimmt)!

Das Klettersteigset: Unentbehrlich auf den Eisenwegen ist das Klettersteigset, heute üblicherweise in der sogenannten Y-Form mit Sturzbremse, Seilstück und zwei speziellen Sicherheitskarabinern. Knoten gehören (endlich!) der Vergangenheit an; das Set wird per Ankerstich mit dem Klettergurt (Sitz- und Brustgurt oder Kombigurt) verbunden; da kommt auch niemand mehr auf die Idee, sich mit einem Karabiner (Bruchgefahr) zu behelfen. Die Klettersteigsets werden von mehreren Herstellern angeboten; man achte darauf, keinen Ladenhüter (V-Form, Knoten am Set) angedreht zu bekommen.

Partnersicherung: Bei sehr steilem bis senkrechtem Routenverlauf gewährt die Selbstsicherung keinen optimalen Schutz. Versuche haben gezeigt, dass bei Stürzen von nur wenigen Metern bereits Kräfte frei werden, die zu Karabinerbruch oder Seilabriss führen können. Echte Sicherheit bietet da nur die konventionelle Partnersicherung, wie beim Klettern üblich; Eisenbügel oder Haken dienen als Sicherungspunkte. Vorbildlich sind viele französische Klettersteige, in denen die Fixpunkte so gestaltet wurden, dass bei einer Begehung als Seilschaft jeweils bequem Zwischensicherungen eingehängt werden können.

Achtung Gefahr!

Steinschlag. In jeder alpinen Unfallstatistik steht er ziemlich weit oben. Und bei weitem nicht immer ist es ein von der Erosion gelockerter Brocken, der plötzlich – der Schwerkraft folgend – seine luftige Reise nach unten antritt. Gerade auf Klettersteigen ist immer wieder zu beobachten, dass »Bergkameraden« für den gefährlichen Beschuss von oben sorgen. In so einem Fall hilft bloß: in Deckung gehen, und zwar sofort.

Steilrinnen und Geröllschluchten sollte man nach Möglichkeit nur betreten, wenn keine Gefahr durch Voraussteigende droht. Natürlich wird man in diesen kritischen Bereichen selber keine Steine lostreten... Grundsätzlich gilt: Lieber einmal zuviel den Helm aufsetzen. In der Praxis sieht das allerdings oft etwas anders; es ist irre heiß am Gardasee oder fester Fels suggeriert falsche Sicherheit. Und dann muss man ja seiner hübschen Partnerin noch klar machen, dass Sicherheit (in diesem Fall) klar vor Schönheit kommt. Und so hässlich sind die modernen Helme ja auch wieder nicht, oder?

Allgemeine Hinweise

Wetter. Immer wieder ist zu beobachten, wie wenig Beachtung die Wetterentwicklung bei manchen Bergsteigern findet. Wer einmal ein richtiges Sommergewitter in alpinen Hochlagen erlebt hat oder bei einem Temperatursturz mit Schneefall über eine Via ferrata abgestiegen ist, wird in Zukunft entschieden vorsichtiger sein. Doch besser ist allemal, sich rechtzeitig über die Wetteraussichten zu informieren. Ein strahlend schöner Morgen bietet keinerlei Gewähr, dass es den ganzen Tag über sonnig bleibt, dass weder Gewitter noch Regen oder Schnee drohen. Als Vorboten eines Wetterumschlags gelten Morgenrot, fallender Luftdruck (lässt sich am Höhenmesser ablesen), bestimmte Wolkenbilder (z. B. Schäfchenwolken nach längerem Schönwetter, Föhnfische und von Westen aufziehende Federwolken). Bilden sich bereits am Vormittag Haufenwolken, die rasch zu mächtigen Türmen anwachsen, sind Schauer, Blitz und Donner zu erwarten. Und das muss jeden Klettersteiggeher besonders interessieren, ist sein liebstes Sportgerät doch ein gigantischer Blitzableiter.

Besonders gefährlich ist das auf »eisenhaltigen« Kammüberschreitungen, bei denen man auch den Abstieg über eine Ferrata nehmen muss. Also stets die Wetterentwicklung im Auge behalten, rechtzeitig umkehren. Wird man trotzdem von einem Gewitter überrascht, heißt die Devise: *weg von Eisenleitern und Drahtseilen (aber natürlich nur, wenn das ohne akute Absturzgefahr geht)!* Zu meiden sind herausragende Geländepunkte wie Gipfel, Grate oder isoliert stehende Bäume. Auch Felsnischen bieten keinen sicheren Schutz, da ein Blitzschlag sich über die Wand entladen kann.

Ich bin nicht schwindelfrei! Der Blick in die bodenlose Tiefe, er gehört auf Klettersteigen natürlich dazu, macht ja auch ihren besonderen Reiz aus: sicher am Abgrund mit einem leichten Kribbeln im Bauch. Doch die Vorstellung, hoch über dem (sicheren) Boden auf ein paar Eisenklammern oder einem winzigen Felsabsatz zu stehen, kann auch ganz andere Reaktionen auslösen: Bin ich schwindelfrei?

Es gibt organisch bedingte Störungen des Gleichgewichtssinns; wesentlich häufiger sind allerdings Schwindelgefühle, deren Wurzel psychischer Art sind: Angst. Und die kann man (manchmal) besiegen, mit viel Geduld und beharrlichem Training. Allmähliches Gewöhnen an die Höhe (bzw. die Tiefe), verbunden mit der langsam wachsenden Gewissheit: Ich schaff's!

Selbstüberschätzung. Bergsteigen lernt man nicht von heute auf morgen, und das gilt auch für das Klettersteiggehen. Es ist ein verhängnisvoller Irrtum, zu glauben, das (sichernde) Eisen wäre

▲ Die Mutter aller Dolomiten-Klettersteige: der berühmte »Bocchette-Weg« in der Brenta.

◄ Achtung Steinschlag! Klettersteige verlaufen im Gebirge, und da ist es mitunter nicht ungefährlich. Bergsturz an der »Via ferrata Bolver Lugli« in den Pala-Dolomiten.

Allgemeine Hinweise

Versicherung gegen menschliche Unzulänglichkeiten, im Gegenteil: Mitunter verleitet es zu gefährlicher Selbstüberschätzung. Deshalb der Rat: klein anfangen, allmählich steigern, nicht zuviel Ehrgeiz entwickeln.

Das alpine Notsignal

In einer ernsten Notlage kann mit diesem Signal Hilfe herbeigerufen werden: **sechs akustische oder optische Zeichen pro Minute. Antwort: drei Signale pro Minute.**

Jeder Wanderer oder Bergsteiger, der das alpine Notsignal vernimmt, ist im Rahmen seiner Möglichkeiten zur Hilfeleistung verpflichtet. Muss die Bergrettung auf der Hütte oder im Tal alarmiert werden, sind präzise Angaben von größter Wichtigkeit.

- Was ist passiert (Art des Unfalls, Zahl der Verletzten, evtl. Art der Verletzungen)?
- Wo ist es passiert (genaue Ortsangabe)?
- Wann war der Unfall (Zeitpunkt des Unglücks)?
- Wie sieht es am Unfallort aus (Wetter, Sichtweite, Gelände)?
- Wer macht die Meldung (Personalie)?

Die »Zehn Gebote« für Klettersteigler

- Sich vor der Tour über die **Wetteraussichten** informieren; bei Gewitterneigung möglichst früh starten, besser die Tour gleich verschieben.

▲ Brandneu! Die »Via ferrata des Demoiselles du Castagnet« ist ein typisch französischer Sportklettersteig im Tal des Var nahe des Ortes Puget-Théniers.

- **Tourenplanung** dem eigenen Können und Konditionsstand anpassen; in einer Gruppe Rücksicht auf Schwächere nehmen. Nicht gleich mit schwierigen Steigen beginnen!
- **Rucksack** sorgfältig packen: nichts vergessen?
- **Ausrüstung** nicht nur mitnehmen, sondern auch benützen. Der Steinschlaghelm im Rucksack hilft wenig…
- **Am Klettersteig** nach Möglichkeit klettern; das Drahtseil dient in erster Linie der Sicherung. Wo das nicht mehr möglich ist, darauf achten, dass ein Seilabschnitt jeweils nur von einem Bergsteiger benützt bzw. belastet wird.
- **Sorgfältig gehen,** Steinschlag vermeiden. In Rinnen und Schluchten nach Möglichkeit nur einsteigen, wenn das Gelände über einem »frei« ist, also keine anderen Bergsteiger unterwegs sind.
- **Stets aufs Wetter achten.** Bei Gewittergefahr weg von Graten und Eisenteilen – wer geht schon gerne an einem riesigen Blitzableiter entlang spazieren?
- **Bei einem Wettersturz umdrehen!** Selbst nur mäßig schwierige Klettersteige verwandeln sich bei Regen oder Schneefall, bei einem Temperatursturz (Vereisung) rasch in gefährliche Fallen.
- **Kein blindes Vertrauen** in Drahtseile, Haken und Verankerungen; sie können beschädigt sein. Drahtseile nicht unnötig auf Zug belasten.
- **Defekte Sicherungen** stets in der Hütte oder im Talort (bei der Polizei oder im Verkehrsbüro) melden!

Ein Wort zum Umweltschutz

Über die enormen Belastungen, denen der Alpenraum als »Playground of Europe« ausgesetzt ist, muss an dieser Stelle nichts weiter gesagt werden. Von den Besuchermassen darf man wohl nur bedingt erwarten, dass sie – entgegen eingeübter Gewohnheiten – das Naturwunder Alpen nicht bloß konsumieren, sondern als Individuum sinnvoll erleben. Diese Erkenntnis entbindet aber gerade den Bergsteiger keinesweges von der Mitverantwortung gegenüber seinen Bergen. Also zumindest dafür sorgen, dass der Müllhaufen nicht weiter anwächst! Was bereits herumliegt, braucht nicht ansteckend zu wirken, im Gegenteil: Ich habe es mir zur Gewohnheit gemacht, nicht nur die eigenen Abfälle, sondern auf jeder Tour auch ein zurück gebliebenes Exponat unserer Wegwerfgesellschaft wieder hinab ins Tal mitzunehmen. Die winzige »Mühe«, von all jenen praktiziert, die sich als Berg- und Naturfreunde fühlen, müsste eigentlich eine erfreulich reinigend Wirkung auf Gipfel und Wegränder zeitigen…

Und noch ein Tipp: In vielen Alpenregion besteht mittlerweile ein vorbildliches System öffentlicher Verkehrseinrichtungen (Bahn, Bus, Schiff, Lift). Weshalb also nicht ab und zu auf das eigene Vehikel verzichten? Zum »Pößnecker-Klettersteig« ganz ohne Kolonnenfahren, Parkplatzsuche – und unten am Grödner Joch wartet erst noch der SAD-Bus. Wie praktisch!

Eine Vier-Klassen-»Gesellschaft«

Dem sehr unterschiedlichen Anforderungsprofil der Eisenwege entsprechen vier Kategorien: gesicherte Steige, Klettersteige, alpine Routen, Sportklettersteige. Sie werden in diesem Buch

Allgemeine Hinweise

◄ Mitten in den Seealpen, im Parc National du Mercantour, gibt es einen aus insgesamt sieben (!) Abschnitten bestehenden Klettersteig namens »La Traditionelle«; er ist alles andere als traditionell, denn er verläuft quer statt hoch ...

durch ein Kreissymbol bei der Kopfzeile gekennzeichnet.

Gesicherte Steige
Hier handelt es sich um Wege/Steige, die in der Regel nur kürzere gesicherte Passagen aufweisen, z. B. Normalwege auf Gipfel, Gratrouten oder Übergänge von Hütte zu Hütte. Bergerfahrung ist entschieden wichtiger als ein dicker Bizeps.

Klettersteige
Die klassische Via ferrata, meistens eine mehr oder weniger stark »aufgerüstete« Kletterroute.

Alpine Routen
Mit den gesicherten Steigen vergleichbar, nur kommt hier anspruchsvolleres ungesichertes Gelände dazu. Die alpine Route weist leichtere Kletterstellen (maximal II oder »mäßig schwierig« der Alpenskala) auf, sie führt über Eis (Gletscherausrüstung) oder in heikles Schrofengelände. Touren für Bergsteiger mit entsprechender Erfahrung.

Sportklettersteige
Meistens in Talnähe angelegte Routen, bei denen es mehr um das Spektakel als um den Berg geht: senkrechte bis überhängende Wandstellen, maximal exponierte Querungen, dazu Gags wie Hänge- oder Seilbrücken, sog. »Tyroliennes«. Vielfach mit Klettergartencharakter.

Die Klettersteige und ihre Schwierigkeiten

Es ist beinahe wie in der Schule – Noten müssen her, Bewertungen, ein System halt, das den Klettersteigler informiert: leicht bis sehr schwierig oder so.

Das hört sich ganz einfach an, ist in Wirklichkeit aber ziemlich kompliziert (siehe Schule). Nur ein Beispiel: Was hat der »Jubiläumsgrat« mit der »Via ferrata Pisetta« gemeinsam? Die Eisenteile, richtig. Das ist aber auch schon alles, sieht man von der steinernen Unterlage einmal ab; beim ersteren handelt es sich um eine hochalpine, mehrstündige Gratüberschreitung, während an der »Pisetta« vor allem ein kräftiger Bizeps und absolute Immunität gegen schwindelnde Tiefblicke verlangt werden. Eine Begehung des »Jubigrats« setzt alpine Erfahrung voraus, sicheres Gehen in ungesichertem Fels- und Schrofengelände, etwas Kletterfertigkeit und eine tadellose Kondition. All das ist an manchen französischen Sportklettersteigen überflüssig. Doch spätestens auf der »passage de plein gaz«, an den Bügelreihen der »Ferrata St-Pierre« oder auf einer schwankenden Seilbrücke stellt sich mit Blick in die Tiefe dann erneut die Frage: schwierig, sehr schwierig?

Klettersteigler sind in der Regel Hobbybergsteiger, keine Profis und keine Kletterer. Ihr alpinistisches Rüstzeug variiert mindestens so stark wie die Qualität des Frühstückskaffees auf Berghütten: miserabel bis sehr gut. Manche, die sich am Drahtseil völlig sicher fühlen, bekommen bereits im ungesicherten Schrofengelände ihre Schwierigkeiten. Andere schaudert es bei der Aussicht, auf einer schwankenden Seilbrücke über den Abgrund zu balancieren.

Für jede der 100 Touren in diesem Buch werden im Infokasten die Anforderungen kurz skizziert. Um dem Leser die Orientierung zu erleichtern, stehen zusätzlich drei verschiedene Farbsymbole im Tourenkopf: leicht, mittel, schwierig bis sehr schwierig, farblich entsprechend dem Typus der Route (gesicherte Steige, Klettersteige, alpine Routen, Sportklettersteige):

Charakter	gesicherte Steige	Klettersteige	alpine Routen	Sportklettersteige
Schwierigkeiten	↓	↓	↓	↓
leicht	○	○	○	○
mittel	◐	◐	◐	◐
schwierig bis extrem	●	●	●	●

Der Info-Kasten

Jeder Tour ist ein Info-Kasten beigestellt, der alle wichtigen Daten wie Ausgangspunkt, Gehzeiten, beste Jahreszeit, Schwierigkeiten usw. enthält; dazu die Adresse der örtlichen Tourismusbüros, Hinweise auf Landkarten und Führer. Wer vom Ausland im Verkehrsamt oder auf der Hütte anrufen will, muss die jeweilige internationale Vorwahl wählen: Deutschland 0049, Frankreich 0033, Italien 0039, Österreich 0043, Schweiz 0041. Dabei fällt die Null in der regionalen Vorwahl weg (Ausnahme Italien, wo die Null stets mitgewählt werden muss!).

Traumland Klettersteige

Wer träumt denn da von Klettersteigen?

Traum-(R)Eisen

Über Geschmack lässt sich bekanntlich nicht streiten – also ist die Frage rein theoretischer Natur. Ähnlich verhält es sich mit den Klettersteigen – man kann sie mögen, oder auch nicht. Dass es zwischen Klettersteig und Klettersteig große Unterschiede gibt, vor allem zwischen deutschen und welschen (französischen), sollte dabei nicht übersehen werden. Woher die Differenzen? Ist Berg nicht Berg? Darüber kann man trefflich diskutieren …

Stahlharte, sucht er Eisenbügel, Fixseile, Haken und Leitern – hinauf! Und kaum oben, hält er schon Ausschau nach dem nächsten Ziel. Früher, da musste der Rheinländer aus Freiburg weit reisen, um seiner Leidenschaft nachzugehen, in die Dolomiten, an den Comer See oder wenigstens nach Tirol. Inzwischen sind ihm die Eisenwege etwas entgegen gekommen; nur noch zwei Autostunden weit (ohne Stau) ist's bis in die Innerschweiz oder ins Berner Oberland: Diavolo, Tälli, Braunwald, Rotstock, Rubli und Rocher Jaune heißen die Losungsworte, die ihm Gewinn versprechen.

Wen wundert's da, dass Jürgen jetzt auf den Frühling hin fiebert? Vom »Dente« redet er ständig und meint damit natürlich die knackig-steile Ferrata am Resegone, die in seiner Sammlung noch fehlt. Denn irgendwo tief in ihm drin sitzt noch ein Traum, den er natürlich niemandem verrät: alle! Er will sie alle kennenlernen, alle Eisenwege zwischen Wien und

▲ Die Straße, die keine ist – die »Strada Sanmarchi« führt quer durch die unbekannte Marmarole-Gruppe im Südosten der Dolomiten, weit mehr als »nur« eine Ferrata oder ein Höhenweg – eine Traumtour eben!

Überall wird gebohrt und gehämmert, Klettersteige sind »in«, liegen ganz im Trend: das Abenteuer im Steilfels!

Träumen tun wir alle, behaupten die Psychoanalytiker; das soll die Seele reinigen oder so, auch wenn man morgens aufwacht und nichts mehr davon weiß. Weil sich eben alles im Unterbewussten abspielt, im verriegelten Keller unter unserem Bewusstsein. Da verhält es sich mit den **Träumen** anders: jeder hat sie, jede braucht sie. Jürgen zum Beispiel hat einen ganz großen Traum, einen »eisernen« sozusagen. Wann immer Wetter, Arbeit und Familie es zulassen, saust er los: bergwärts. Und seine Berge haben meistens Stacheln, sind an Drahtseile gebunden. Jürgen ist ein unheilbarer Klettersteigfreak; obwohl sanften Gemüts, liebt er das

Marseille, die kleinen wie die großen, ob talnah oder weltfern, ob gemütlich, schwierig oder gar extrem. Leicht wird er's nicht haben, nicht mehr, und aus seinem großen Traum könnte leicht ein **Albtraum** werden. Denn überall wird gebohrt und gehämmert, Klettersteige sind in, liegen ganz im Trend: das (beinahe) risikolose Abenteuer im Steilfels. Da braucht man sich nur die Hochglanzprospekte 2001 der alpinen Urlaubsorte anzuschauen; überall springen, segeln, rutschen, klettern und stürzen sie, es rinnt der Schweiß, Adrenalin rauscht durchs Hirn, der Alltagsfrust muss weg, der Stress wird in die Natur hinaus geschrien … Auch ein Albtraum?

Ich hab' einen sehr guten Schlaf, das kommt vom Sport und vom Rotwein. Ganz selten, dass ich nachts wach liege oder gar von **Angstträumen** heimgesucht werde. Dass ich an Eisen gekettet wäre oder Krampen, an denen ich mich festhalte, wie faulige Zähne aus dem Fels brechen – ich stürze ab, verzweifelt suche ich Halt, rutsche, stürze ins Bodenlose…

Traumland Klettersteige

Der Wecker, auf sechs Uhr früh programmiert, tut seine Pflicht und noch mehr, erlöst mich, beendet den Fall abrupt. Zeit zum Aufstehen, es ist ein Beitrag fällig, fürs Aprilheft einer Bergsteigerzeitschrift und zum rostigsten Thema überhaupt: Klettersteige. Da bin ich Experte, eisenerprobt, und ich gebe ja zu, ein Kundigerer zu dem Thema findet sich nicht so leicht zwischen München und Dietramszell oder Flensburg und Mailand, zwischen Marmolada und Jubigrat.

Angefangen hat's 1969, im Sommer der Mondlandung auf dem Campingplatz von Cortina (noch so ein **Wunschtraum** von mir: hinaus ins All). Ein Kletterversuch endete im Schlechtwetter und an einem Drahtseil, das von den Felsen der Südlichen Fanisspitze herabhing; im Führer stand etwas von IIIer- bis IVer- Route, und ich – ganz ahnungslos – wusste überhaupt nicht, was es mit diesem Artefakt unserer Zivilisation auf sich hatte. Ein Blitzableiter, ein Relikt gar aus vergangenen blutigen Zeiten in den Dolomiten? Es war das hintere, das falsche Ende der »Tomaselli«, damals ganz neu, als die schwierigste Ferrata der Dolomiten aber bald schon sehr populär: Da musste man(n) unbedingt hin, keine

> Die Jahre sind ins Land gegangen, Klettersteige gekommen. Ganz leise, unmerklich schlichen sie sich in mein Leben

Frage. Ich wusste nichts von dieser Art des Bergsteigens, in der Schweiz gab's so etwas nicht, damals. Tempi passati. Die Jahre sind ins Land gegangen, Klettersteige gekommen. So ganz leise, unmerklich schlichen sie sich in mein Leben, richtige **Traumtouren** machten mich süchtig, weniger nach dem Eisen als nach dem Erlebnis Berg: in der Moiazza, in den Julischen Alpen, in der Brenta, am Gardasee, im Wallis und, und… Über das Engelsband an der »Costantini« flanieren, vom Grintavec zur Skuta und weiter zu den Rinke hinüberwandern, auf dem Bocchetteweg spazierengehen, die Ostwand des Monte Casale durchsteigen oder vom Dachstein hinuntergucken ins grüne Ennstal. Oben am Civettagipfel sitzen und zuschauen, wie die Sonne hinter der Sella verschwindet oder im Bivacco Slataper, auf dem großen Band unter dem Jôf di Montasio, traumlos-tief schlafen, während der wilde Adriawind, Regen ankündigend, um die Felsen heult; sich auf der »Strada Sanmarchi« fast wie auf dem Mond fühlen, weiter weg von E-Mails und Cola als auf jedem Himalaja-Treck; in knöcheltiefem Schnee am Palaplateau nach einem Abstieg suchen. **Träume?**

Nein – erlebte Natur, auf vielen Wegen, an vielen Tagen und immer wieder am Drahtseil. Da war auch manche Gänsehautroute dabei, wenn ich etwa an die beschädigte, nur notdürftig geflickte alte »Tissi« denke oder an die »Via della Vita« von 1983. Das Datum ist nicht so ganz unwichtig, hat diese Ferrata in den Julischen Alpen doch, was ihren Zustand angeht, so manches Hoch und Tief hinter sich. Damals steckte sie wohl in existenzieller Not, man wollte sie gar abbauen; lose herabhängende Drahtseile und rostige Haken ließen den Soloabstieg zu einem kleinen Horrortrip werden, und die Randkluft hätte mir fast den Rest gegeben. Nicht umsonst, dachte ich, hieß die Strecke ursprünglich »Via della Morte« … Glück gehabt!

Unfälle, manche mit schlimmem Ausgang, gibt es immer wieder in den Bergen, viel zu oft, beim Wandern wie auf Klettersteigen, beim Tourenskigehen, beim Klettern: Unsicherheitsfaktor Mensch. Bei Jürgens Spielwiese, den Vie ferrate, spielt neben subjektiven Gefahren auch die »Bauweise«, die Sicherungsart eine wichtige Rolle als Risikofaktor. Und da empfiehlt es sich, einmal über den Zaun hinweg nach Westen zu schauen (ja, da tut sich was!), in die kleine Schweiz und auf die Grande Nation. Jenseits des eisernen Limes, wo noch vor einem Jahrzehnt bei Klettersteigen Fehlanzeige war, wird heute fleißig gebaut – und vernünftig dazu. Um den Unterschied zu verstehen, brauchen Klettersteigler bloß auf eigene Erfahrungen zurückzugreifen. Wer hat nicht schon zum Fixseil gegriffen, sich an einer

▲ Von der Punta Masarè auf die Rotwand – das schönste Klettersteigrevier im Rosengarten mit der Krönung eines großen Dolomitengipfels.

▼ Solides Mittelmaß – die Leiter am Boèseekofel stellt die Schlüsselstelle am Südwandsteig dar.

Traumland Klettersteige

▲ Klassisch dolomitisch – eine Besteigung der Großen Cirspitze über dem Grödner Joch wird gern mit der Begehung der Ferrata auf die V. Cirspitze verbunden.

▶ Einer der bekanntesten überhaupt – der »Pisciadù-Klettersteig« in der Sellagruppe.

steilen, ausgesetzten und trittarmen Wandstelle, riskante fünfzig Meter über dem Boden vielleicht, hochgezogen? Sicherung als Fortbewegungshilfe – auf ostalpinen Klettersteigen gang und gäbe. Ganz anders in den Westalpen, wo man überall für (künstliche) Haltepunkte sorgt, der Klettersteigler viel öfter auf Krampen steht, zu Eisenteilen greift. Das Drahtseil dient dabei nur der Sicherheit, im Absturzgelände aber keinesfalls der Fortbewegung! Ein gravierender Unterschied, vor allem bezüglich der Sicherheit (was sagen Sie dazu, Herr Schubert?), oder träume ich etwa? »Was meinst du?«, frage ich den Jürgen, er ist Experte in solchen Sachen. Schulterzucken, dann ein Brummlaut; er schüttelt den Kopf. »Ich weiß nicht recht«, kommt es schließlich zögernd, »schöner find' ich die sportlichen Routen, jene mit weniger Eisen…«»Da geb' ich dir ja recht, mir gefällt die ›Costantini‹ auch, logisch, eine fantastische Ferrata«, pflichte ich bei, »aber es geht jetzt nur um den Sicherheitsaspekt.«

Natürlich kommen wir zu keinem Ende, nur der Wein ist alle, und morgen wollen wir ins Wallis. Da soll es eine Via Ferrata geben, die ohne Zweifel die **Traumnote eins** verdient: der »Leukerbadner Klettersteig«. Vor einem Jahr waren wir schon einmal am Fuß der Gemmi, doch zu spät im Herbst. Andreas Köppel und seine Berführerkollegen hatten die Seile an der langen Einstiegsquerung bereits abmontiert, der Steig war gesperrt und wir guckten halt in den blauen Himmel. Nichts mit den senkrechten Leitern, den faszinierenden Tiefblicken ins lichtdurchflutete Rhonetal, der Viertausenderschau und

---

Wer keinen Hitzschlag riskieren will, tut gut daran, dieses »Highlight« auf einen Herbsttag zu programmieren!

---

dem spektakulär-steilen Aufstieg durch den monumentalen Höhlenschacht. Eine andere **Traumroute** ist die »Che Guevara« am Monte Casale, rund 250 Kilometer weiter östlich, nicht mitten in den Alpen, sondern an ihrem südlichen Rand, und nicht weit vom liebsten Surfrevier aller Münchner GTI-Fahrer. Einen leistungsstarken »Motor« braucht auch, wer durch die 1400-Meter-Wand hinauf will; fünf Stunden gelten als Richtzeit, ein paar Liter Wasserverlust sind normal. Wer keinen Hitzschlag riskieren will, tut gut daran, dieses Highlight auf einen Herbsttag zu programmieren, am besten, wenn kühler Nordföhn vom Alpenhauptkamm herabbläst, für klare Sicht und angenehme Temperaturen sorgt. Im Hochsommer ist man ohnehin eher in alpinen Hochlagen unterwegs, und für Klettersteigler, die den Sommerurlaub am liebsten eisenhaltig gestalten, sind die Dolomiten immer noch das **Traumziel** schlechthin. Viel Aktuelles gibt es allerdings nicht zu vermelden über die hundert Vie ferrate zwischen Eisack und Piave; neue Drahtseile – länger und dicker – werden fast nur für Skiläufer gespannt. Immerhin ist positiv zu vermerken, dass sich

Traumland Klettersteige

▲ Klettersteige eröffnen dem »Extremwanderer« neue Erlebnisdimensionen, die eigentlich nur Felskletterern vorbehalten sind – das Erlebnis der Vertikalen (am »Kaiser-Max-Steig« an der Innsbrucker Martinswand).

die meisten Routen in gutem Zustand befinden, auch wenn manche Ferrata den neuesten Sicherheitsstandards nicht unbedingt genügt (siehe oben). Eine unrühmliche Ausnahme bildet der Normalweg auf den Sas Rigais, ein Steig also für (fast) jedermann/frau, den wir in einem völlig desolaten Zustand angetroffen haben: ausgerissene Verankerungen, beschädigte Seile usw. Ob das eine gute Werbung ist für die reichen Tourismusorte in Gröden?

Apropos Sicherheit. Da sind manche Klettersteigler/innen ausgesprochen schlampig (oder sie wissen es nicht besser) – der reinste **Albtraum.** Wer's nicht glaubt, braucht sich bloß an einem sommerlichen Schönwettertag auf die Ferrata Pisciadù zu wagen. Zugegeben, das Outfit ist oft sehr hübsch anzuschauen, nur fehlt der Helm mindestens ebenso oft (gell, Hildegard!) wie eine Seilbremse; einige waren gar ohne Selbstsicherung unterwegs. Den Vogel schoss allerdings ein junger Mann – Typ sportlicher Engländer der dreißiger Jahre – ab; er hatte sich eine Eigenkonstruktion um den Brustkorb geschlungen, die ihn im Falle eines Sturzes garantiert stranguliert hätte…

Natürlich wissen wir es alle, Perfektion, optimale Verhältnisse, egal ob bei der Rindermast oder am Klettersteig, werden wohl ein **Wunschtraum** bleiben: leben und erleben im Gebirge ist halt so wunderbar wie unvollkommen. Spricht da der Fatalist, der Realist oder der Hedonist aus mir? Nicht ärgern (und keine Leserbriefe schreiben), liebe Profis vom AV; besser machen, da habt ihr recht, kann man's allemal. Also: vorsichtig sein in den Bergen und auf den Klettersteigen, setzt den Helm auf und bindet euch ans Seil. Da kann auch ich ruhiger schlafen, traumlos vielleicht, niemand fällt runter, stürzt ins Bodenlose (in der wirklichen Welt). »Kennst du eigentlich die ›Ferrata del sogno‹«?, frage ich Jürgen, wir fahren gerade durchs Rhonetal hinauf Richtung Sion. »Nein, sollte ich?«, kommt die Frage zurück; er hat nicht so richtig zugehört. »Natürlich kennst du sie«, sage ich nach rechts, schaue aber nach links, hinauf. »Da oben ist sie, am Daubenhorn.« »Der Leukerbadner?« »Klar, die Ferrata del sogno, dein Traum-Klettersteig!« »Susten« signalisiert das blaue Schild, ich bremse leicht, blinke und kurble im Kreisverkehr: Leukerbad, links abbiegen und hinauf ins Dalatal, zur Gemmibahn, zum »Leukerbadner« und direkt hinein in den siebten Klettersteigler-Himmel – einfach traumhaft, und das bei diesem Wetter.

Übrigens: Natürlich habe ich auch noch Träume und nicht bloß eiserne (aber die verrate ich hier nicht); immerhin, über die eine oder andere Traumtour wird bestimmt etwas im »Bergsteiger« nachzulesen sein, in diesem, vielleicht im nächsten Jahr, da bin ich mir ziemlich sicher…

▼ Ganz oben stehen – diesmal nur auf einem kleinen Felszacken am »Arlberger Klettersteig«.

Kein typischer Klettersteig für die Nordalpen, aber dennoch einer der schwierigsten und bekanntesten – der »Kaiser-Max-Steig« an der Martinswand bei Innsbruck.

Nordalpen

Tour 1: Totes Gebirge

Großer Priel (2515 m), Bert-Rinesch-Klettersteig
Die Super-Ferrata am Ostrand des Toten Gebirges

Im Jahr 1994 entstand am Großen Priel einer der eindrucksvollsten Eisenwege der Nordalpen. Die »Eckdaten«: 1300 Meter Streckenlänge über 660 Höhenmeter, nur wenige »Erholungsstrecken«, durchgehende Stahlseilsicherung, teilweise überhängende Leitern und Trittbügel-Passagen! Man sollte sich nur bei sicherem Wetter und mit der nötigen Kondition an das Unternehmen heranwagen.

Talort:	Hinterstoder (591 m)
Ausgangspunkt:	Parkplatz beim Johannishof, ca. 1,5 km vom Ortszentrum taleinwärts
Höhenunterschied:	1910 Hm
Gesamtdauer:	10 Std. (↗ 6 Std., ↘ 4 Std.)
Schwierigkeiten:	Ungemein eindrucksvoller, aber sehr ausgesetzter, schwieriger und kraftraubender Klettersteig, nur für geübte Bergsteiger/-innen mit bester Kondition
Öffentliche Verkehrsmittel:	Mit der Pyhrnbahn ab Linz bis zum Bahnhof Hinterstoder, weiter per Bus (derzeit nur unter der Woche) bis zur Haltestelle Johannishof.
Verkehrsamt:	A-4573 Hinterstoder, Tel. 0 75 64/52 63
Beste Jahreszeit:	Anfang Juli bis Ende September
Ausrüstung:	Klettersteigausrüstung, Steinschlaghelm, evtl. Seil für schwächere Partner.
Karte:	Freytag & Berndt 1:50 000, WK 082; AV-Karte 1:25 000, Nr. 15/2 »Totes Gebirge«
Führer:	Wolfgang Heitzmann »Salzkammergut – Höhenwege, Gipfeltouren, Klettersteige«, »Hüslers Klettersteigatlas Alpen«, beide Bruckmann, München.
Hütten:	Prielschutzhaus, bew. von Anfang April bis Ende Oktober, Tel. 0 75 64/53 47.

▲ In den ersten schwierigen Passagen des »Bert-Rinesch-Klettersteigs«.

Hüttenzustieg: Vom Johannishof (605 m) bei Hinterstoder über die Steyr und auf der Forststraße (Markierung Nr. 201) – vorbei am Schiederweiher – in die Polsterluck'n. Vor der Materialseilbahn-Talstation (Gepäcktransport möglich, Hüttenwirt per Kurbeltelefon verständigen) rechts auf einem serpentinenreichen Steig – vorbei am Klinserwasserfall, den beiden »Öfen« (Höhlen) und der Märchenwiese – zum Prielschutzhaus (1420 m) hinauf; 2 Std.

Gipfelanstieg: Vom Prielschutzhaus auf dem Steig Nr. 201 zur Wegteilung, dort nach rechts und noch ca. 100 m auf dem Steig Nr. 260 Richtung Priel aufwärts. Hier wieder rechts abzweigen und auf mark. Steig in den Karwinkel zwischen dem Priel-Südgrat und dem Südsporn. Bei einem großen roten Punkt beginnt der Klettersteig mit steiler Einstiegswand. Weiter durch einen Schrofenhang zu einer Scharte unter der »Lokomotive« empor, ab hier durchgehende Stahlseil-Sicherung bis zum Gipfel. Jenseits der Scharte auf leicht überhängender Leiter abwärts, dann eine lange Plattenquerung zum ersten, ausgesetzten und pfeilerartigen Steilaufschwung (Trittbügel und Leitern). Nach weiterer ausgesetzter Querung mit Felsstufe dazwischen beginnt die zweite Steilstufe mit senkrechten und überhängenden Leitern. Nun über nicht mehr ganz so steile, aber immer noch recht kraftraubende Pfeiler und Rinnen, zuletzt über eine überhängende Wandstelle (Trittklammern) und eine weitere Rinne, auf den Südgrat, dessen Schneide bis zum Gipfel verfolgt wird; 3 bis 5 Std.

Abstieg: Auf dem Normalweg (Nr. 260) über die Brotfallscharte (teilweise gesichert, Achtung auf harte Schneefelder im Kühkar) zum Prielschutzhaus; 2 Std. Von dort auf dem Hüttenweg Nr. 201 in die Polsterluck'n und nach Hinterstoder; 2 Std.

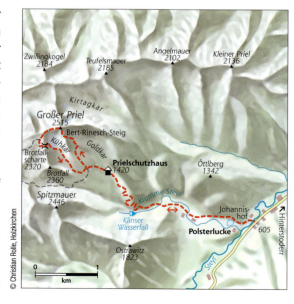

— 20 —

Tour 2: Totes Gebirge

Spitzmauer (2446 m), Stodertaler Klettersteig
Genusstour auf den schönsten Gipfel des Toten Gebirges

Die Spitzmauer zeigt sich von Hinterstoder als formschöne Felspyramide; zusammen mit dem Großen Priel dominiert sie die Bergkulisse. Der einst umständliche Gipfelanstieg wird durch den nur mäßig schwierigen, bestens gesicherten Klettersteig angenehm verkürzt. Faszinierend die Aussicht auf das riesige Karrenplateau des Toten Gebirges.

Hüttenzustieg: Vom Johannishof (605 m) bei Hinterstoder über die Steyr und auf der Forststraße (Markierung Nr. 201) – vorbei am Schiederweiher – in die Polsterluck'n. Vor der Materialseilbahn-Talstation (Gepäcktransport möglich, Hüttenwirt per Kurbeltelefon verständigen) rechts auf einem serpentinenreichen Steig – vorbei am Klinserwasserfall, den beiden »Öfen« (Höhlen) und der Märchenwiese – zum Prielschutzhaus (1420 m) hinauf; 2 Std.

Gipfelanstieg: Vom Prielschutzhaus auf dem Steig 201 zu einer Wegteilung: Wir bleiben am linken, unteren Steig Nr. 201, der quer durch das latschenbewachsene Kar zum Einschnitt zwischen Spitzmauer und Brotfall-Südgrat ansteigt. Rechts in die felsige Klinserschlucht und dann durch eine Mulde zur Klinserscharte (1807 m). Gleich danach links abzweigen und in Serpentinen zu einem Felssporn am Wandfuß hinauf. Hier beginnt der 250 m lange Stodertaler Klettersteig, der nach links über die Bänder und Plattenstufen der Wandstufe zwischen Spitzmauer und Weitgrubenkopf emporführt. Der eindrucksvoll angelegte Eisenweg ist fast durchgehend mit Stahlseilen gesichert, die Einstiegswand und die fünf folgenden Wandstufen wurden zusätzlich mit Trittklammern versehen. Oben erreicht man den alten Gipfelsteig wieder – auf diesem nach links und in Kehren bzw. über Felsstufen (I) zum Edelweiß-Gipfelzeichen auf dem Gipfel der Spitzmauer (2446 m); 4 Std.

Abstieg: Auf der Anstiegsroute zum Ausstieg des Klettersteiges, dort links auf dem alten, markierten Gipfelsteig zur Scharte zwischen Weitgrubenkopf und Meisenberg hinunter, über Felsstufen (I) ins Kar hinunter und im weiten Bogen in die Klinserschlucht zurück. Ab dort auf dem Steig Nr. 201 über die Klinserscharte zum Prielschutzhaus; 3 Std.

Variante: Klinserschlucht – Steig Nr. 201 – Temlbergsattel – Ausseer Weg (Nr. 215) – Fleischbanksattel (2123 m) – Großer Priel (2515 m) – Prielschutzhaus; 5 Std.

Talort:	Hinterstoder (591 m)
Ausgangspunkt:	Parkplatz beim Johannishof, ca. 1,5 km vom Ortszentrum taleinwärts.
Höhenunterschied:	1850 Hm
Gesamtdauer:	11 Std. (↗ 6 Std., ↘ 5 Std.)
Schwierigkeiten:	Landschaftlich eindrucksvoller, mäßig schwieriger und recht steinschlagsicher angelegter Klettersteig, einigen Felsstufen im I. Schwierigkeitsgrad.
Öffentliche Verkehrsmittel:	Mit der Pyhrnbahn ab Linz bis zum Bahnhof Hinterstoder, weiter per Bus (derzeit nur unter der Woche) bis zur Haltestelle Johannishof.
Verkehrsamt:	A-4573 Hinterstoder, Tel. 0 75 64/52 63
Beste Jahreszeit:	Anfang Juli bis Ende September
Ausrüstung:	Klettersteigausrüstung, Steinschlaghelm.
Karte:	Freytag & Berndt 1:50 000, WK 082; AV-Karte 1:25 000, Nr. 15/2 »Totes Gebirge«
Führer:	Wolfgang Heitzmann »Salzkammergut – Höhenwege, Gipfeltouren, Klettersteige«; »Hüslers Klettersteigatlas Alpen«, beide Bruckmann, München.
Hütten:	Prielschutzhaus, bew. von Anfang April bis Ende Oktober, Tel. 0 75 64/53 47.

▲ Der »Stodertaler Klettersteig« auf die Spitzmauer ist ein nur mäßig schwieriger Eisenweg.

Tour 3: Dachsteingebirge

Eselstein (2556 m), Jubiläums-Klettersteig
Eine verwegene Ferrata im östlichen Dachstein

Im Osten zeigt das Dachsteinmassiv ein ganz anderes Gesicht als etwa am Gosaukamm oder rund um den Hohen Dachstein (2995 m). Landschaftsbestimmend ist das ausgedehnte, in seinen tieferen Lagen bewaldete Karstplateau. Große Wände fehlen ebenso wie elegante Felsbauten, weshalb es ein wenig überrascht, dass sich gerade hier eine recht verwegene Ferrata findet: der 1991 eröffnete »Jubiläums-Klettersteig«.

Talort:	Ramsau am Dachstein (1135 m).
Ausgangspunkt:	Gh. Feisterer (1133 m), beschilderte Zufahrt von Ramsau, 3 km. Parkplatz.
Höhenunterschied:	1420 Hm (Klettersteig 250 Hm).
Gesamtdauer:	7½ Std. (Klettersteig 1½ Std.)
Schwierigkeiten:	Verhältnismäßig kurzer, sehr sportlich angelegter Klettersteig mit langem Zustieg. Der lohnt sich natürlich eher, wenn man nach einer Übernachtung im Guttenberghaus andertags den landschaftlich ganz hervorragenden »Ramsauer Klettersteig« begeht (siehe Tour Nr. 4).
Öffentliche Verkehrsmittel:	Busverbindung Schladming (Bahnhof) – Ramsau.
Verkehrsamt:	A-8972 Ramsau am Dachstein; Tel. 0 36 87/8 18 33, Fax 8 10 85, E-Mail info@ramsau.com, Internet www.ramsau.com
Beste Jahreszeit:	Ende Juni bis Anfang Oktober.
Ausrüstung:	Komplette Klettersteigausrüstung, Steinschlaghelm.
Karte:	Österreichische Karte 1:50 000, Blatt 127 »Schladming«.
Führer:	Kurt Schall »Klettersteige Österreich Ost«, Schall-Verlag, Wien. »Hüslers Klettersteigatlas Alpen«, Bruckmann, München
Hütten:	Guttenberghaus (2147 m), bew. Pfingsten bis Ende Oktober; Tel. 0 36 87/2 27 53.

▲ Unterwegs im oberen Teil des »Jubiläums-Klettersteigs« am Eselstein.

Zustieg: Vom Parkplatz beim Gasthaus Feisterer (1133 m) zunächst einem rauen Karrenweg folgend in das gegen Norden ansteigende Tälchen, dann auf dem AV-Steig in vielen Kehren hinauf zum Guttenberghaus (2147 m), das am Rand des Gruberkars steht. Von der Hütte in Richtung Gruberscharte gut 20 Minuten bergan, bis eine Tafel (»Klettersteig«) rechts zum Einstieg (ca. 2300 m) weist. Etwas mühsam über Geröll zum Wandfuß.

Jubiläums-Klettersteig: Links neben einer Rinne (Vorsicht: Steinschlaggefahr!) aufwärts, dann querend zum ersten Steilaufschwung am Südgrat. Nach einem flacheren Abschnitt durch einen kurzen Kamin und an plattigen Felsen links zum Fuß des markanten Südgratturms. Sehr luftig an einer Verschneidung auf seinen Gipfel, dann leicht weiter zum letzten Aufschwung, der nochmals vollen Einsatz verlangt. Steigspuren führen schließlich zum Eselstein (2556 m). Schöner Tiefblick zum Guttenberghaus; im Norden erstreckt sich das riesige Dachsteinplateau: Wellenschlag der Erdgeschichte.

Abstieg: Vom Gipfel, den Steinmännchen folgend, über den Ostrücken hinab in die Feisterscharte (2198 m) und zum Guttenberghaus. Auf dem Anstiegsweg zurück zum Gasthaus Feisterer.

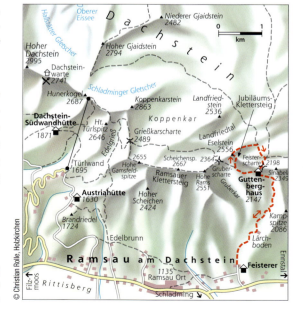

– 22 –

Scheichenspitze (2667 m), Ramsauer Klettersteig
Eine Gratüberschreitung mit Pfiff!

Mit dem Bau des »Ramsauer Klettersteigs« ist die mehrgipflige, in der Scheichenspitze kulminierende Kette im Osten des Dachsteingebirges aus ihrem alpinistischen Dornröschenschlaf erweckt worden: Drahtseile spannen sich über die Gratfelsen, verbinden Scharten und Zacken – eine Genussroute mittlerer Schwierigkeit, aber von höchstem landschaftlichem Reiz!

Zustieg: Vom Hunerkogel (Seilbahnstation; 2687 m) kurz abwärts zum Schladminger Gletscher und östlich auf meist deutlicher Spur zum Eingang des »Rosmarie-Stollens«. Er mündet auf die Südseite der Koppenkarsteine. Unter den Felsen quer über den Edelgrießgletscher und dann am Schotterrücken südlich in die Edelgrießscharte (2489 m).

Ramsauer Klettersteig: Auf rot markierter Spur über den Geröllrücken bergan zur Niederen Gamsfeldspitze, wo die Ferrata startet. Mit einigem Auf und Ab am Grat entlang, dann steil und teilweise ausgesetzt über die Hohe Gamsfeldspitze (2655 m) hinweg. Südseitig um den Schmiedstock herum, ansteigend zurück zum Grat und leichter, zuletzt über einen Geröllhang, auf die Scheichenspitze (2667 m). Weiter am Kamm, nur noch teilweise gesichert, hinüber zur Hohen Rams (2551 m) und am Nordostgrat abwärts in die Gruberscharte (2364 m), wo der »Ramsauer Klettersteig« endet.

Abstieg: Durch das Gruberkar hinunter zum Guttenberghaus (2147 m), auf dem Hüttenweg in vielen Kehren weiter abwärts zur Talstation der Materialseilbahn und auf einem Karrenweg durch das bewaldete Tälchen hinaus zum Gasthof Feisterer und zur Ramsauer Straße.

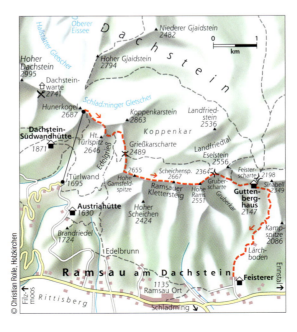

Talort:	Ramsau am Dachstein (1135 m)
Ausgangspunkt:	Bergstation der Dachstein-Seilbahn am Hunerkogel (2687 m); Talstation am Endpunkt der (mautpflichtigen) Dachsteinstraße (1692 m; großer Parkplatz), 10 km ab Ramsau.
Höhenunterschied:	↗ 540 Hm, ↘ 2120 Hm bis Ramsau
Gesamtdauer:	6 ½ Std. (Klettersteig 3 ½ Std.)
Schwierigkeiten:	Mäßig schwierige Gratroute, allerdings mit einigen kürzeren, sehr ausgesetzten Steilpassagen. Der Zustieg vom Hunerkogel verläuft über Firn, die Querung des Edelgrießgletschers evtl. problematisch.
Öffentliche Verkehrsmittel:	Busverbindung Ramsau – Talstation der Dachstein-Seilbahn.
Verkehrsamt:	A-8972 Ramsau am Dachstein; Tel. 03 687/81 83, Fax 8 10 85
Beste Jahreszeit:	Juli bis Ende September
Ausrüstung:	Komplette Klettersteigausrüstung, Helm; für den Edelgrießgletscher evtl. Steigeisen.
Karte:	Österreichische Karte 1:50 000, Blatt 127 »Schladming«
Führer:	Kurt Schall »Klettersteige Österreich Ost«, Schall-Verlag, Wien; »Hüslers Klettersteigatlas Alpen«, Bruckmann, München.
Hütten:	Guttenberghaus (2147 m), bew. Pfingsten bis Ende Oktober; Tel. 0 36 87/2 27 53.
Hinweis:	Man kann die Tour auch beim Guttenberghaus starten und über die Gruberscharte und das Koppenkar zum Einstieg der Ferrata wandern. Gesamtgehzeit etwa 11 Std.

▲ Am »Ramsauer Klettersteig« folgt auf gesicherte Passagen immer wieder Gehgelände – Gelegenheit zum Schauen und zum Genießen.

Dachstein-Klettersteige

Klettersteig-Paradies Ramsau am Dachstein

Die eiserne Runde

Das gibt's nur am Dachstein und sonst nirgends: fünf Klettersteige am Stück, die sich hoch über der sanft buckligen Ramsau zu einer gewaltigen Rundtour verbinden lassen – wenn das kein ganz großes Bergerlebnis ist!

▲ Das gewaltige Panorama über der steirischen Ramsau wird dominiert von den Dachstein-Südwänden mit (von rechts) Torstein, Mitterspitz und Hohem Dachstein sowie rechts dem Hohen Dirndl.

Wer ein Haus baut, achtet – wenn immer möglich – vor allem auf eines: die Lage. »Unverbaubar«, heißt das im Jargon, mit freiem Blick ins Grüne also. Und da kommt dann auch die Terrasse hin, meist nach Süden oder Südwest schauend (wegen der Nachmittagssonne); schön breit soll sie sein, damit die ganze Familie Platz findet, samt Esstisch, Legoplatz für den Kleinen und Hängematte für den Senior.

Häuser, kleine und große. Solche Häuser, mit breitem, vorkragendem Dach und Holzbalkon, stehen in der Ramsau ziemlich viele, kein Wunder, denn die »Ferienregion unter dem Dachstein« ist ja fast so etwas wie ein großes Haus mit Terrasse. Die schaut wirklich nach Süden, zur Sonne, und im Rücken hat man den Dachstein, himmelhoch scheinbar, der die kalten Nordwinde zuverlässig abhält und dem oberen Ennstal manchmal auch

Dachstein-Klettersteige

dann noch ein paar Sonnenstrahlen beschert, wenn's in Salzburg die berühmten Bindfäden regnet. Nach Westen hin, zum Sonnenuntergang und zu den feuchten Winden der atlantischen Tiefs, ist das Tal weit offen, was im Winter zwar manchen Tag verdüstert, aber auch viel weiße Pracht (der traditionellen Art, ganz ohne Kanonen) garantiert, und das wiederum freut nicht nur den Heinz Prüller, der hier den Tourismus managt, und seine Hoteliers, sondern auch jene Gäste, die mit schmalen Latten auf dem Autodach anreisen und in der tiefverschneiten Wald- und Wiesenlandschaft Kilometer bolzen, skatend oder auch klassisch, auf Zeit oder genussvoll, mit Einkehrschwung zum Glühwein hinterher.

Dolce far niente in der Ramsau. Doch manche haben ganz andere Ziele, ihnen steht der Sinn nicht nach vertrödelten Stunden auf der Sonnenterrasse, sie wollen ganz hinauf, auf das Dach, das aus Stein ist und am 3000er Höhenlimit kratzt. Es ist die »eiserne« Dachsteinrunde, die sie juckt, herausfordert, die große Schleife über das mächtige

Hier liegt ein echtes »Dorado« für Eisenfresser, hier ist die Klettersteigdichte fast größer als in den Dolomiten …

Bergmassiv, fünf erlebnisreiche Tage zwischen Eis, Eisen und Fels, unter dem tiefblauen Hochgebirgshimmel, hoch über den grünen Niederungen des Salzkammerguts im Norden und des Ennstals im Süden. Denn hier, sozusagen »zwischen Salzburger Nocken und steirischen Sturschädeln«, liegt ein echtes Dorado für »Eisenfresser«, ist die Klettersteigdichte fast größer als in den Dolomiten, stecken im Dachsteinkalk noch mehr Eisenstifte als etwa in den Bergen des Tiroler Stubaitals.

Nichts so ganz Neues für den Fast-Dreitausender, wie ein kurzer Blick in die alpine Historie verrät. Die verzeichnet den ersten Besteigungsversuch durch einen Herrn von echt fürstlichem Geblüt – Erzherzog Karl, Sieger von Aspern (1809) über den Franzosenkaiser Napoleon. Der Berg mochte sich allerdings nicht so leicht ergeben wie die Bataillone des kleinen großen Korsen; Karl kam nur bis zum Hallstätter Gletscher (»Karls Eisfeld«). Mehr Glück hatte zwanzig Jahre später ein Einheimischer, der aus Filzmoos stammende Bauer Peter Gappmayer; er stand im Sommer 1832 als erster Mensch auf dem Gipfel des Hohen Dachsteins (2995 m). Und dann erschienen bald schon die Handwerker: Im Jahr 1843 – zwischen Nürnberg und Fürth dampfte die erste Eisenbahn Deutschlands, Metternich regierte in Wien – ließ Friedrich Simony, der große Erschließer des Massivs, in der Nordflanke Sicherungen aus solidem Schmiedeeisen anbringen; 1863 erhielt dann auch der Westgrat Eisenteile. Und 1878 legte die DuÖAV-Sektion Austria einen neuen Zustieg über

▲ Das Kernstück des Südwand-Klettersteigs »Der Johann« verlangt trotz bester Sicherungen vollen Einsatz – eine tolle Route für Könner, aber nichts für ängstliche Gemüter.

◂ Da schlägt das Herz eines jeden »Ferratisti« höher: unterwegs zum Südwand-Klettersteig »Der Johann« – Helm auf und Gurt an, los geht's!

Dachstein-Klettersteige

▲ Noch ein Klettersteig-Abstecher für Unersättliche: die leichte, gesicherte Route auf den Großen Koppenkarstein (2883 m); sie beginnt am Schladminger Gletscher.

▶ Über Firn zum Fels – im Aufstieg von der Dachsteinwarte zum Hohen Dachstein; zu dessen Gipfel führt der älteste Klettersteig in den Nördlichen Kalkalpen.

das »Mecklenburgband« an, auf dem Gipfelpartien die manchmal tief klaffende Randkluft des Hallstätter Gletschers umgehen konnten. 133 Kilogramm Eisen und ein halber Kilometer Schiffstau wurden dazu verbaut – eine echte Pionierleistung!

Als Pioniertat kann man den im Herbst 1999 eröffneten Klettersteig durch die Dachstein-Südwand nicht mehr bezeichnen, immerhin registriert die einschlägige Literatur zwischen Wien und Nizza mittlerweile ein paar hundert »Eisenwege«, große und kleine, moderne und alte. Allerdings nur wenige, die einen Vergleich mit dieser Ferrata aushalten. Um das zu verstehen, reicht (fast) schon ein Blick in die riesige Wandflucht über der Ramsau. Da hinaufsteigen, durch dieses in die Vertikale verlegte Labyrinth aus engen Rinnen, Kanten, Plattenschüssen, Absätzen, Bändern, und alles an einem dicken, sicher(nd)en Drahtseil – was für ein tolles Erlebnis!

Die (Berg-)Welt in 3-D, so ist das Bergsteigen nun mal. Und als vierte Dimension kommt – Einstein lässt grüßen – die Zeit dazu. Dass die relativ ist, weiß jeder, der öfter zwischen Tal und Gipfel unterwegs ist. Da zieht sich der Anstieg über ein elend steiles Geröllkar, man fühlt sich in dem losen Schotter als moderner Sisyphus; dafür ist der lustig-luftige Klettersteig schon viel zu bald aus. Der Weg von der Adamekhütte über den arg geschrumpften Großen Gosauer Gletscher hinauf zur Oberen Windlucke am Dachstein beispielsweise kann einen ganz ordentlich schlauchen, und so ähnlich dürften manche auch den großartigen »Ramsauer Klettersteig« erleben: noch ein Gegenanstieg – und noch einer. Die Ferrata erschließt den unbekannten Osten des Dachsteinmassivs, bietet neben Vogelschaublicken auf die Wiesen

---

Die (Berg-)Welt in 3-D, so ist das Bergsteigen nun mal – und als vierte Dimension kommt die Zeit dazu …

---

und Hausdächer der Ramsau vor allem einen Eindruck des Karstplateaus »Auf dem Stein«, das sich über eine schier endlose Abfolge versteinerter Wellen erstreckt: ein trostloser Landstrich, von Wasser und Eis in vielen Jahrtausenden gezeichnet, zernagt und ausgehöhlt. Das darf man durchaus wörtlich verstehen; im Dachsteinmassiv gibt es über 400 Höhlen – eine Welt für sich, labyrinthartig verzweigt und längst noch nicht zur Gänze erforscht. Die bekanntesten Höhlen liegen im Norden des Massivs (und können besichtigt werden): die Koppenbrüllerhöhle an der Traun, die Rieseneishöhle und die Mammuthöhle. Letztere gehört mit einer vermessenen Gesamtlänge von bisher 52 Kilometern zu den größten Höhlensystemen im Alpenraum überhaupt.

Wir bleiben lieber »an Deck«, genießen die letzten Strahlen der schon tiefstehenden Sonne und steigen vom Eselstein (2556 m) ab zur Feisterscharte und zum Guttenberghaus. Den ziemlich knackigen »Jubiläums-Klettersteig« haben wir locker geschafft: die erste Prüfung fürs »Ramsauer Klettersteigbrevier« – und das gibt's in Eisen natürlich, logisch!

Tour 5: Dachsteingebirge

Dachsteinwarte (2739 m), »Der Johann«
Im Banne der Dachstein-Südwand

Bei diesem neuen Klettersteig durch die Südwand der Dachsteinwarte handelt es sich um eine ausgeprägt alpine Route, durchaus vergleichbar den großen »Vie ferrate« in den Dolomiten. Ihre Hauptschwierigkeiten befinden sich im unteren Wandteil, doch verlangen auch einige Passagen im Bereich der großen Rampe noch volle Konzentration, eine gute Kondition ist unerläßlich! Faszinierend die Einblicke in den Südabsturz des Fast-Dreitausenders.

Zustieg: Vom großen Parkplatz bei der Talstation der Dachstein-Seilbahn auf vielbegangenem Weg zur Dachstein-Südwandhütte (1871 m), dann der markierten Geröllspur folgen zum Einstieg am Felsfuß (ca. 2200 m); hier liegt oft bis in den Hochsommer noch Schnee.

Südwand-Klettersteig: Gut gesichert über die Einstiegsfelsen, dann links zur Schlüsselstelle, einem mit Eisenstiften entschärften, sehr anstrengenden Überhang. Weiter über plattige Felsen auf die große Schrofenrampe, wo man die »Pfannl-Maischberger-Führe« quert. Nun im Geröll zum eigentlichen Kernstück der Route: links an der riesigen Plattenwand nahezu senkrecht hinauf, mit Trittstiften und Drahtseilen gesichert, dann neben einem Pfeiler bei maximaler Exposition auf die mächtige, von Absätzen unterbrochene Rampe. An ihr schräg bergan, durchgehend mit Drahtseilsicherung, zuletzt sehr luftig zur Dachsteinwarte.

Abstieg: Auf ausgetretener Spur am Rand des Hallstätter Gletschers um die Felsgipfel der Dirndl (2832 m) herum zur Seilbahnstation am Hunerkogel (2687 m). Wer zu Fuß auf dem alten Dachsteinweg über die Hunerscharte zur Türlwandhütte absteigen will, muß mit einer zusätzlichen Gehzeit von gut 2 Std. rechnen.

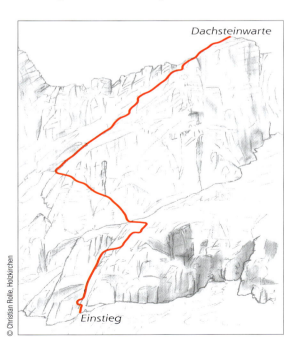

Talort:	Ramsau (1135 m) am Fuß des Dachsteins.
Ausgangspunkt:	Talstation Türlwand (1692 m) der Dachstein-Seilbahn, knapp 10 km von Ramsau; großer Parkplatz.
Höhenunterschied:	1050 m
Gesamtdauer:	5 ½ Std. (Zustieg 2 Std., ↗ 3 Std., ↘ ½ Std.)
Schwierigkeiten:	Recht langer, deshalb auch anstrengender Klettersteig, mit 700 Meter Drahtseil und 250 Trittstiften ausgestattet, sehr exponierte Passagen nahe der Vertikale.
Öffentliche Verkehrsmittel:	Vom Bahnhof Schladming im Ennstal Busverbindung Schladming – Ramsau – Dachstein-Seilbahn.
Verkehrsamt:	Tourismusverband A-8972 Ramsau, Tel. 0 36 87/8 19 25
Beste Jahreszeit:	Ende Juni bis Anfang Oktober.
Ausrüstung:	Klettersteigausrüstung, Steinschlaghelm.
Karte:	Freytag&Berndt-Wanderkarte 1:50 000, Blatt 201 »Schladminger Tauern – Dachstein«.
Führer:	»Hüslers Klettersteigatlas Alpen«, Bruckmann, München.
Hütten:	Dachstein-Südwandhütte (1871 m), bew. Mitte Mai bis Ende Oktober, Tel. 0 36 87/8 15 09. Seethalerhütte (2740 m) an der Dachsteinwarte, bew. Juni bis September, Tel. 0 36 87/8 10 36.

▲ Eine der letzten schwierigen Passagen im oberen Wandteil.

◂ Im Bann der Dachstein-Südwand: der Ausstieg aus dem Südwand-Klettersteig.

Tour 6: Berchtesgadener Alpen/Hochköniggruppe

Hochkönig (2941 m), Königsjodler-Klettersteig
Brandneuer Klettersteig auf einen »perfekten« Alpengipfel

Eine Gratroute der Spitzenklasse, landschaftlich den berühmten Dolomiten-Ferrate durchaus ebenbürtig. Sehr abwechslungsreich der Verlauf mit ständig variierenden Blickpunkten. Vom Gipfel des Hochkönigs grandioses Ostalpenpanorama. Wer auf dem Matrashaus nächtigt, kann anderntags über die Teufelslöcher und den Hochseiler (2793 m) absteigen: Hochkönig total!

Talort:	Mühlbach am Hochkönig (859 m).
Ausgangspunkt:	Parkplatz westlich vom Dientner Sattel (1380 m), an der Straße nach Dienten.
Höhenunterschied:	1600 Hm bis zum Hochkönig, an den Teufelshörnern zusätzlich viele Gegenanstiege!
Gesamtdauer:	8½ Std. (Königsjodler 3 bis 4 Std.)
Schwierigkeiten:	Aufgrund seiner Länge, den steilen Zwischenabstiegen und vielen kraftraubenden Passagen sehr anspruchsvoller Klettersteig, nur sparsam gesichert. Wer nicht sicher ist, ob er die Route packt, kann am kürzeren, aber ebenfalls schwierigen Grandlspitz-Klettersteig sozusagen »Maß nehmen«.
Öffentliche Verkehrsmittel:	Busverbindung Bischofshofen – Mühlbach.
Verkehrsamt:	A-5505 Mühlbach am Hochkönig; Tel. 0 64 67/72 35, Fax 78 11, E-Mail info@muehlbach.do.at, Internet www.muehlbach.do.at
Beste Jahreszeit:	Hochsommer/Frühherbst bei ganz sicherem Wetter.
Ausrüstung:	Komplette Klettersteigausrüstung, Steinschlaghelm, evtl. Seil für Partnersicherung.
Karte:	Österreichische Karte 1:50 000, Blatt 124 »Saalfelden«.
Führer:	—
Hütten:	Erichhütte (1545 m), bew. Anfang Juni bis Mitte Oktober; Tel. 0 64 26/35 53. Matrashaus (2941 m), bew. Mitte Juni bis Ende Oktober; Tel. 0 64 67/75 66.

▲ Der Blick aus dem Tennengebirge gegen den Hochkönig.

Zustieg: Vom Parkplatz wenig unterhalb des Dientner Sattels auf dem breiten Güterweg hinauf zur Erichhütte (1545 m), wo sich ein erster Blick auf die Dolomitenszenerie der Teufelshörner bietet. Am AV-Steig weiter bergan, vorbei an der Abzweigung zur Taghaube und steil in die Hohe Scharte (ca. 2250 m).

Königsjodler-Klettersteig: Die große, im Herbst 2001 eröffnete, mit etwa 1700 Metern Drahtseil und (wenigen) Eisenstiften gesicherte Ferrata folgt dem Zackengrat der Teufelshörner von der Hohen Scharte bis zum Hohen Kopf (2875 m) – ein faszinierender Gang über nicht weniger als acht Türme. Steilpassagen wechseln mit exponierten Querungen ab, wobei viel Luft unter den Schuhsohlen geboten wird. Besonders originell etwa der Spreizschritt (»Jungfrauensprung«) zum »Götterquergang« am Dientner Turm oder die fünf Meter lange Dreiseilbrücke über die Teufelsschlucht. Als recht anstrengend erweisen sich auch die steilen Zwischenabstiege; wer arg geschlaucht ist, kann vor dem Kummetstein rechts ins Birgkar absteigen. Sehr steil geht's dann nochmals auf diesen zweitletzten »Torre«; am Hohen Kopf läuft die Riesenroute schließlich aus.

Abstieg: Vom Hohen Kopf entweder direkt ins Birgkar (einige Drahtseile) oder in 20 Minuten zum Matrashaus auf dem Gipfel des Hochkönigs (2941 m). Der Abstieg durchs Birgkar ist an einigen Stellen gesichert; er tangiert die Stegmoosalm und mündet beim Birgkarhaus (1379 m) auf die Straße über den Dientner Sattel. Zehn Minuten auf Asphalt zum Parkplatz der Erichhütte.

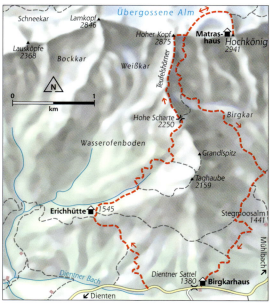

Tour 7: Berchtesgadener Alpen

Watzmann (2713 m), Überschreitung
Mit Eisenhilfe über das Wahrzeichen von Berchtesgaden

Der Watzmann, alpines Wahrzeichen von Berchtesgaden, gehört zu den großen Gipfeln der Nördlichen Kalkalpen; seine legendäre Ostwand überragt den Spiegel des Königssees um mehr als zwei Kilometer. Eine klassische Unternehmung von ausgeprägt alpinem Zuschnitt ist die Überschreitung der drei Watzmann-Gipfel von Nord nach Süd – nur für Konditionsbolzen eine Tagestour!

Am Übergang vom Hocheck zur Mittelspitze finden sich die Hauptschwierigkeiten der Watzmann-Überschreitung.

Aufstieg: Von der Wimbachbrücke am östlichen Fahrweg nach Süden hinauf. Im Wald steil bergwärts. An der Stubenalm vorbei und zur Diensthütte bei der Talstation der Materialseilbahn. Nun an Mitterkaser- und Falzalm vorbei, wo sich der Wald endgültig lichtet. Dann am Weglein gegen Westen in Kehren ziemlich steil in die Gratmulde südlich des Watzmannhauses (1930 m).

Vom Watzmannhaus entlang der guten Markierungszeichen durch tristes Stein- und Felsengelände, anfangs in etlichen Kehren, dann in der Nähe der Grathöhe gegen Südwesten hinauf, bis man erst über einen unbedeutenden Vorgipfel und dann mit Hilfe von Drahtseilsicherungen zum Hocheck (2651 m) hinauf kommt. Unmittelbar am Hocheck steht eine kleine Biwakhütte. Gleich die ersten Meter vom Hocheck an einem Geländer auf der scharfen Gratschneide gegen Süden weiter. In mehrmaligem Auf und Ab zur Mittelspitze (2713 m) und damit zum höchsten Watzmanngipfel. Immer wieder auf und ab zum Südgipfel (2712 m).

Abstieg: Von der Südspitze zunächst ein Stück gegen Osten, dann gegen Süden steil hinab. Feiner Gries, in dem man nur auf kurzen Strecken abfahren kann, schroffe Felsen und steile Schrofen, sind auf dieser, nicht mehr enden wollenden, südseitig geneigten Bergflanke zu überwinden. Immer wieder Drahtseilsicherungen. Das unterste Stück vor dem Wimbachgries führt im Latschengelände durch steile Rinnen. Das Wimbachgries queren und auf dessen südlicher Seite hinab, bis sich der Weg gegen Norden wendet und zur Wimbachgrieshütte (1327 m) führt. Dann am Wanderweg durch das Wimbachtal gegen Norden hinaus, am Wimbachschloss und der Wimbachklamm vorbei und zum Ausgangspunkt zurück.

Talort:	Ramsau bei Berchtesgaden (624 m)
Ausgangspunkt:	Wimbachbrücke in Ramsau (624 m)
Höhenunterschied:	rund 2200 Hm
Gesamtdauer:	12 Std. (↗ 5½ Std., ↘ 6½ Std.)
Schwierigkeiten:	Lange und anstrengende Bergtour, die vom Anstieg zum Hocheck bis hinunter in das Wimbachgries Trittsicherheit, Schwindelfreiheit und alpine Erfahrung voraussetzt. Als Tagestour ist eine Bärenkondition notwendig. Bei Schneelage oder unsicherem Wetter (Gewitter) dringend abzuraten. Wird oft unterschätzt.
Öffentliche Verkehrsmittel:	Linienbus Berchtesgaden – Ramsau – Hintersee und Königssee – Hintersee.
Verkehrsamt:	Ramsau, Tel. 0 86 57/98 89 20
Beste Jahreszeit:	Ende Juni bis Mitte September
Ausrüstung:	Wanderausrüstung, Teleskopstöcke, Klettersteig-Ausrüstung ist nicht nötig
Karte:	Topographische Karte des Bayer. Landesvermessungsamtes, 1:50 000, Blatt »Berchtesgadener Alpen«
Führer:	»Hüslers Klettersteigatlas Alpen«, Bruckmann Verlag, München. Paul Werner »Klettersteige Bayern – Vorarlberg – Tirol – Salzburg«, Bergverlag Rother.
Hütten:	Watzmannhaus (1930 m), Tel. 0 86 52/13 10, Wimbachgrieshütte (1327 m), Tel. 0 86 57/344.

– 29 –

Tour 8: Berchtesgadener Alpen

Persailhorn (2347 m), Wildental- und Südsteig
Steile Routen am Südrand des Steinernen Meers

Die beiden Klettersteige ergeben eine genussvolle Gipfelüberschreitung mit viel Eisen und ein paar originellen Passagen wie der »Wastl-Promenade«. Oben bietet sich eine packende, kontrastreiche Rundschau, die nach Süden bis zu den Hohen Tauern reicht. Und Naturfreunde werden den Purpurenzian nicht übersehen, der im Umfeld der gastlichen Wiechenthaler Hütte blüht.

Talort:	Saalfelden am Steinernen Meer (748 m), im Tal der Saalach
Ausgangspunkt:	Parkplatz am Zwieselbach, etwas oberhalb des Weilers Bachwinkl; Zufahrt von der B 311 etwa 2 km
Höhenunterschied:	1500 Hm
Gesamtdauer:	8 Std. (↗ 4 ½ Std., ↘ 3 ½ Std.)
Schwierigkeiten:	Beide Klettersteige sind bestens gesichert und höchstens mäßig schwierig. Am Wildentalsteig ziemlich luftige Querung (»Wastl-Promenade«).
Öffentliche Verkehrsmittel:	Saalfelden liegt an der Bahnlinie Wörgl (Inntal) – Kitzbühel – Zell am See.
Verkehrsamt:	Tourismusverband, A-5760 Saalfelden. Tel. 0 65 82/25 13, Fax 53 98
Beste Jahreszeit:	Ende Juni bis Ende September
Ausrüstung:	komplette Klettersteigausrüstung, Steinschlaghelm.
Karte:	Freytag & Berndt-Wanderkarte 1:50 000, Blatt 103 »Pongau – Hochkönig«; Österreichische Karte 1:25 000 oder 1:50 000, Blatt 124 »Saalfelden«
Führer:	P. Werner »Klettersteige Bayern – Vorarlberg – Tirol – Salzburg«, Bergverlag Rother, Ottobrunn; »Hüslers Klettersteigatlas Alpen«, Bruckmann, München.
Hütten:	Peter-Wiechenthaler-Hütte (1707 m), bew. Anfang Juni bis Ende September, Mai/Oktober bei schönem Wetter an den Wochenenden; Tel. 0 65 82/34 89.

▲ Einladung zum luftigen Gang durch die zerklüfteten Nordabstürze des Persailhorns: im unteren Teil des »Wildental-Klettersteigs«.

Zustieg: Vom Parkplatz (ca. 870 m) hinter dem Weiler Bachwinkl über den Öfenbach, dann in Schleifen angenehm schattig an der Südflanke des Kienberges aufwärts. Weiter ansteigend auf den bewaldeten Rücken, wo sich der Weg gabelt: links in einem Bogen um den Kienalkopf herum und hinauf zur Hütte, geradeaus (kürzer) in vielen Kehren bergan zum Schutzhaus.

Wildental-Klettersteig: Am latschenbewachsenen Kammrücken aufwärts bis zu einer Verzweigung. Hier links in die Nordflanke des Persailhorns. An soliden Drahtseilen über einen felsigen Rücken mäßig steil aufwärts zur Einmündung des »Alten Weges« (2110 m). Nun links kurz abwärts zu einem Felseck und luftig zur »Wastl-Promenade«. Am Ende der langen Querung gut gesichert über einen steilen Aufschwung und plattige Felsen in einen Karwinkel. Hier neben einer markanten Verschneidung mit Hilfe dreier Leitern in eine enge Rinne. Am Grat (2270 m) mündet der »Südwandsteig«. Nun links, teilweise noch gesichert, am felsigen Kamm zum Gipfelkreuz.

Südwand-Klettersteig: Zurück zur Verzweigung, dann linkshaltend den Drahtseilen nach über gestuftes Felsgelände abwärts; zwei senkrechte Abbrüche sind durch Leitern entschärft. Eine »liegende« Doppelleiter hilft um ein exponiertes Eck herum zu einer kleinen Grotte. Auf soliden Eisenbügeln quert man ein fast trittloses Wandl, anschließend leiten Seile zum nahen Ausstieg der Ferrata. Am Wandfuß zurück zur Verzweigung und hinunter zur Peter-Wiechenthaler-Hütte.

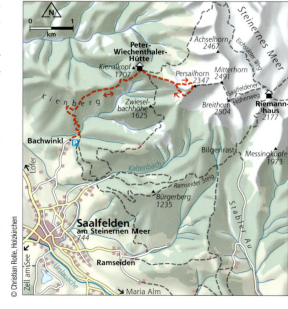

— 30 —

Tour 9: Kaisergebirge

Ellmauer Halt (2344 m), »Gamsängersteig«
Auf den höchsten Gipfel im Wilden Kaiser

Eine der beliebtesten Gipfeltouren im Kaisergebirge; vom Gipfel genießt man eine faszinierende Rundschau, die nach Süden über die grünen Ketten der Kitzbüheler Alpen bis zu den Firngipfeln der Hohen Tauern reicht. Der abschnittweise gesicherte Aufstieg sollte nicht unterschätzt werden: Steinschlaggefahr auf den »Gamsängern«, dazu von den zahllosen Begehungen unangenehm glatt polierte Felsen.

Zustieg: Von der Wochenbrunner Alm zur Gruttenhütte (eindeutige Beschilderung). Weiter dem AV-Weg Nr. 813 ins Kar Hochgrubach und zum Einstieg in die Grasbänder unterhalb des Kopftörlgrats folgen; etwa 2¼ Std.

Aufstieg: Über die Bänder zunehmend schmäler und luftiger empor und an der senkrechten, gelben »Jägerwand« entlang großer Eisenbügel aufwärts. Danach Abzweigung zur Rote-Rinn-Scharte. Die Route zur Ellmauer Halt führt an einem schwach ausgeprägten Gratrücken über »abgeschmierte« Felsstufen weiter. Dann entweder durch die dunkle »Achselrinne« (Stifte und Leiter) oder – schöner – durch eine gesicherte, steile Verschneidung rechts davon auf ein breites Geröllband (»Maximilianstraße«). Von seinem östlichen Ende im Linksbogen zu glatten, gesicherten Platten und am Babenstuberhüttl vorbei zum Gipfel der Ellmauer Halt; knapp 2 Std. vom Einstieg.

Abstieg: Auf der Anstiegsroute. 1½ Std. bis zur Gruttenhütte, knapp 2½ Std. bis zur Wochenbrunner Alm. Oder – wenn man Kfz-unabhängig ist – Querung zur Rote-Rinn-Scharte (2099 m) und von dort an brüchigen Schrofen (Sicherungen) im Abstiegssinn rechts (westlich) hinunter. Man erreicht einen Sattel hinter einem Felsturm. Nun nach links (bez.) und über steiles Geröll abwärts in den Oberen Scharlinger Boden (rechts Einstieg in den »Kaiserschützensteig«). Weiter über den Unteren Scharlinger Boden zum Stripsenjochweg, 2½ Std. vom Gipfel, und weiter nach Kufstein.

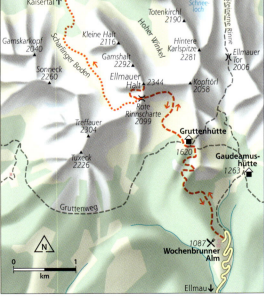

Talort:	Ellmau (804 m)
Ausgangspunkt:	Wochenbrunner Alm (1087 m), Zufahrt von Ellmau 4 km.
Höhenunterschied:	1260 Hm
Gesamtdauer:	6½ bis 7 Std.
Schwierigkeiten:	Luftiger, teilweise sehr steiler, mäßig schwieriger Klettersteig. Extrem »abgespeckter« Fels, Steinschlaggefahr.
Öffentliche Verkehrsmittel:	Mit der Bahn von München nach Kufstein; von dort Busverbindung nach Ellmau.
Verkehrsamt:	Ellmau, Tel. 0 53 58/23 01
Beste Jahreszeit:	Ende Juni bis Mitte Oktober; die Einstiegsbänder sollten auf jeden Fall schneefrei sein.
Ausrüstung:	Klettersteigausrüstung nur für weniger Geübte, Steinschlaghelm.
Karte:	Alpenvereinskarte 1:25 000, Nr. 8 »Kaisergebirge«; Österreichische Karte 1:50 000, Blatt 90 »Kufstein«..
Führer:	Paul Werner »Klettersteige Bayern – Vorarlberg – Tirol – Salzburg«, Bergverlag Rother, Ottobrunn. »Hüslers Klettersteigatlas Alpen«, Bruckmann, München.
Hütten:	Gruttenhütte (1620 m), südl. unterhalb des Kars Hochgrubach, bew. von Anfang Juni bis Mitte Oktober, Tel. 0 53 58/22 42; Wochenbrunner Alm (1087 m), ganzjährig bew., Tel. 0 53 58/22 63.

▲ Blick vom Gipfel der Ellmauer Halt auf das Dach des Babenstuberhüttls, hinten der Treffauer.

Tour 10: Karwendelgebirge

Kemacher (2480 m), Innsbrucker Klettersteig
Populäre Höhenroute über der Landeshauptstadt

Sozusagen auf »höchster Ebene« kann man an diesem Klettersteig Innsbruck, das Inntal und die prächtige Bergumrahmung erleben: Tief- und Fernblicke, dazu vor allem im Bereich der Sattelspitzen eine bizarre Felskulisse. Zur Beliebtheit der Route trägt sicherlich auch der extrem kurze Zustieg bei; und wer nicht müde gelaufen ist, kann am Frau-Hitt-Sattel noch die Vordere Brandjochspitze (2599 m) »anhängen« (1 ¾ Std.).

Talort:	Innsbruck (574 m), Tiroler Landeshauptstadt.
Ausgangspunkt:	Seilbahnstation am Hafelekar (2269 m).
Höhenunterschied:	am Klettersteig etwa 550 m.
Gesamtdauer:	6 Std. (Klettersteig 4 ½ Std.)
Schwierigkeiten:	Eine echte Genussroute, wobei man das Pensum auch verkürzen kann (bezeichnete Zwischenabstiege). Höchstschwierigkeiten bietet die Ferrata nicht, obwohl sie mit ein paar ziemlich knackigen Passagen (Ein- und Ausstieg) aufwartet. Nach dem jüngsten Lifting ist die Anlage in vorbildlichem Zustand.
Öffentliche Verkehrsmittel:	Stadtbus und Standseilbahn von Innbruck zur Hungerburg; die Nordkettenbahn zum Hafelekar ist ganzjährig in Betrieb; erste Fahrt um 8 Uhr.
Verkehrsamt:	A-6020 Innsbruck; Tel. 05 12/59 85 00, Fax 59 85 07, E-Mail info@innsbruck.tvb.co.at
Beste Jahreszeit:	Ende Juni bis zum ersten Schnee im Herbst.
Ausrüstung:	Komplette Klettersteigausrüstung, Steinschlaghelm.
Karte:	Österreichische Karte 1:50 000, Blatt 118 »Innsbruck«. Freytag & Berndt 1:25 000, Blatt WK 333 »Innsbruck und Umgebung«.
Führer:	Paul Werner »Klettersteige Bayern – Vorarlberg – Tirol - Salzburg«, Bergverlag Rother, Ottobrunn.
Hütten:	Hafelekarhaus (2269 m); Hotel Seegrube (1905 m), ganzjährig bew.

▲ Würdiges Finale des Klettersteigs bildet die senkrechte Wandstufe zum Fuß des wilden Felszackens der Frau Hitt.

Innsbrucker Klettersteig: Von der Seilbahnstation am Hafelekar (2269 m) in wenigen Minuten zum Einstieg. Gleich zu Beginn hat man eine Zehn-Meter-Vertikale an Eisenbügeln zu meistern. Erstes Zwischenziel ist die Seegrubenspitze (2350 m); im weiteren Verlauf überschreitet man die drei Kaminspitzen (2435 m), wobei Gehgelände mit gesicherten Passagen abwechselt. Die (wohl als Gag gedachte) »Seufzerbrücke« überquert luftig einen Grateinschnitt; unmittelbar davor sowie nach der Steinkarscharte bestehen zwei signalisierte Notabstiege – sehr nützlich, falls etwa ein Gewitter aufzieht.

Sicherungen erleichtern auch die Überschreitung des Kemacher (2480 m), der den höchsten Punkt der Ferrata markiert. An der weiten Senke des Langen Sattels (2258 m) ist eine Entscheidung fällig: hinab in die Seegrube bzw. zur Seilbahn oder weiter am »Innsbrucker«. Dabei sollte man sich durch den langweiligen Hatscher hinauf zur Östlichen Sattelspitze (2369 m) nicht beeinflussen lassen: der anschließende Routenabschnitt zur Westlichen Sattelspitze (2339 m) und über eine senkrechte Wand hinab zum Fuß der Frau Hitt ist das Glanzstück der Ferrata – und ihr würdiges Finale!

Abstieg: Vom Frau-Hitt-Sattel (2234 m) auf dem markierten »Schmidhuberweg« über Schrofen abwärts, unter der Südflanke der Sattelspitzen durch und mit einigem Auf und Ab hinüber zur Seilbahnstation Seegrube (1905 m).

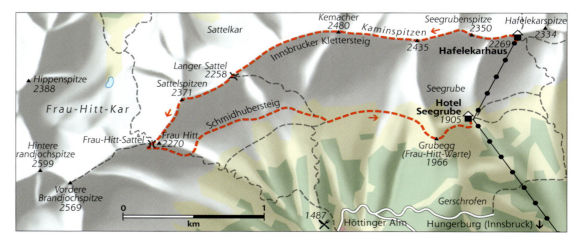

Tour 11: Karwendelgebirge

Mittenwalder Klettersteig
Der Klassiker über Mittenwald im westlichen Karwendel

Der »Mittenwalder«, 1972 angelegt, ist mehr Höhenweg als Klettersteig, trotz längerer gesicherter Passagen. Die Kammüberschreitung bietet faszinierende Talblicke auf Mittenwald, in die Leutasch und ins Karwendeltal; den 1300-Meter-Aufstieg übernimmt freundlicherweise die Karwendelbahn. Übrigens: Der Aufstieg über die Mittenwalder Hütte (1515 m) in die Karwendelgrube ist zwar recht anstrengend, aber landschaftlich sehr reizvoll, an einigen Stellen auch gesichert.

Das Gerberkreuz (links) und die Linderspitzen, von der Sulzleklammspitze gesehen.

Mittenwalder Klettersteig: Von der Seilbahnstation (2244 m) auf dem Rundweg zum Beginn des »Mittenwalders« (Hinweistafel) und den Sicherungen folgend (Drahtseile, Leitern, Eisenbügel) auf die Nördliche Linderspitze (2372 m). Weiter am Grat entlang (luftig!) und über Schrofen hinunter zum »Steinernen Zaun« (Gatterl, ca. 2250 m), wo man den »Heinrich-Noé-Weg« kreuzt. Aus der Senke über schräge Leitern auf die Mittlere Linderspitze, dann am Grat, teilweise gesichert, zur Südlichen Linderspitze (2309 m) und hinunter zum Gamsangerl (2188 m); hier kann man rechts zum »Noé-Weg« queren (kleines Hinweisschild). Die deutliche Wegspur führt – vorbei an einem Unterstand – in die Ostflanke der Sulzleklammspitze, dann über gestufte Felsen (Drahtseile) aufwärts und durch eine enge Rinne (Holzstufen, Drahtseil) auf die schrofige Ostabdachung des Gipfels (2323 m). Weiter mit Zwischenabstieg hinüber zur Kirchlspitze (2303 m), wo die Sicherungen enden. Nun gemütlich über einen Grashang hinab in den Brunnsteinanger (2080 m); gut 10 Minuten höher, an der Rotwandlspitze (2192 m), steht die kleine Tiroler Hütte (2153 m), ein lohnender Abstecher: Brotzeit mit Panoramablick.

Abstieg: Vom Brunnsteinanger auf einem Serpentinenweg neben der Geröllreise der Roßlähne hinunter in die Latschen und zuletzt flach hinüber zur Brunnsteinhütte (1523 m). Weiter im Wald abwärts bis zur Abzweigung des hübschen »Leitersteigs«. Er quert – wie der Name verrät – auf langen Leitern ab- und wieder ansteigend den wilden Graben der unteren Sulzleklamm; anschließend läuft er angenehm schattig und ohne größere Höhenunterschiede an der steilen Bergflanke hinüber zum Mittenwalder Hüttenweg. Hier links abwärts in die Erzgrube und zurück zur Talstation der Karwendelbahn.

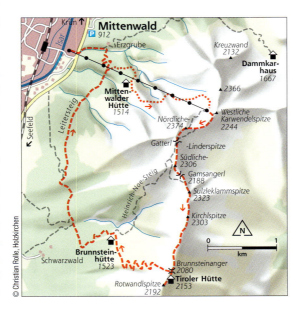

Talort:	Mittenwald (912 m)
Ausgangspunkt:	Bergstation der Karwendel-Seilbahn (2244 m) in der Karwendelgrube
Höhenunterschied:	↗ 500 Hm, ↘ 1500 Hm
Gesamtdauer:	6 Std. (↗ 3 Std., ↘ 3 Std.)
Schwierigkeiten:	Leichter, aber langer Klettersteig, bestens gesichert, nur wenige ausgesetzte Passagen, am Grat auch immer wieder Gehgelände.
Öffentliche Verkehrsmittel:	Mittenwald liegt an der Bahnlinie München – Garmisch-Partenkirchen – Innsbruck
Verkehrsamt:	Mittenwald, Tel. 0 88 23/3 39 81, Fax 27 01
Beste Jahreszeit:	Ende Juni bis Mitte Oktober
Ausrüstung:	Klettersteigausrüstung nur für weniger Geübte, Steinschlaghelm.
Karte:	Topogr. Karte des Bayer. Landesvermessungsamtes 1:50 000, »Karwendel«
Führer:	P. Werner »Klettersteige Bayern – Vorarlberg – Tirol – Salzburg«, Bergverlag Rother. »Hüslers Klettersteigatlas Alpen«, Bruckmann, München
Hütten:	Tiroler Hütte (2153 m), im Sommer bewirtschaftet. Brunnsteinhütte (1523 m), bew. von Mitte Mai bis Mitte Oktober, Tel. 01 72/8 90 96 13
Hinweis:	Talstation Mittenwald der Karwendel-Seilbahn, direkt von der Umfahrungsstraße erreichbar.; erste Bergfahrt 8.30 Uhr, letzte Talfahrt 16.30 Uhr; Tel. Karwendelbahn 0 88 23/84 80

Tour 12: Wettersteingebirge

Alpspitze (2628 m), Alpspitz-Ferrata
Viel Eisen am Wahrzeichen von Garmisch-Partenkirchen

In den 70er Jahren angelegt, ist die Nordwand-Ferrata heute der populärste Anstieg auf die Alpspitze, ideal für Anfänger, die sich hier leicht ans (viele) Eisen und den Umgang mit der Ausrüstung gewöhnen. Die Überschreitung bietet packende Aus- und Tiefblicke, hinab in den Talboden von Garmisch-Partenkirchen, ins Höllental und zur Zugspitze (2962 m), Deutschlands höchstem Punkt. Vom Gipfel genießt man eine weite Rundschau, hinaus ins Alpenvorland und südlich bis zu den vergletscherten Dreitausendern des Alpenhauptkamms.

Talort:	Garmisch-Partenkirchen (708 m)
Ausgangspunkt:	Talstation der Osterfelder-Seilbahn (725 m) im Südwesten von Garmisch. Großer Parkplatz
Höhenunterschied:	600 Hm
Gesamtdauer:	4 Std. (Ferrata 2½ Std., ↘ 1½ Std.)
Schwierigkeiten:	Leichter, opulent gesicherter Klettersteig. Vorsicht: Wenn viele Bergsteiger unterwegs sind, besteht teilweise Steinschlaggefahr durch Vorausste igende!
Öffentliche Verkehrsmittel:	Garmisch-Partenkirchen liegt an der Schnellzugstrecke München – Innsbruck; weiter mit der Zugspitzbahn zur Talstation
Verkehrsamt:	D-82487 Garmisch-Partenkirchen, Tel. 088 21/18 06, Fax 18 04 50
Beste Jahreszeit:	Juni bis Oktober
Ausrüstung:	Für weniger Geübte komplette Klettersteigausrüstung, Steinschlaghelm.
Karte:	AV-Karte 1:25 000 »Wetterstein- und Mieminger Gebirge, Mittleres Blatt«. Kompass-Karte 1:50 000, Blatt 5 »Wettersteingebirge«
Führer:	P. Werner »Klettersteige Bayern – Vorarlberg – Tirol – Salzburg«, Bergverlag Rother. »Hüslers Klettersteigatlas Alpen«, Bruckmann, München.
Hütten:	Restaurant an der Bergstation der Osterfelder-Seilbahn (2033 m)

Alpspitz-Ferrata: Von der Seilbahnstation zunächst südlich auf gutem Weg unter dem Höllentorkopf (2146 m) hindurch zum Nordwandsteig. Nach gut 10 Min. zweigt rechts die Ferrata ab (Hinweistafel). Mehrere Klammerreihen bilden den Auftakt der Route, die sich anschließend rechts zur »Stoarösl-Scharte« wendet. Hier wird der Blick ins Höllental und zur Zugspitze frei. Weiter über Schrofen und leichte Felsstufen bis auf die Höhe des »Herzls«, dann zunehmend steiler an der Kante eines markanten Plattenschusses – durchwegs bestens gesichert – zum Gipfelaufbau. Über ein natürliches Band in die Westflanke und zuletzt durch eine steile Rinne zum Gipfel.

Abstieg: Zunächst am schuttbedeckten Ostgrat entlang, dann links

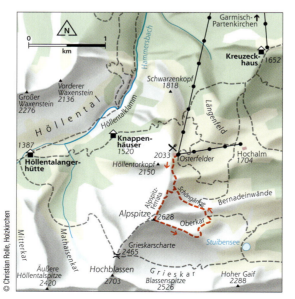

über leichte Felsen hinunter ins Oberkar. An seiner Mündung stößt man auf den Nordwandsteig, der über ein künstlich ausgebautes Band und zwei kurze Tunnels zur Osterfelder-Seilbahn zurückleitet.

▲ An den Klammerreihen in der Alpspitz-Nordwand-Ferrata.

◄ Die Alpspitze, das Wahrzeichen von Garmisch-Partenkirchen

Tour 13: Wettersteingebirge

Zugspitze (2962 m), Jubiläumsgrat
Über den längsten Grat an Deutschlands höchstem Gipfel

Eine Tour der Superlative, sowohl bezüglich Verlauf als auch Kulisse. Man ist zwischen sechs und acht Stunden am Grat, in Höhen zwischen 2600 und fast 3000 Meter unterwegs. Das allein veranschaulicht bereits die Dimensionen der Route, bei der es sich – man kann es nicht oft genug betonen! – um mehr als nur eine Via ferrata handelt. Die durch einen Felssturz zerstörten Seilsicherungen an der Vollkarspitze sind im Sommer 2001 repariert worden.

Vom höchsten Punkt Deutschlands über den längsten Grat hinab: Superlative!

Jubiläumsgrat: Vom kreuzgeschmückten Zugspitzgipfel zunächst auf gebahntem Weg, dann am schmaler werdenden Grat entlang mit einigen Kletterstellen. Rechts über eine gesicherte, griffarme Platte abwärts und über ein Band (Drahtseil) zu einem Gratturm, der überstiegen wird. Aus der dahinter liegenden Scharte über Rampen, Verschneidungen und Felsstufen steil auf die Innere Höllentalspitze (2741 m). Teilweise gesichert am Kamm – vorbei an der Abzweigung zur Knorrhütte (einziger Notabstieg!) – über die Mittlere Höllentalspitze (2743 m) zur Höllentalgrathütte. Hinter der Äußeren Höllentalspitze (2720 m) an Fixseilen steil hinab in eine Scharte, südseitig um den nächsten Gratturm herum, mit Hilfe solider Sicherungen über den nächsten Zacken und auf die schlanke Vollkarspitze (2630 m). Dahinter verliert der Grat etwas an Profil; harmlose Felsstufen wechseln mit Gehgelände ab. Vor dem Hochblassen (Schild) links und auf Steigspuren über brüchiges Gestein und Schutt erst abwärts, dann durch eine Steilrinne kurz hinauf in die »Falsche Grieskarscharte« (ca. 2560 m). Jenseits im Geröll in die Grieskarscharte (2463 m). Über den gestuften Südgrat bergan gegen die Alpsitze (2628 m), noch vor dem Gipfel links und mit üppigen Sicherungen der »Alpspitz-Ferrata« über die Nordflanke abwärts, zuletzt links zur Seilbahnstation Osterfelder (2050 m).

Talort:	Garmisch-Partenkirchen (708 m)
Ausgangspunkt:	Zugspitze (2962 m), Bergstation der von Eibsee ausgehenden Seilschwebebahn.
Höhenunterschied:	Bis zur Alpsitze etwa 650 m Gegensteigung.
Gesamtdauer:	7 bis 9 Std.
Schwierigkeiten:	Die Überschreitung des Grates von der Zugspitze zum Hochblassen ist eine klassische alpine Tour, die sich nur erfahrene Bergsteiger vornehmen sollten. Auch ungesicherte Kletterstellen im II. Schwierigkeitsgrad; Trittsicherheit auf lockerem Untergrund und sauberes Gehen in Schrofengelände!
Öffentliche Verkehrsmittel:	Mit der Bahn nach Garmisch-Partenkirchen; weiter mit der Zugspitzbahn zum Gipfel (erste Seilbahn zur Zugspitze fährt im Sommer um 8 Uhr; letzte Talfahrt mit der Osterfelder-Seilbahn um 17.30 Uhr)
Verkehrsamt:	D-82467 Garmisch-Partenkirchen; Tel. 0 88 21/18 00, Fax 180755, E-Mail tourist-info@garmisch-partenkirchen.de, Internet www.garmisch-partenkirchen.de
Beste Jahreszeit:	Juli bis Ende September
Ausrüstung:	Klettersteigausrüstung, Helm.
Karte:	AV-Karte 1:25 000 »Wetterstein und Mieminger Gebirge, Mitte«.
Führer:	»Hüslers Klettersteigatlas Alpen«, Bruckmann Verlag, München
Hütten:	Münchner Haus (2957 m), bew. Ende Mai bis Ende September; Tel. 0 88 21/29 01. Höllentalgrathütte (2684 m), Biwak, stets zugänglich

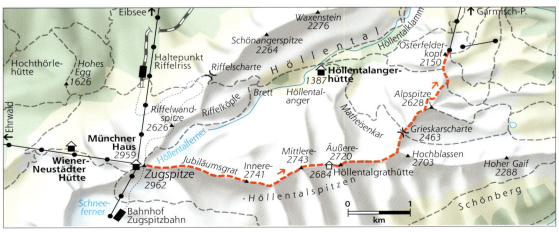

— 35 —

Die neuesten Klettersteige

In letzter Minute:
Heiße Eisen

Noch vor gut zehn Jahren hätte niemand auf den aktuellen Boom gewettet, der Klettersteigbau schien zu stagnieren, »Genug!« verkündeten die Alpenvereine, der Sommertourismus schlitterte insgesamt in die Krise. Und heute? Mittlerweile hat das »eiserne« Virus auf den Westen der Alpen übergegriffen, es wird überall gebohrt und gehämmert, es werden neue Seile gespannt, Jahr für Jahr. Sogar in die scheinbar stagnierende ostalpine Klettersteig-Szene ist wieder Bewegung gekommen; die Tourismusorte setzen vermehrt auf Action, suchen so ein junges, sportliches Publikum zu gewinnen. Und da kommt das (fast) gefahrlose »adventure« gerade richtig, und dass Klettersteigeln jede Menge »fun« vermittelt, hat sich längst herumgesprochen. Ein paar tausend Begehungen pro Saison liegen bei manchen Routen durchaus drin; an so populären Steigen wie etwa der »Pisciadù« kommt es an sommerlichen Schönwettertagen schon mal zu Staus: »Achtung, eine Durchsage der Bergwacht Corvara. Am Einstieg zum Pisciadù-Klettersteig längere Wartezeiten, in der Folge stockender Verkehr mit Kolonnenbildung. Parkplatz restlos überfüllt; bitte die Fahrzeuge am Grödner Joch abstellen.«

Längst sind Klettersteige kein alpines Phänomen mehr; im hohen Norden, weitab von Matterhorn und Zugspitze, gibt es mehrere Vie ferrate, und auch in den Pyrenäen sind die ersten Eisenrouten entstanden. Dabei hat sich Andorra mit vier Routen mit ausgeprägt alpinem Touch als Vorreiter erwiesen. Und dann dies: »It's fun, easy and safe – the first via ferrata in the USA!« Wer hin will, hier die Adresse: Red River Gorge, Torrent Falls, Kentucky. Der Klettersteig kann zwischen März und November begangen werden.

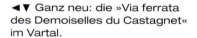

▼ Der »Spannagel-Klettersteig«, eine brandneue Ferrata im Bereich der Hintertuxer Skiarena.

◄▼ Ganz neu: die »Via ferrata des Demoiselles du Castagnet« im Vartal.

Die neuesten Klettersteige

1 - Mödlinger Klettersteig
Kurze, wenig schwierige und fast das ganze Jahr über begehbare Route vor den Toren Wiens. Talort ist Mödling.

2 - Naturfreundesteig
Auf den Sommer 2000 im unteren Teil völlig neu trassierter Genussklettersteig mit packenden Tiefblicken auf den Traunstein. Talort Gmunden, Endpunkt Gmundner Hütte (1661 m).

3 - Donnerkogel-Klettersteig
Landschaftlich sehr schöne Ferrata im Gosaukamm, insgesamt drei Teilstrecken, mittel bis schwierig. Talort Gosau, Anfahrt mit der Seilbahn vom Vorderen Gosausee.

4 - Weißsee-Klettersteig
Rassige, allerdings verhältnismäßig kurze Ferrata unweit der Rudolfshütte in den Hohen Tauern. Talort Uttendorf. Achtung: die Seilbahn zum Weißsee ist z. Zt. außer Betrieb!

5 - Spannagel-Klettersteig
Neue Ferrata im Bereich der Hintertuxer Skiarena, besonders lohnend in Verbindung mit einem Besuch der Spannagel-Höhle (Führungen). Ziemlich schwierig; Talort Hintertux.

6 - Allmaier-Toni-Weg
Alpine, gut gesicherte Route am Weittalspitze-Ostgrat (2539 m), wenig zuverläßiger Fels. Talorte sind Lienz und St. Lorenzen im Lesachtal.

7 - Weg der 26er
Knackig-alpine Route an der Hohen Warte (2780 m) im Karnischen Hauptkamm, mündet etwa auf halber Wandhöhe in den alten »Koban-Brunner-Weg«. Sehr schwierig, Talort Kötschach-Mauthen, Ausgangspunkt Valentintörl (2138 m).

8 - Adamello-Klettersteige
über die Cima Payer (3056 m) und die Punta Pisgana (3088 m) im Adamellomassiv; hochalpine Route. Anfahrt von Pinzolo, Stützpunkt ist das Rifugio Mandrone (2450 m).

9 - Aletsch-Klettersteig
Originell angelegte Route am Gibidum-Stausee. Besondere Gags: die 86 Meter lange Hängebrücke und eine 25-Meter-Tyrolienne! Ziemlich schwierig, Talort Blatten im Oberwallis.

10 - Via ferrata de la Cascade de l'Oule
Sportklettersteig im Chartreuse-Massiv mit zwei unterschiedlich anspruchsvollen Teilstücken. Talort St-Hilaire du Touvet.

11 - La Croix de Chamrousse
Zwei kurze Klettersteige am 2257 Meter hohen Hausberg von Grenoble. Mittel bis schwierig, Anfahrt in die Gipfelregion per Seilbahn.

12 - Via ferrata du Lac du Sautet
Eindrucksvoller Klamm-Klettersteig unterhalb des Stausees von Sautet. Zwei Teistrecken; Talort ist Corps, das man von Grenoble über La Mure erreicht, 60 km.

13 - Via ferrata de la Pointe des Neyzets
Alpine Überschreitung in den Bergen des Briançonnais; leicht, aber ziemlich lang. Talort ist Monêtier-les-Bains (1420 m), Zufahrt mit Lift.

14 - Via ferrata des Demoiselles du Castagnet
Typisch französischer Sportklettersteig im Vartal; Talort Puget-Théniers.

15 - Via ferrata della Sacra
Ein ganz neuer Weg zu dem Felsenkloster (962 m) im untersten Susatal; mäßig schwierig. Talort ist Sant'Ambrogio, 20 km von Turin.

16 - Via ferrata del Rouas
Mäßig schwieriger Sportklettersteig bei Bardonecchia. Anreise von Turin oder aus der Maurienne durch den Fréjus-Tunnel.

17 - Monte Oronaye
Auf ehemaligen Militärsteigen auf den wilden Grenzgipfel in den Cottischen Alpen. Zugang vom Col de Larche bzw. von Acceglio im Valle Maira; Drahtseile und eine lange Leiter zum 3104 Meter hohen Gipfel.

18 - Ferrate del Monte Pietravecchia
Attraktiver Klettersteig-Garten in den Ligurischen Alpen, nahe der französisch-italienischen Grenze. Anfahrt von Ventimiglia via Dolceacqua, Pigna und die Colla di Langan (1127 m) zum Rifugio Allavena an der Colla Melosa (1541 m), etwa 40 km.

Tour 14: Mieminger Gruppe

Tajakopf (2450 m), Tajakante-Klettersteig
Die Klettersteig-Direttissima über dem Ehrwalder Becken

Hier haben sich die Ferrata-Bauer wirklich eine Ideallinie für ihre Route ausgesucht: die Westkante am Vorderen Tajakopf – steil, extrem schmal, mit fast senkrechten Aufschwüngen. Da fühlen sich die Experten der »eisernen« Zunft in ihrem Element – weniger Geübte sind allerdings bald einmal überfordert. Packend die Kulisse mit den Mieminger Bergen rundum und der Zugspitze als Blickfang im Norden.

Talort:	Ehrwald (994 m), Ferienort in Außerfern.
Ausgangspunkt:	Bergstation des Sessellifts zur Ehrwalder Alm (1502 m).
Höhenunterschied:	1000 Hm.
Gesamtdauer:	7¼ Std. (↗ 4¼ Std., ↘ 3 Std.)
Schwierigkeiten:	Sehr anspruchsvolle Ferrata, nur sparsam gesichert (Drahtseile, einzelne Eisenstifte), dazu ziemlich lang. Auch der Abstieg (Stellen I) verlangt Trittsicherheit. Wer in der Coburger Hütte übernachtet, kann anderntags die Ehrwalder Sonnenspitze überschreiten (leichte Klettertour mit kurzen Passagen im Schwierigkeitsgrad II, eine gesicherte Steilrinne).
Öffentliche Verkehrsmittel:	Ehrwald hat Bahnverbindung mit Garmisch-Partenkirchen und Reutte.
Verkehrsamt:	A-6632 Ehrwald; Tel. 0 56 73/23 95, Fax 33 14, E-Mail ehrwald@zugspitze.tirol.at
Beste Jahreszeit:	Mitte Juni bis zum ersten Schneefall.
Ausrüstung:	Klettersteigausrüstung, Helm.
Karte:	Österreichische Karte 1:50 000, Blatt 116 »Telfs«.
Führer:	»Hüslers Klettersteigatlas Alpen«, Bruckmann, München.
Hütten:	Coburger Hütte (1917 m), bew. Mitte Juni bis Mitte Oktober; Tel. 06 64/3 25 47 14.

▲ Eine Ferrata-Direttissima par excellence – der »Tajakante-Klettersteig«.

Zustiege: Von der Liftstation auf der Ehrwalder Alm (1502 m) auf der Sandstraße oder auf einem markierten Wanderweg über den Geißbach und in lichtem Wald zur Sommerwirtschaft auf der Seebenalm (1575 m). Eine Viertelstunde weiter kommt man am idyllischen Seebensee vorbei (1657 m); an der Talstation der Materialseilbahn zur Coburger Hütte weist links ein Schildchen zum Klettersteig.
Wer auf noch mehr Eisen aus ist, kann an der Talstation der Gondelbahn (1108 m) losgehen und über den schwierigen »Seeben-Klettersteig« zum Seebensee aufsteigen; 2 Std. – ergibt ein knackiges Doppelpack!

Tajakante-Klettersteig: Auf markierter Spur über den teilweise latschenbewachsenen Geröllhang hinauf zum Einstieg am Fuß der markanten, bereits vom Seebensee aus sichtbaren Rippe. Links zum Einstieg, dann erst noch recht gemütlich, in der Folge aber zunehmend luftiger an der Felskante aufwärts. Kraftraubende Steilaufschwünge wechseln mit flacheren Passagen ab; atemberaubend die Tiefblicke. Schließlich läuft die »magic line« am Vorderen Tajakopf aus; Drahtseile leiten über Bänder, kleine Aufschwünge und Schrofen zum Gipfelkreuz.

Abstieg: Zunächst über gestufte Felsen, den roten Markierungen folgend, bergab gegen die Senke zwischen Vorderem und Hinterem Tajakopf (2408 m), dann rechts hinunter zu der bereits lange sichtbaren Coburger Hütte (1917 m), die sich einer schönen Lage über dem kreisrunden Drachensee erfreut. Vom Schutzhaus über einen licht bewaldeten Hang in die Mulde des Seebensees. Dahinter links etwas aufwärts und schließlich über die »Hohen Gänge« (Drahtseile) hinab in den Wald und zurück zur Talstation des Ehrwalder-Alm-Liftes.

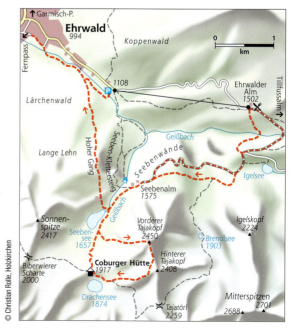

– 38 –

Tour 15: Stubaier Alpen

Große Ochsenwand (2700 m),
Schlicker Klettersteig
Große Klettersteigtour in den Stubaiern

Beim »Schlicker Klettersteig« handelt es sich fraglos um eine der schönsten gesicherten Routen in Tirol; ihren ganz besonderen Reiz gewinnt sie durch die landschaftlichen Gegensätze: grau das Kletterrevier der Kalkkögel, grün ihr Vorgelände zum Inntal hin. Und weiß blinkend zwischen den dunklen Gneisen die Gletscher der Stubaier Dreitausender.

Zustieg: Von der Liftstation Froneben (1362 m) zunächst auf der Sandstraße taleinwärts, vorbei an der Schlicker Alm (1643 m), bis rechts eine Tafel zum Klettersteig weist. Über einen teilweise mit Latschen bewachsenen Geröllkegel zum Felsfuß (ca. 2020 m).

Schlicker Klettersteig: Gleich zum Auftakt zeigt die Route ihre »Zähne«: leicht überhängend das Einstiegswandl, aber mit Bügeln gut gesichert; wenig höher verlangt eine Verschneidung nochmals vollen Einsatz. Steil geht's weiter, kurze Querungen wechseln ab mit Wandstufen, alles gut, aber nicht übermäßig gesichert. Der feste Kalkfels bietet aber zusätzlich reichlich Haltepunkte. Gut 400 Meter über dem Einstieg steigt man aus der Wand auf den breiten Ostgrat der Ochsenwand; über Grasflecken und Schrofen sowie leichte Felsstufen führt die Route weiter. Ein tiefer Spalt ist zu überspringen, schließlich folgt ein ziemlich steiles Finale (Drahtseile) zum Gipfel.

Abstieg: Über den markanten Gipfelfirst auf deutlicher Spur zur Nordkuppe (ca. 2685 m), dahinter in Kehren abwärts zu einem winzigen Schartl und anschließend – fast durchgehend gesichert – an dem mit bizarren Türmen besetzten Nordgrat steil in die Scharte zwischen den beiden Ochsenwänden (ca. 2640 m). Auf einem Band durch die Ostflanke der Kleinen Ochsenwand und kurz bergab zur nahen Alpenclubscharte (2451 m).
Auf ordentlichem AV-Weg östlich hinunter in die Roßgrube und weiter zur Schlicker Alm, wo man auf den Anstiegsweg stößt.

Talort:	Fulpmes (937 m) im Stubaital.
Ausgangspunkt:	Bergstation des Froneben-Sessellifts (1362 m).
Höhenunterschied:	1340 Hm
Gesamtdauer:	7 ¾ Std. (↗ 5 Std., ↘ 2 ¾ Std.)
Schwierigkeiten:	Schwierige, ungewöhnlich lange Ferrata in teilweise sehr steilem, ausgesetztem Gelände. Erfahrung im Umgang mit »Eisen« unerläßlich, dazu eine gute Kondition. Auch der Abstieg in die Alpenclubscharte ist ein (leichterer) Klettersteig! Zustieg lässt sich verkürzen, indem man mit den »Schlicker Liften« bis zur Bergstation Kreuzjoch (2100 m) fährt, dann absteigend zum Einstieg.
Öffentliche Verkehrsmittel:	Von Innsbruck per Bahn und Bus ins Stubaital. Erste Bergfahrt am Fronebenlift 8 Uhr.
Verkehrsamt:	A-6166 Fulpmes; Tel. 0 52 25/6 22 35, Fax 6 38 43.
Beste Jahreszeit:	Juni bis Ende September.
Ausrüstung:	Klettersteigausrüstung, Helm.
Karte:	Österreichische Karte 1:50 000, Blatt 147 »Axams«.
Führer:	P. Werner »Klettersteige Bayern – Tirol – Salzburg«, Bergverlag Rother. »Hüslers Klettersteigatlas Alpen«, Bruckmann, München
Hütten:	Schlicker Alm (1643 m), ganzj. bewirtschaftet.

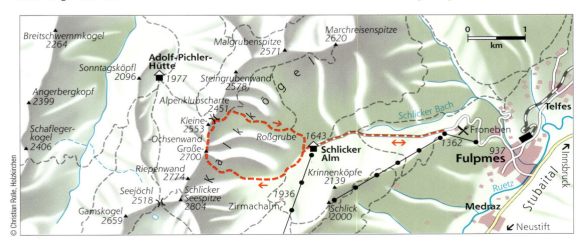

▲ Unterwegs an einem der schönsten Eisenwege in Tirol, am »Schlicker Klettersteig«.

Tour 16: Ötztaler Alpen

Jubiläums-Klettersteig / Reinhard-Schiestl-Klettersteig
Zwei Sportklettersteige im mittleren Ötztal

Zwei typische Sportklettersteige in Talnähe: ganz kurzer Zustieg, exponiert im Verlauf (vor allem der Schiestl-Klettersteig), bestens gesichert und gewartet. Ideale Trainingsmöglichkeiten für größere Unternehmungen. Der Reinhard-Schiestl-Klettersteig wurde zur Erinnerung an den bekannten Ötztaler Extremkletterer benannt, der bei einem tragischen Autounfall ums Leben kam.

Talort:	Längenfeld (1180 m), Ferienort im mittleren Ötztal
Ausgangspunkt:	*Jubiläums-Klettersteig:* Lehn (1159 m), Weiler links der Ötztaler Ache, Hinweis »Freilichtmuseum«. *Schiestl-Klettersteig:* Etwa 1 km südlich von Längenfeld am Fuß der Burgsteiner Wand (nahe Bundesstraße).
Höhenunterschied:	beide Steige ca. 250 Hm
Gesamtdauer:	Jubiläums-Klettersteig 1½ Std., Schiestl-Steig 2 Std.
Schwierigkeiten:	*Jubiläums-Klettersteig* mittel, bestens gesichert, mit einem kurzen Überhang kurz vor dem Ausstieg, der umgangen werden kann. *Schiestl-Klettersteig* schwierig bis sehr schwierig, einige sehr exponierte Passagen, mit durchlaufendem Drahtseil und 350 künstlichen Tritten.
Öffentliche Verkehrsmittel:	Längenfeld hat Busverbindung mit Oetz und Sulden
Verkehrsamt:	Tourismusverband Längenfeld, Oberlängenfeld 72, A-6444 Längenfeld; Tel. 052 53/52 07; hier kann man Klettersteig-Ausrüstung leihen
Beste Jahreszeit:	Mai bis Oktober; die Felsen müssen schnee- und eisfrei sein!
Ausrüstung:	Komplette Klettersteigausrüstung, Steinschlaghelm.
Karte:	Zur Orientierung Kompass-Wanderkarte 1:50 000, Blatt 43 »Ötztaler Alpen«
Führer:	»Hüslers Klettersteigatlas Alpen«, Bruckmann, München; P. Werner »Klettersteige Bayern-Vorarlberg-Tirol-Salzburg«, Bergverlag Rother, Ottobrunn
Hütten:	keine

Jubiläums-Klettersteig: Zunächst auf dem Kreuzweg im Wald bergan zu der Lourdeskapelle, dann auf einer Hängebrücke über den Lehnbach und rechts zum Einstieg. Eisenbügel leiten über eine 20-Meter-Wand senkrecht nach oben auf eine Kanzel. Nun links am sichernden Drahtseil über gestufte Felsen und anschließend unter mächtigen Überhängen schräg aufwärts in Richtung Wasserfall. Der Ausstieg hält dann noch eine extreme Variante bereit: einen vier Meter Überhang, zu meistern an ein paar Klammern – wouwwh!
Abstieg: Auf einem Waldweg nach Lehn.

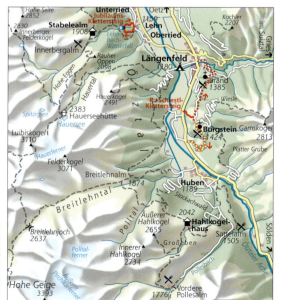

▲ Ein typischer Sportklettersteig ist der »Jubiläums-Klettersteig« nordwestlich über Längenfeld: kurzer Zu- und Abstieg, hervorragend gesichert und steil ...

Reinhard-Schiestl-Klettersteig: Von der Bundesstraße zum Einstieg. Zunächst über ein steiles Wandl zu einem Überhang, dann in leichterem Gelände zum eigentlichen Wandfuß. Sehr steil und luftig im festen Fels aufwärts, dann nach rechts auf ein bequemes Band. Dahinter geht die Route erneut in die Vertikale (Wandbuch). Eine weitere, äußerst exponierte Querung führt zum letzten Steilaufschwung, dann läuft die Ferrata unvermittelt auf einer flachen Wiese aus.
Abstieg: Den Markierungen folgend am Zaun entlang (nicht über die Wiese trampeln!) zu den Häusern von Burgstein (1424 m), wo man vor der eindrucksvollen Kulisse des Geigenkamms die (verdiente) Brotzeit genießt. Abstieg südlich über das Sträßchen oder nördlich via Brand (1385 m) nach Längenfeld.

Tour 17: Ötztaler Alpen

Plamorder Spitze (2982 m);
Tiroler Weg
Dunkler Gneis über dem Reschensee

Dunkler Gneis statt heller Kalk: Klettern am Alpenhauptkamm hat seinen besonderen Reiz. Der steile Nordgrat der Plamorder Spitze lebt davon. Phantastisch der Blick vom Gipfel auf den Reschensee und zu den vergletscherten Ortlerbergen. Wer gut drauf ist, kann anschließend gleich noch den »Goldweg« angehen: 4 1/2 Std. über die Bergkastelspitze (2912 m) mit einer knackigen Schlüsselstelle.

Abschnitt der Route helfen zusätzlich ein paar wenige Eisenstifte. Ein schlankes Felstürmchen lädt zu einem kurzen, aber äußerst luftigen »Seitensprung« ein.

Westlich der Plamorder Spitze (2982 m) mündet der »Tiroler Weg« auf den langgestreckten Gipfelgrat, den ein großes Kreuz (ca. 2965 m) krönt.

Abstieg: Zunächst am Grat entlang, dann rechts über die große, vom Nauderer Gaisloch aus bereits sichtbare, trittarme Platte (Drahtseile) auf ein Horizontalband und westlich in eine erste Scharte. Um eine Felskuppe herum und kurz hinab in eine zweite Scharte (ca. 2890 m). Hier rechts durch eine steile Geröllrinne mehr oder weniger elegant – rutschend, balancierend – hinunter ins Gaisloch und auf dem Hinweg zurück zum Bergkastelboden.

Zustieg: Vom Bergkasteloden (2170 m), der Hinweistafel folgend, erst mit einem Schlepplift bergan, dann rechts ins Nauderer Gaisloch, ein wildes Blockkar, gneis-dunkel umrahmt von Bergkastelspitze (2912 m), Plamorder Spitze und Klopaier Spitze (2918 m). Mühsam über Blockwerk, von deutlichen Markierungen geleitet, zum Fuß einer markanten Felsrippe (ca. 2640 m).

Tiroler Weg: Der Einstieg gibt gleich den Tarif an: etwa zehn Meter, nahezu senkrecht, mit nur wenigen, aber soliden Griffen und Tritten. Die Route verläuft unmittelbar am Grat; nach einem flacheren Intermezzo wird es bald wieder schwieriger. An der gelegentlich kaum mehr fußbreiten Kante arbeitet man sich in die Höhe, geführt und gesichert von dem straffen, in kurzen Abständen verankerten Drahtseil. Im oberen

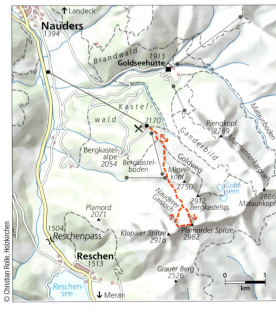

Talort:	Nauders (1394 m), Ferienort am Reschenpass.
Ausgangspunkt:	Bergstation der Bergkastelboden-Gondelbahn (2170 m); Talstation zwischen Nauders und dem Reschenpass.
Höhenunterschied:	800 Hm
Gesamtdauer:	5 1/2 Std., (↗ 3 1/2 Std., ↘ 2 Std.)
Schwierigkeiten:	Anspruchsvolle, mit durchlaufenden Drahtseilen gesicherte Route; im oberen Abschnitt des Grates ein paar Eisenstifte, teilweise sehr luftig. Nur bei sicherem Wetter und guten äußeren Bedingungen gehen; an der nordseitigen Route ist Vereisung nicht selten, und bei Nässe wird der Tonalitgneis gefährlich rutschig!
Öffentliche Verkehrsmittel:	Nauders besitzt gute Busverbindungen mit Landeck (Bahnhof an der Arlberglinie). Die Gondelbahn verkehrt stündlich, erste Fahrt um 9 Uhr.
Verkehrsamt:	A-6543 Nauders; Tel. 0 54 73/8 72 20, Fax 87 26 27, E-Mail tvb.nauders@tirol.com, Internet www.nauders.com
Beste Jahreszeit:	Ende Juni bis Ende September
Ausrüstung:	Klettersteigausrüstung, Helm.
Karte:	Österreichische Karte 1:50 000, Blatt 171 »Nauders«.
Führer:	»Hüslers Klettersteigatlas Alpen«, Bruckmann Verlag, München. Paul Werner »Klettersteige Bayern, Vorarlberg, Tirol, Salzburg«, Bergverlag Rother.
Hütten:	Keine; Restaurant an der Bergstation der Gondelbahn.

▲ Eindrucksvoll! Der Blick vom »Tiroler Weg« gegen das Ortlermassiv und auf den Reschensee.

Tour 18: Lechtaler Alpen

Weißschrofenspitze (2752 m), Arlberger Klettersteig

Superferrata hoch über St. Anton am Arlberg

Mit der vor gut zehn Jahren eröffneten Route besitzt der Nobelferienort einen Klettersteig der Spitzenklasse: lang ohne ermüdenden Zustieg, mit vielen luftig-knackigen Passagen an dem mehrgipfeligen Weißschrofengrat. Dazu kommen packende Tiefblicke ins Stanzer Tal und eine Fernsicht, die bis zum Alpenhauptkamm reicht.

Talort:	St. Anton am Arlberg (1284 m) im obersten Stanzer Tal.
Ausgangspunkt:	Station Vallugagrat (2646 m) der Valluga-Seilbahn.
Höhenunterschied:	↗ 450 Hm, ↘ 770 Hm
Gesamtdauer:	5 Std. (Klettersteig 4 Std.)
Schwierigkeiten:	Insgesamt eher sparsam gesicherte Route mit mehreren schwierigen, dabei auch äußerst luftigen Passagen wie etwa der Traverse in der Südwand mit anschließendem Anstieg zur Knoppenjochspitze, dem Abstieg von der Lorfescharte und dem Ausstieg (Überhang). Gute Kondition erforderlich, insgesamt vier bezeichnete Notabstiege: sehr wichtig bei Gewittergefahr! Vorsicht: Beim Abstieg von der Weißschrofenspitze keine Steine ablassen, um nicht Vorausteigende zu gefährden!
Öffentliche Verkehrsmittel:	St. Anton ist Station an der Arlberglinie (Bregenz - Innsbruck). Erste Bergfahrt mit der Galzig- und der Vallugabahn zum Vallugagrat im Sommer um 8.20 Uhr. Letzte Talfahrt von Kapall 16.15 Uhr.
Verkehrsamt:	A-6580 St. Anton am Arlberg, Tel. 0 54 46/22 69, Fax 25 32. E-Mail: st.anton@netway.at
Beste Jahreszeit:	Juli bis Anfang Oktober
Ausrüstung:	Komplette Klettersteigausrüstung, Steinschlaghelm.
Karte:	Österreichische Karte 1:50 000, Blatt 143 »St. Anton am Arlberg«. AV-Karte 1:25 000, Blatt 3/2 »Lechtaler Alpen – Arlberg«
Führer:	Kurt Schall »Klettersteige West & Süd«, (Schall Verlag, Wien). »Hüslers Klettersteigatlas Alpen«, Bruckmann, München.
Hütten:	keine

Zustieg: Zustieg: Von der Seilbahnstation (2646 m) am Vallugagrat über Geröll und Schnee ostseitig bergab ins Valfagehrjoch (2543 m; Tafel), dann hinüber zum nahen Mattunjoch (2550 m). Wenig oberhalb startet der Klettersteig (Tafel).

Arlberger Klettersteig: Gleich sehr steil über den ersten Gratturm (dahinter erster Notabstieg), am zweiten Zacken vorbei und in herrlich luftiger Querung in die Südflanke der Knoppenjochspitze. Anstrengend über fast senkrechte Felsen zum Gipfel, anschließend gleich steil hinunter in die Scharte vor dem Lorfekopf (2689 m; Notabstieg). Über den felsigen Buckel in die Lorfescharte (Notabstieg), nach dem Steilabstieg leichter über die Lisunspitze (2667 m) und weiter am Lisungrat (Gehgelände) zu den »Haizähnen«, die in spektakulärer Routenführung überklettert werden. Aus der letzten Gratscharte (Notabstieg) über steile, aber gut

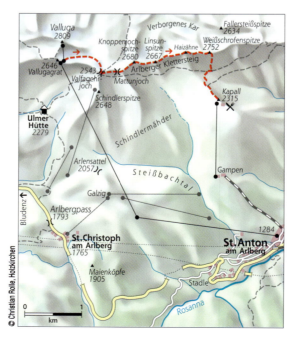

▲ Luftige Turnerei am ausgesetzten Grat – unterwegs am »Arlberger Klettersteig«.

gestufte Felsen zum Gipfelgrat und an ihm zur Weißschrofenspitze (2752 m).

Abstieg: Über den größtenteils ebenfalls gesicherten, teilweise sehr steilen Südgrat (Vorsicht: schottriges Gelände!) zum überhängenden Ausstieg (sieht schlimmer aus, als er ist). Man kreuzt den Verbindungsweg Ulmer Hütte - Leutkircher Hütte und steigt auf einer Zickzackspur weiter ab zur Liftstation Kapall (2315 m).

Tour 19: Lechtaler Alpen

Maldonkopf (2632 m), Imster Klettersteig
Steile Eisenroute – nur für Experten!

Überraschend alpine Tour im Hinterland von Imst; sehr eindrucksvoll die Felskulisse der Muttekopfhütte mit Rotkopf (2692 m), Muttekopf (2774 m), Maldonkopf und Platteinspitzen, an denen sich schon (fast) das ganze Gesteinsspektrum der Lechtaler manifestiert. Wer im Schutzhaus nächtigt, kann anderntags die Vordere Platteinspitze (2562 m) über eine gesicherte Route besteigen.

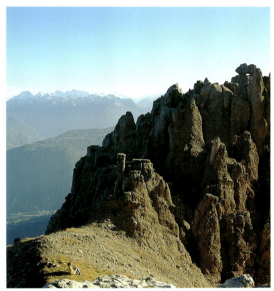

Auch auf die Vordere Platteinspitze führt ein (leichter) gesicherter Steig.

Zustieg: Von der Liftstation auf dem seilgesicherten, bei Nässe ziemlich rutschigen »Drischlsteig« durch die felsige Nordflanke des Vorderen Alpljochs hinab und hinüber zur Muttekopfhütte (1934 m). Hinter dem Schutzhaus (Tafel) über einen Wiesenhang ins winzige Guggersattele (ca. 2090 m), wo sich ein schöner Blick in den Talschluss und zum Maldonkopf auftut. Man verlässt den ins Scharnitzkar führenden Weg, quert den Talboden und steigt, der markierten Spur folgend, hinauf zum Einstieg (ca. 2220 m; große Tafel).

Imster Klettersteig: Die vorbildlich gesicherte Route folgt den markant aufgestellten Felsrippen des Südgrats. Der Auftakt ist eher gemütlich, doch bald schon nimmt die Steilheit zu, dafür werden Tritte und Griffe immer spärlicher. Als Mutprobe erweist sich eine eine extrem luftige Linksquerung; am Vorgipfel (ca. 2525 m) kann man dann erst einmal aufatmen.

Der weitere Verlauf der Route ist nun gut zu überblicken: erst kurz abwärts in eine Scharte (2510 m), dann an einem Pfeiler immer steiler hinauf zur eigentlichen Schlüsselstelle, einer fast senkrechten, völlig trittlosen Platte, etwa 12 Meter hoch. Ein paar Trittklammern entschärfen die (ursprünglich bloß seilgesicherte Passage), ohne ihr aber ganz »den Zahn zu ziehen«. Wer sich überfordert fühlt, kann aus der Scharte den Zwischenabstieg rechts ins Engelkar nehmen. Oberhalb der Platte legt sich der Grat etwas zurück; ein kurzer Aufschwung verlangt nochmals kräftigen Armzug, dann ist der Gipfel erreicht.

Abstieg: Mit dünnen Seilen kurz am schrofigen Grat entlang, dann rechts hinunter in einen steilen Gerölltrichter und an seiner Mündung (Steinschlag durch Nachsteigende!) ins Engelkar. Im groben Geröll mühsam weiter bergab, dann um den Felsfuß herum rechts zum Zustiegsweg. Auf ihm zurück zur Muttekopfhütte und hinauf zur Liftstation.

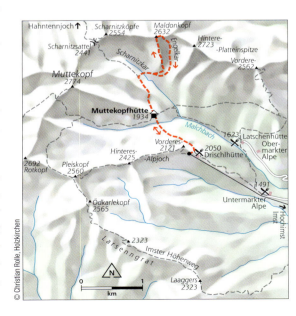

Talort:	Imst (827 m), Marktstädtchen im Oberinntal
Ausgangspunkt:	Vorderes Alpljoch (2050 m), Bergstation der Imster Sessellifte. Alternativ kann man auch zur Obermarkter Alm hinauffahren, 8 km von Imst (von 7.45 bis 17.45 Uhr gesperrt). Kleiner Parkplatz (ca. 1560 m) 10 Gehminuten unterhalb der Latschenhütte; Gesamtgehzeit dann 6 1/4 Std.
Höhenunterschied:	920 Hm
Gesamtdauer:	5 1/4 Std. (↗ 3 1/4 Std., ↘ 2 Std.)
Schwierigkeiten:	Bei der 1989 eingeweihten Ferrata handelt es sich um eine sehr sportliche Anlage mit einigen echten »Gänsehautpassagen«. Nur für erfahrene Klettersteiger, auch wenn in der senkrechten, trittlosen Platte mittlerweile einige Eisenbügel stecken!
Öffentliche Verkehrsmittel:	Imst hat Anschluss an die Arlberg-Bahnlinie; Busverbindungen mit den Ortschaften der Umgebung. Die Sessellifte verkehren von Juni bis Mitte Oktober jeweils 8.30 bis 17 Uhr.
Verkehrsamt:	A-6460 Imst; Tel. 05412/6 91 00, Fax 6 91 08, E-Mail info@tvb-imst.at
Beste Jahreszeit:	Mitte Juni bis zum ersten Schnee im Herbst.
Ausrüstung:	Klettersteigausrüstung, Helm
Karte:	Österreichische Karte 1:50 000, Blatt 115 »Reutte«.
Führer:	P. Werner »Klettersteige Bayern – Vorarlberg – Tirol – Salzburg«, Bergverlag Rother, Ottobrunn. »Hüslers Klettersteigatlas Alpen«, Bruckmann, München.
Hütten:	Muttekopfhütte (1934 m), bew. Mitte Juni bis Ende September; Tel. 06 64/1 23 69 28.

— 43 —

Tour 20: Allgäuer Alpen

Mindelheimer Klettersteig
Der Allgäuer Eisenweg-Klassiker

Aussichtswanderung und Klettersteig in einem, das ist der »Mindelheimer«, der die gleichnamige Hütte mit dem Fiderepass verbindet. Auf der »Haute Route« im Zentrum der Allgäuer Alpen genießt man prächtige Aussicht auf die Bergketten dieses nordalpinen Kalkgebirges. Ein Tipp: Man kann den Klettersteig auch vom obersten Lechtal aus anpeilen; ab Gehren bei Warth etwa 2½ Std. zur Hütte.

Talort:	Mittelberg (1215 m) im Kleinwalsertal).
Ausgangspunkt:	Schwendle (1176 m), Zufahrt von der Talstraße; Wanderparkplatz.
Höhenunterschied:	1400 Hm
Gesamtdauer:	7½ Std. (Klettersteig 3 Std.)
Schwierigkeiten:	Nur mäßig schwierige Ferrata, bestens gesichert, aber mit einigem Auf und Ab und viel Gehgelände. Nach Regen unangenehm rutschige Passagen; Selbstsicherung für weniger Geübte unerläßlich!
Öffentliche Verkehrsmittel:	Gute Busverbindungen zwischen Oberstdorf und den Ortschaften des Kleinwalsertals.
Verkehrsamt:	Kurverwaltung Oberstdorf; Tel. 0 83 22/70 00, Fax 2 74, E-Mail info@oberstdorf.de, Internet www.oberstdorf.de .
Beste Jahreszeit:	Ende Juni bis zum ersten Schnee im Herbst.
Ausrüstung:	Klettersteigausrüstung
Karte:	Bayerisches Landesvermessungsamt 1:50 000 »Allgäu«
Führer:	Paul Werner, »Klettersteige Bayern – Vorarlberg – Tirol – Salzburg«, Bergverlag Rother, Ottobrunn; »Hüslers Klettersteigatlas Alpen«, Bruckmann, München.
Hütten:	Fiderepasshütte (2065 m), bew. Juni bis Mitte Oktober; Tel. 0 83 22/70 01 51. Mindelheimer Hütte (2013 m), bew. Mitte Juni bis Mitte Oktober; Tel. 01 71/6 72 89 90

▲ Der »Mindelheimer Klettersteig« wartet mit zahlreichen spannenden, aber durchwegs gut gesicherten Felspassagen auf.

Zustieg: Von Schwendle in den Graben des Wildenbachs und talein zur Verzweigung bei der Fluchtalpe (1390 m). Hier links und über die aussichtsreich gelegene Vorderwildenalpe in den Fiderepass mit der gleichnamigen Hütte.

Mindelheimer Klettersteig: Vom Schutzhaus (Tafel) auf gutem Weglein zunächst in die Fiderescharte (2210 m), wo der steile, recht spektakuläre Anstieg zum nördlichen Schafalpenkopf (2320 m) beginnt. Drahtseile und zwei Leitern entschärfen und sichern die Route; recht üppige Sicherungen auch am Weiterweg zum Mittleren Schafalpenkopf (2201 m): Fixseile, eine hohe Leiter und eine Klammerreihe, über die abzuklettern ist. Ein tiefer Felsspalt wird auf solider Eisenkonstruktion überschritten. Recht spannend dann der Gipfelanstieg, ein Wechsel von kurzen Kaminen, luftigen Querungen und hübschen Kraxelstellen, alles bestens gesichert. Hinter dem Gipfel leitet die Wegspur zunächst hinab in eine Kammsenke; über Bänder und leichte Felsen (Sicherungen) gewinnt man schließlich den Südlichen Schafalpenkopf (2272 m). Von der grasigen Kuppe entweder auf einem ausgetretenen Zickzackweg oder durch eine steile, mit Eisenbügeln versehene Rinne hinab in Schrofengelände und auf deutlicher Spur kurz bergan zum Kemptner Köpfl (2191 m). Hier hat man bereits Sichtkontakt mit der Mindelheimer Hütte (2013 m); knapp unterhalb des »Köpfls« stößt man auf den Zustieg von Mittelberg.

Abstieg: Aus der Mindelheimer Scharte zwischen Felsen sehr steil (bei Altschnee nicht ratsam!) im Geröll hinab in den Talwinkel unter dem Elfer (2387 m) und über die Hinterwildenalpe zurück nach Schwendle; markierter Weg.

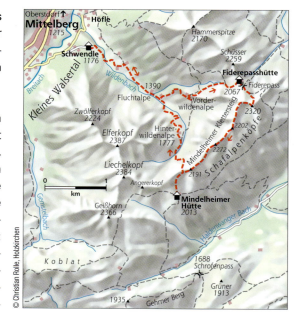

— 44 —

Tour 21: Lechquellengebirge

Karhorn (2416 m), Klettersteig
Der erste Klettersteig in Vorarlberg

Aufgrund seiner freistehenden Lage über dem obersten Lechtal bietet das Karhorn eine sehr stimmungsvolle, auch kontrastreiche Schau auf die Bergketten über den Quellbächen des Lech und hinaus in den Bregenzerwald. Der Karhorn-Klettersteig, als Gratroute angelegt, bietet mehr Landschaftserlebnis als Ferrata-Feeling; die Route eignet sich gut für »Beginners«.

Zustieg: Von der Bergstation des Steffisalpelifts (1875 m; Hinweistafel) auf markiertem Bergweg durch eine grüne Talmulde hinauf gegen den Nordgrat des Karhorns. Bei der Wegteilung links in die Scharte (ca. 2190 m) im Rücken des Warther Horns.

Karhorn-Klettersteig: Die nur mäßig anspruchsvolle Ferrata folgt dem schroffen Nordostgrat des Karhorns; der Steig ist blau-weiß bezeichnet und mit Drahtseilen gesichert. Weniger die technischen Schwierigkeiten als vielmehr das sehr brüchige Gestein machen Probleme: unbedingt Helm tragen und Voraussteigende im Auge behalten! Zwischen steileren Aufschwüngen hat man auf kürzeren Abschnitten auch (ungesichertes) Gehgelände; schließlich läuft der Klettersteig am Gipfelkreuz des Karhorns (2416 m) aus. Stimmungsvolle Rundschau auf die Bergketten im Allgäuer Hauptkamm, des Lechquellengebirges und der Lechtaler Alpen. Auffallend im Norden die massige Felsburg des Widdersteins (2533 m) und die elegante Gestalt des Biberkopfs (2599 m); hübscher Tiefblick auf Lech.

Abstieg: Er ist mit ein paar Fixseilen und Klammern gesichert, führt südseitig über Felsstufen hinunter zu dem quer verlaufenden, rot-weiß bezeichneten Hangweg. Der leitet nach links in die Scharte unter dem Warther Horn (2256 m). Lohnender Abstecher zum Gipfel, knapp 10 Min. mit einer drahtseilgesicherten Stelle. Nun auf dem Anstiegsweg zurück zur Liftstation. - Alternativ kann man auch über den Auenfeldsattel (1710 m) nach Lech absteigen (etwa 2 Std.).

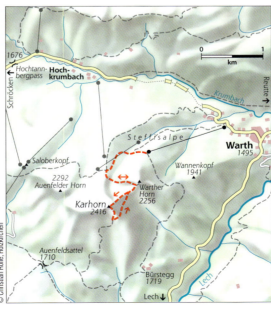

Talort:	Warth (1495 m), Ferienort im obersten Lechtal
Ausgangspunkt:	Bergstation des Steffisalpelifts (1875 m)
Höhenunterschied:	540 Hm
Gesamtdauer:	4 Std. (↗ 2 1/4 Std.; ↘ 1 3/4 Std.)
Schwierigkeiten:	Verhältnismäßig kurzer, im Sommer 2001 eröffneter und nur mäßig schwieriger Klettersteig. Weniger Freude als die schöne Kulisse macht der brüchige Fels; Beschädigungen an den Sicherungen werden deshalb kaum ausbleiben. Also besondere Vorsicht im Umgang mit dem Eisen!
Öffentliche Verkehrsmittel:	Warth besitzt gute Busverbindungen mit Lech, Zürs und Stuben (Station der Arlberglinie) sowie den Ortschaften im Lechtal. Der Steffisalpelift ist Mitte Juni bis Oktober 8.30 – 17 Uhr in Betrieb.
Verkehrsamt:	A-6767 Warth; Tel. 0 55 83/35 15, Fax 3 51 56
Beste Jahreszeit:	Sommer bis zum ersten Schneefall im Herbst
Ausrüstung:	Klettersteigausrüstung, Steinschlaghelm
Karte:	Freytag & Berndt 1:50 000, Blatt 364 »Bregenzerwald«
Führer:	—
Hütten:	keine

▲ Der Karhorn-Klettersteig wurde als Gratroute angelegt und bietet großartige Nah- und Fernblicke.

Tour 22: Rätikon

Rund um den Panüeler Kopf (2859 m)
Einsamkeit im Schatten des höchsten Rätikon-Gipfels

Es muß ja nicht unbedingt die Schesaplana sein! Die Runde um den Panüeler Kopf (samt Gipfelabstecher) bietet – abseits der (allzu) ausgetretenen Pfade – eine Fülle von Eindrücken: wildromantische Felswinkel, ausgedehnte Firnflächen, großartige Ausblicke, dazu am Gipfel ein Panorama, das jenem von der Schesaplana nur wenig nachsteht. Am »Liechtensteiner Weg« und auf dem »Straußsteig« fühlt man sich sogar (fast) wie auf einem richtigen Klettersteig.

Talort:	Nenzing (530 m)
Ausgangspunkt:	Nenzinger Himmel (1370 m) im hintersten Gamperdonatal
Höhenunterschied:	1500 Hm.
Gesamtdauer:	7 3/4 Std. (Nenzinger Himmel – Mannheimer Hütte 4 1/2 Std., »Straußsteig« 3 1/4 Std.)
Schwierigkeiten:	Große, anstrengende Rundtour, abschnittsweise gesicherte Steige, auch leichte Kletterstellen (I). Nur für erfahrene Berggänger!
Öffentliche Verkehrsmittel:	Ins Gamperdonatal fahren im Sommer Kleinbusse, ab 7 Uhr etwa alle 1 1/2 Std.; Taxi Gantner, Nenzing; Tel. 0 55 25/6 22 17
Verkehrsamt:	Bludenz, Werdenbergerstraße 42, A-6700 Bludenz; Tel. 0 55 52/6 21 70
Beste Jahreszeit:	Juli bis September
Ausrüstung:	Klettersteigausrüstung nicht erforderlich, normale Wanderausrüstung, Teleskopstöcke.
Karte:	Österreichische Karte 1:25 000 oder 1:50 000, Blatt 141 »Feldkirch«.
Führer:	»Hüslers Klettersteigatlas Alpen«, Eugen Hüsler »Bergwanderführer Silvretta – Rätikon«, beide Bruckmann München. G. und W. Flaig »AVF Rätikon«, Bergverlag Rother, Ottobrunn.
Hütten:	Mannheimer Hütte (2679 m), bew. Anfang Juli bis Ende September; Tel. 06 63/9 65 25 95.

▲ Der Panüeler Kopf (hier vom Oberzalimtal aus gesehen) ist ein anspruchsvoller Gipfel für Einsamkeitsliebhaber.

Zum Salarueljoch: Vom Nenzinger Himmel (1370 m) zunächst auf einer Alpstraße, dann auf ordentlichem Weglein, vorbei am winzigen Hirschsee, südlich ins Salaruelkar und hinauf ins Salarueljoch (2246 m).

Liechtensteiner Weg: Aus der Scharte links in die felsige Südflanke des Schafberges (2726 m). Über Schrofen bergan – rechts mündet ein Zustieg vom Schesaplanahaus ein. Nun in ermüdendem Zickzack über einen Gerölllhang aufwärts zum Schwarzen Sattel (2662 m), dann auf schmalen Bändern (Sicherungen) hoch über dem Schafloch hinüber zum Brandner Gletscher. Man quert ihn vom Schaflochsattel (2713 m) nordöstlich zu der bereits sichtbaren Mannheimer Hütte (2679 m).

Straußsteig und Spusagang: Vom Schutzhaus zunächst kurz abwärts zur Abzweigung des »Leiberweges«, dann über den Schrofenhang hinauf gegen die Nordostschulter (ca. 2770 m) des Panüeler Kopfs (2859 m; Abstecher 15 Min., Geröllspur). Nun mit Drahtseilhilfe etwas heikel (Vorsicht bei Vereisung!) auf den geröllligen Nordgrat und im Zickzack bergab. Drahtseile helfen über Felsstufen hinweg, ein steiler Kamin ist durch eine Leiter entschärft. Knapp vor der Oberzalimscharte (2237 m) trifft man auf den von der Oberzalimhütte heraufkommenden Weg; eine Tafel weist links zum »Spusagang«. In Kehren abwärts zu einer grünen Schulter, dann über ein breites Schuttband hinunter in den wilden Karwinkel am Fuß des Panüeler Schrofens. Im Zickzack über den Geröllkegel abwärts und hinaus zu der vom Nenzinger Himmel heraufkommenden Straße.

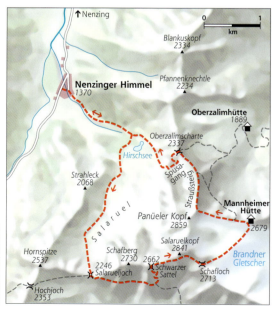

– 46 –

Tour 23: Rätikon

Drei-Schwestern-Steig – Kuhgrat (2123 m)
Über den »Fürstensteig« zu den Drei Schwestern

Die Liechtensteiner Bergtour schlechthin! Auf gebahnten, markierten Wegen über fast den gesamten Kamm der Drei Schwestern, von Gaflei bis in den Sarojasattel – jede Menge Aus- und Tiefblicke, dazu ein paar spannende Wegpassagen am »Fürstensteig« und an den Felszacken der Drei Schwestern. Die stehen eigentlich ganz im Norden des hohen Grates, doch ist die Bezeichnung »Drei Schwestern« schließlich auf das ganze Massiv übergegangen.

Fürstensteig: Von Gaflei (1483 m) zunächst kurz auf dem Sträßchen bergan, dann links in den Wald zum Beginn des »Fürstensteigs«. Er leitet mäßig ansteigend durch die zerklüftete, brüchige Felsflanke des Gipsberges. Geländer und Drahtseile sichern den fast überall meterbreiten Weg, doch die Gefahr kommt hier eher von oben: Steinschlag! Über ein paar Kehren gewinnt der Steig die Kammhöhe (1858 m); dahinter geht's kurz abwärts, ehe der weitere Anstieg über den Gafleispitz (2000 m) zum Kuhgrat (2123 m) und zum großen Panorama beginnt.

Drei-Schwestern-Steig: Vom Gipfel über ein paar kurze Kehren abwärts, dann am Grat

entlang und über eine Felsstufe (Sicherungen) auf den Garsellikopf (2105 m). Dahinter zunächst wieder bergab (rechts zweigt der Alternativweg über die Garsellaalp zum Sarojasattel ab), dann fast eben am Grat entlang und über leichte Felsstufen auf die Große Schwester (2052 m). Anschließend wird es hochromantisch: Das gut gesicherte Steiglein schlängelt sich durch vermeintlich ungangbares Felsgelände abwärts. Zweimal helfen Leitern über senkrechte Abbrüche hinweg; durch ein Felsenfenster wird man schließlich in leichteres Gelände entlassen. Im Zickzack durch lichten Wald zum Sarojasattel (1628 m). Hier links in Kehren hinunter zur Gafadurahütte (1428 m) und weiter, die Straßenschleifen nach Bedarf abkürzend, hinab zum Dörfchen Planken (786 m).

Talort:	Vaduz (457 m)
Ausgangspunkt:	Gaflei (1483 m), 12 km von Vaduz via Triesenberg. Parkplatz beim Hotelkomplex.
Höhenunterschied:	↗ 800 Hm, ↘ 1500 Hm
Gesamtdauer:	6 Std.
Schwierigkeiten:	Recht lange Überschreitung mit leichten gesicherten Passagen. Trittsicherheit und Bergerfahrung notwendig.
Öffentliche Verkehrsmittel:	Busverbindungen Vaduz – Triesenberg – Gaflei, Planken – Vaduz
Verkehrsamt:	Vaduz, Städtle 37, FL-9490 Vaduz; Tel. 075/2 32 14 43, Fax 3 92 16 18
Beste Jahreszeit:	Mitte Juni bis Mitte Oktober
Ausrüstung:	Wanderausrüstung, evtl. Teleskopstöcke
Karte:	Wanderkarte »Fürstentum Liechtenstein« 1:50 000, Landeskarte der Schweiz 1:25 000, Blätter 1135 »Buchs« und 1136 »Drei Schwestern«
Führer:	Eugen E. Hüsler »Bergwanderführer Silvretta – Rätikon«, Bruckmann Verlag, München. G. und W. Flaig »AVF Rätikon«, Bergverlag Rother, Ottobrunn 1989
Hütten:	Gafadurahütte (1428 m), bewirtschaftet Pfingsten bis Mitte Oktober; Tel. 075/3 73 24 42

▲ Immer wieder fesselnd am Weg zu den Drei Schwestern: der Tiefblick hinunter ins Rheintal!

Unterwegs an der »Cengia Gabriella« in den Sextener Dolomiten, dahinter das Val Stalata und seine Gipfelumrahmung.

Südalpen

Julische Alpen

Nach dem Triglav ist die Skrlatica (2740 m) der zweithöchste Gipfel in den slowenischen Juliern.

Die Klettersteige im slowenischen Teil der Julischen Alpen sind zumeist nur sparsam gesichert.

Am »Jubiläumsweg« sind immer wieder leichte, ungesicherte Kletterstellen zu überwinden.

Grosses Bild: Überwältigend! Das hintere Felsenfenster am Prisojnik ist gute 30 Meter hoch.

Tour 24: Julische Alpen

Prisojnik (2547 m),
Nordwand-Klettersteig und Jubiläumsweg
Eine Überschreitung der Spitzenklasse!

Slowenische Klettersteige sind meistens eher (leichte) Kletterwege als reine Eisenrouten, stets dem vom Felsgelände vorgezeichneten Weg folgend und nur sparsam gesichert: ideal für gute Bergsteiger, nichts für reine »Eisenfresser«! Selbstsicherung vielfach nicht möglich (oft nur Haken, keine durchlaufenden Fixseile)!

Nordwandsteig: Vom Vršičpass (1611 m) zunächst auf einer Sandstraße, dann einem Weg folgend südöstlich zum Felsfuß des Prisojnik-Massivs (Sovna glava, ca. 1730 m). Eine Inschrift »okno« (= Fenster) weist hier links abwärts zum Einstieg der Ferrata (ca. 1650 m). Drahtseile und ein paar Haken leiten über eine erste Felsstufe auf einen Latschenhang. Weiter über Schrofen zu einer Schlucht, die man nach links quert. Nun durch einen fast senkrechten Kamin (Trittstifte) auf ein Kriechband (Rucksack ablegen!). Dann über Felsstufen und Geröll in die Schlucht unter dem vorderen Felsenfenster (= Prednje okno). Über Schutt und Altschnee hinauf zum Loch und mit Hilfe von Eisenstiften und Drahtseilen zum Ausstieg auf die Südseite (ca. 2280 m). Nun mehr oder weniger am langgestreckten Westgrat des Prisojnik, mit gesicherten Stellen, zum Gipfel.

Jubiläumsweg: Vom Gipfel kurz zurück zu der bezeichneten Abzweigung (»Jubilejna

Der Blick von Kranjska Gora gegen Razor (links) und Prisojnik (rechts)

pot«), dann links über den Geröllhang hinunter zu einer gut gesicherten Rinne, die auf das Bändersystem in der Nordostflanke des Prisojnik leitet. Hoch über dem Graben der Krnica quer durch die Felsflucht, teilweise mit Drahtseilsicherungen. Am Zadnji Prisojnik (2397 m) steht man unvermittelt vor dem hinteren, schlanken Felsenfenster (= Zadnje okno). Man passiert das rund 30 Meter hohe Tor und steigt dann durch eine Steilrinne (Sicherungen) und über Bänder hinunter auf eine Grasterrasse (Edelweiß!). Weitere Sicherungen leiten endgültig hinab zum Felsfuß. Nun an der Škrbina (= Scharte, 1955 m) vorbei zu einer Wegteilung: hier rechts und quer durch die gesamte Südflanke des Prisojnik, zuletzt mit einer Gegensteigung (gut 200 Höhenmeter!) hinauf gegen den Gladki rob (1870 m). Dahinter abwärts zur Sovna glava und zurück zum Vršič.

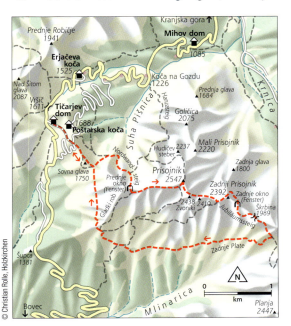

Talort:	Kranjska gora (809 m), Ferienort im obersten Savetal
Ausgangspunkt:	Vršič (1611 m), Straßenpass zwischen dem Save- und dem Sočatal, 11 km von Kranjska gora. Parkplätze im Bereich der Scheitelhöhe.
Höhenunterschied:	1350 Hm
Gesamtdauer:	6½ Std. (Nordwand 3 Std., Jubiläumsweg 2 Std., ↘ 1½ Std.)
Schwierigkeiten:	Ausgeprägt alpine Überschreitung; beim »Nordwandsteig« handelt es sich um eine schwierige Ferrata, »Jubiläumsweg« nur mäßig schwierig. Am »Nordwandsteig« ungesicherte Passagen I – II; im Frühsommer heikle Altschneefelder in nordseitigen Steilrinnen und schattigen Karwinkeln. Gute Kondition unerlässlich!
Öffentliche Verkehrsmittel:	Linienbus Kranjska gora – Vršič.
Verkehrsamt:	SLO-64280 Kranjska gora; Tel. 003 86/64/88 17 68, Fax 88 11 25
Beste Jahreszeit:	Juli bis Ende September
Ausrüstung:	Komplette Klettersteigausrüstung, Steinschlaghelm.
Karte:	Freytag&Berndt-Wanderkarte 1:50 000, Blatt 141 »Julische Alpen«. Geodetski zavod Slovenije »Julijske Alpe« (1:50 000). Planinska zveza Slovenije »Triglav« (1:25 000).
Führer:	E. Hüsler »Klettersteigatlas Alpen«, Bruckmann, München.
Hütten:	Tičarjev dom (1618 m) am Vršičpass, geöffnet Anfang Juni bis Ende Oktober; Tel. 064/8 85 06. Poštarski dom (1688 m) oberhalb des Vršič, geöffnet Anfang Juni bis Ende September; Tel. 064/88 35 66

Tour 25: Julische Alpen

Prisojnik (2547 m), Hanzasteig
Spannende Route in grandioser Felskulisse

Der »Hanzasteig« gehört zu den längsten und schönsten gesicherten Routen der slowenischen Julier. Wer unten an der Vršič-Straße steht und hinaufguckt in den riesigen, stark gegliederten Nordabsturz des Prisojnik, würde kaum glauben, dass es da überhaupt einen markierten und abschnittweise gesicherten Durchstieg gibt – eine faszinierende Tour für gute Bergsteiger!

Talort:	Kranjska gora (809 m), Ferienort im obersten Savetal
Ausgangspunkt:	Koča na Gozdu (1226 m) an der Straße von Kranjska gora zum Vršič
Höhenunterschied:	ca. 1350 Hm
Gesamtdauer:	7 3/4 Std.(Hanzasteig 5 Std., ↘ 2 3/4 Std.)
Schwierigkeiten:	Sehr langer und deshalb anstrengender Anstieg, auf 1200 Höhenmetern immer wieder gesicherte Passagen. Ein Vorteil: fast der gesamte Hanzasteig liegt während des Vormittags im Schatten. Gute Kondition unerläßlich!
Öffentliche Verkehrsmittel:	Linienbus Kranjska gora – Vršič.
Verkehrsamt:	SLO-64280 Kranjska gora; Tel. 003 86/64/88 17 68, Fax 88 11 25
Beste Jahreszeit:	Juli bis Ende September
Ausrüstung:	Komplette Klettersteigausrüstung, Steinschlaghelm.
Karte:	Freytag&Berndt-Wanderkarte 1:50 000, Blatt 141 »Julische Alpen«. Geodetski zavod Slovenije »Julijske Alpe« (1:50 000). Planinska zveza Slovenije »Triglav« (1:25 000).
Führer:	E. Hüsler »Klettersteigatlas Alpen«, Bruckmann, München.
Hütten:	Koča na Gozdu (1226 m), ganzjährig; Tel. 064/8 87 61. Tičarjev dom (1618 m) am Vršičpass, Anf. Juni bis Ende Okt.; Tel. 064/88 85 06. Poštarski dom (1688 m) oberhalb des Vršič, Anf. Juni bis Ende Sept.; Tel. 064/88 35 66

Hanzasteig: Von der Koča na Gozdu (1226 m) auf einer Schotterspur ins Geröllbett der Suha Pisnica. Darüber und im Zickzack an einem Murkegel hinauf zum Einstieg des »Hanzasteigs« (ca. 1390 m). Drahtseile helfen über die erste Rampe auf ein Band, das in eine latschenbewachsene Kanzel mündet. In kurzen Kehren weiter bergan, mit Hilfe solider Sicherungen auf eine nächste Kanzel, anschließend über ein stark durch Steinschlag gefährdetes Eck und an plattigen Felsen in das untere, seit ein paar Jahren völlig ausgeaperte Kar. Mühsam im Geröll hinüber in leichtes Schrofengelände und an dem licht bewaldeten Vorbau des Prisojnik bergan zu einem schönen Rastplatz mit Tiefblick zur Vršič-Straße. Bei der folgenden Verzweigung nimmt man die linke Spur (rechts zum »Nordwandsteig«), die über eine Felsrampe (Sicherungen) hinaufleitet ins obere Kar. Hinüberqueren und dann unter senkrechten Felsen im Geröll ansteigend zu einem winzigen Sattel im Rücken des Teufelspfeilers (Hudičev steber, 2237 m). Nun durch eine Verschneidung fast senkrecht, aber gut gesichert auf ein Band, das in die Westwand des Prisojnik-Nordgrates leitet. Ihm folgen, bis die Markierungen links aufwärts weisen. Über gestufte Felsen (I – II) zum Kamm und den Sicherungen folgend zum Gipfel.

Abstieg: Am Westgrat des Prisojnik hinab zum vorderen Felsenfenster (Prednje okno), dann auf steinigem Pfad durch die Südwestflanke weiter abwärts, um den Gladki rob herum und nördlich zum Vršičpass. Zu Fuß auf dem Asphalt zurück zum Ausgangspunkt oder: Daumen raus!

▲ Das vordere Felsenfenster am Prisojnik-Westgrat.

— 52 —

Tour 26: Julische Alpen

Mangart (2677 m), Via Italiana/Slowenischer Steig
»Grenzenloses« Bergsteigen an einem Grenzgipfel

Landschaftlich hervorragende Tour! Der Talschluss unterm Mangart mit seinen beiden Seen zählt zu den schönsten Landstrichen der Julischen Alpen; der Mangart ist einer der lohnendsten Aussichtsberge weitum. Wem die Tour zu lang ist, kann alternativ über den Predilpass und die Mangart-Straße bis in die Karmulde unter dem Mangart fahren: 2 Std. bloß noch über den slowenischen Klettersteig.

Slowenischer Klettersteig: Auf der Geröllspur in Kammnähe weiter bergan, dann mit dem Hinweis »slov. smer« rechts vom Mangart-Nordgrat in die Felsen. Über ein schmales Band auf die mächtige Rampe, die sich diagonal durch die Westwand zieht. Man entsteigt ihr durch einen schmalen Spalt; gestuftes Felsgelände führt anschließend zu den Gipfelschrofen, über die man leicht den höchsten Punkt mit immenser Rundschau gewinnt.

Abstieg: Am Ostgrat abwärts bis zu einer Weggabelung. Hier links über Geröll, Schrofen und plattige Felsen unter dem Gipfelaufbau hindurch zum Ansatzpunkt des Nordgrats, dann links des Kamms, auf slowenischem Boden, bergab bis zur Forcella Mangart (2166 m). Über die Grenzscharte und steil hinunter zum Bivacco Nogara (1850 m). Auf dem Anstiegsweg zurück zu den Laghi di Fusine.

Zustieg: Vom Parkplatz am oberen Lago di Fusine (924 m) auf dem schotterigen Fahrweg flach taleinwärts, an der Verzweigung nach gut zehn Minuten rechts (Tafel). Am Fuß des Monte Privat beginnt der Anstieg zum Bivacco Nogara, zunächst im Wald, dann über steinige Wiesenhänge und zuletzt etwas ausgesetzt (Sicherungen) zum Biwak, das sich einer schönen Lage am Osthang des Travnik erfreut.

Via Italiana: Den Markierungen folgend aufwärts gegen den Wandfuß, wo die Sicherungen beginnen. Man durchsteigt problemlos eine kleine Höhle; dahinter geht's in die zunehmend steilere Wand. Aufschwünge wechseln mit Querungen ab, zuletzt in atemberaubender Ausgesetztheit, aber durchwegs bestens gesichert (Drahtseile, Eisenbügel). Eine extrem luftige Traverse leitet schließlich ins Flache; von der Mangartstraße herauf kommt hier der viel begangene Normalweg.

▲ Kleiner Mensch am großen Berg – unterwegs an der »Via Italiana« zum Mangart.

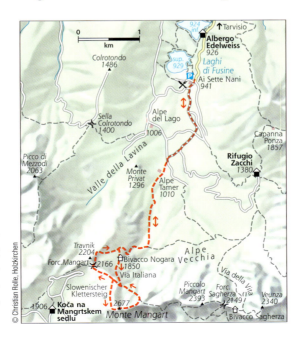

Talort:	Fusine in Valromana (764 m), Dorf an der Strecke Tarvisio - Kranjaska gora
Ausgangspunkt:	Parkplatz (gebührenpflichtig) am oberen der beiden Laghi di Fusine (Weißenfelser Seen, 929 m), 11 km von Tarvisio. Ausweichparkplatz bei den Häusern von Sciccizza (857 m).
Höhenunterschied:	1770 Hm
Gesamtdauer:	9½ Std.(↗ 6 Std., ↘ 3½ Std.); ab Mangartstraße 3½ Std.
Schwierigkeiten:	Bei der »Via Italiana« handelt es sich um eine anspruchsvolle Ferrata mit extrem ausgesetzten Passagen, allerdings eher üppig gesichert (Drahtseile, Eisenbügel); der »Slowenische Steig« ist leicht, eignet sich auch für Einsteiger.
Öffentliche Verkehrsmittel:	Ein Bus fährt von Tarvisio zu den Laghi di Fusine
Verkehrsamt:	APT del Tarvisiano, Via Roma 10, I-33018 Tarvisio; Tel. 04 28/21 35, Fax 29 72, E-Mail consorzio@tarvisiano.org, Internet www.tarvisiano.org/consorzio
Beste Jahreszeit:	Juli bis Mitte Oktober
Ausrüstung:	Komplette Klettersteigausrüstung, Steinschlaghelm.
Karte:	Tabacco 1:25 000, Blatt 019 »Alpi Giulie occidentali-Tarvisiano«
Führer:	E. Hüsler »Klettersteigatlas Alpen«, Bruckmann, München.
Hütten:	Biv. Nogara (1850 m), stets zugänglich
Hinweis:	Etwas für Liebhaber echter »Gänsehautrouten« ist die »Via della Vita« am Mangartkamm (etwa 5 Std. von den Laghi di Fusine), die sich mit einer Überschreitung des Mangart verbinden lässt. Übernachtung am besten im Bivacco Sagherza an der gleichnamigen Scharte.

— 53 —

Tour 27: Julische Alpen

Sentiero attrezzato Anita Goitan
Dolomitenzauber in den Julischen Alpen!

Der »Sentiero attrezzato Anita Goitan« gehört zu den interessantesten Klettersteigen in den westlichen Juliern. Auf den fünf Wanderstunden zwischen der Kaltwasser- und der Mosesscharte fühlt man sich mehr als einmal in die Dolomiten versetzt: Zauber der Berge. Wer ganz gut drauf ist, verbindet die Höhenrunde mit einer Besteigung des Jôf Fuart (Wischberg, 2666 m); von der Ferrata hin und zurück zusätzlich etwa 1 Std.

Talort:	Tarvisio (760 m), italienischer Grenzort, 20 km von Villach
Ausgangspunkt:	An der Straße von Tarvisio zur Sella Nevea, 5 km von der Abzweigung zum Passo del Predil. Parkmöglichkeiten an der Abzweigung der Straße zur Malga Grantagar.
Höhenunterschied:	1700 m.
Gesamtdauer:	8½ Std. (zur Hütte 2½ Std., Höhenweg 4½ Std., Abstieg 1½ Std.)
Schwierigkeiten:	Mäßig schwieriger, aber sehr langer Klettersteig; Schlüsselstelle ist ein steiler Kamin, der sich nordseitig über eine leicht abschüssige Geröllterrasse umgehen lässt. Diese ungesicherte Alternative ist allerdings nur bei guten äußeren Bedingungen empfehlenswert, bei Altschnee oder Vereisung sehr gefährlich!
Öffentliche Verkehrsmittel:	Tarvisio ist Station der internationalen Bahnlinie Klagenfurt – Villach – Udine; Linienbus von Tarvisio bis Cave del Predil
Verkehrsamt:	APT del Tarvisiano, Via Roma 10, I-33018 Tarvisio; Tel. 04 28/21 35, Fax 29 72, E-Mail apt@tarvisiano.org, Internet www.tarvisiano.org
Beste Jahreszeit:	Juli bis zum ersten Schneefall
Ausrüstung:	Klettersteigausrüstung, Steinschlaghelm.
Karte:	Tabacco 1:25 000, Blatt 019 »Alpi Giulie occidentali-Tarvisiano«
Führer:	»Hüslers Klettersteigatlas Alpen«, Bruckmann, München.
Hütten:	Rifugio Corsi (1874 m), bewirtschaftet 20. Juni bis 20. September; Tel. 04 28/6 81 13

▲ Unterwegs auf den Terrassenbändern des »Sentiero Goitan«.

Zustieg: Auf der breiten Schotterpiste aus dem Val Rio del Lago erst in weiten Schleifen, dann am bewaldeten Hang zur Malga Grantagar (1530 m). Hinter den Alphütten auf einem ehemaligen Kriegspfad nordwestlich bergan zu den Sockelfelsen der Villacher Nadel (2247 m) und auf einem breiten Band flach hinüber zum Rifugio Corsi (1874 m). Weiter aufwärts (Mark. 627), zuletzt über den »Sentiero Cavalieri« in die Forcella di Riofreddo (2240 m).

Sentiero attrezzato Anita Goitan: Aus der Scharte an der Südflanke der Kaltwasser-Gamsmutter (Cima di Riofreddo, 2507 m) schräg aufwärts, zuletzt über drahtseilgesicherte Bänder in die Scharte vor der Innominata (ca. 2410 m), wo sich die Route gabelt: auf der Ferrata mit Drahtseilsicherungen weiter bergan bis knapp unter den Gipfel der »Namenlosen«, dann durch zwei steile, gesicherte Kamine hinab in eine weitere Scharte, auf der die »Variante Nord« mündet. Sie verläuft nördlich der Innominata über Bänder und breite Geröllterrassen. Nun über eine längere Klammernreihe auf ein breites Band, auf dem man die Südflanken des Gamsmutterturms (2503 m) und der Hohen Gamsmutter (2518 m) quert. Vom Rifugio Corsi herauf mündet der Normalweg zum Jôf Fuart (Wischberg, 2666 m); mit ihm gemeinsam etwa eine Viertelstunde schräg aufwärts, dann links (Hinweis am Fels) weiter über harmlose, schuttbeladene Bänder und zuletzt auf einem ehemaligen Kriegsweg gut gesichert hinunter in die Mosesscharte (2271 m).

Abstieg: Auf einem alten Militärweg, einer Felsbarriere links ausweichend, hinab zum Steig 627 und auf ihm zurück zum Rifugio Corsi. Weiterer Talabstieg auf dem Anstiegsweg.

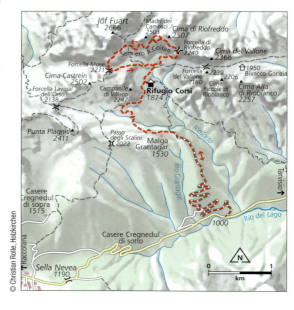

— 54 —

Tour 28: Julische Alpen

Jôf di Montasio (2753 m), Via Amalia
Über den höchsten Gipfel der westlichen Julier

Der Jôf di Montasio überragt das Dognatal um mehr als zwei Kilometer, seine Nordwand ist fast so groß wie jene des Triglav. Wer sich die Überschreitung des Massivs zutraut, muss neben einer guten Kondition auf jeden Fall etwas Kletterfertigkeit mitbringen. Bei einer Übernachtung im Bivacco Suringar kann man die Tour alternativ mit der großen Kammüberschreitung auf dem »Sentiero attrezzato Ceria Merlone« fortsetzen.

Ein beeindruckender Gipfel – der Jôf di Montasio aus der Saisera gesehen.

Via Amalia: Von der Malga Saisera (1004 m) auf Schotterpiste talein, dann rechts bergan und in Kehren über einen Hang im Zickzack hinauf zum Bivacco Stuparich (1578 m). Hinter der Hütte aufwärts gegen den Torre Palizza (1948 m), dann rechts im Geröll zum Einstieg der »Via Amalia«. Zunächst über eine sparsam gesicherte, steile Rampe, dann rechts in einen mit Eisenbügeln versehenen Kamin. Er mündet auf eine Rinne, durch diese zu einem Grassattel. Weiter aufwärts in der Schlucht, dann rechts zum Schrofenrücken der Cresta dei Draghi (2458 m). Im Geröll und auf Bändern zum Bivacco Suringar (2430 m).

Jôf di Montasio: Nur kurz auf dem Grande Cengia zum Beginn der »Via Findenegg«. Steinmännchen und verblasste rote Markierungen leiten über gestufte Felsen an die Westschlucht. Die Route quert an ihrer Mündung nach rechts, weiter hinauf und dann hinein in den wilden Schlund. Ein kurzer, enger Kamin (II) bildet die Schlüsselstelle; man verlässt ihn nach links, steigt am Rand der Schlucht weiter aufwärts bis zur Gabelung. Nun erneut links über geröllbedeckte Felsstufen zum Westgrat und an ihm zum Gipfel des Jôf di Montasio (Montasch, 2753 m) mit Gedächtnisglocke.

Abstieg: Am langgestreckten Ostgrat abwärts gegen die Forcella Verde (2587 m). Kurz vorher auf der »Scala Pipan« (Seilleiter) über eine Felsstufe hinunter oder aus der Scharte im Zickzack (leichter) bergab. Im Geröll weiter abwärts zur Forca dei Disteis (2241 m). Nun auf deutlichem Weg zum Rifugio Brazzà (1660 m). Einer Schotterpiste folgend östlich über das Montasch-Hochplateau zur Alm Cregnedul (1515 m), dann auf einem ehemaligen Kriegssteig über den Passo degli Scalini (2022 m) hinauf in die Bärenlahnscharte (2138 m). Dahinter durch eine Rinne bergab in das Schuttkar der Alta Spragna. Vorbei am Bivacco Mazzeni (1630 m) und am Weg hinunter in die Saisera. Über den riesigen Geröllboden zurück zum Ausgangspunkt.

Talort:	Valbruna (807 m), Dörfchen am Eingang ins gleichnamige Tal.
Ausgangspunkt:	Parkplatz bei der Malga Saisera (1004 m), 7 km von Valbruna.
Höhenunterschied:	ca. 1750 Hm
Gesamtdauer:	14 Std.; ↗ zum Biwak 5½ Std.; Überschreitung des Jôf di Montasio zum Rifugio Brazza 3 Std. ↘ über Bärenlahnscharte 5½ bis 6 Std.
Schwierigkeiten:	Eine Tour für erfahrene, ausdauernde Bergsteiger. Die »Via Amalia« ist eine sparsam gesicherte, recht anspruchsvolle Ferrata, Gipfelanstieg (»Findeneggweg«) mit ungesicherten Kletterstellen (II), zudem steinschlaggefährdet. Rückweg über die Bärenlahnscharte mit anhänglicher Gegensteigung, Schlussabstieg ziemlich rau.
Öffentliche Verkehrsmittel:	Die Ortschaften im Val Canale haben Busverbindung mit Pontebba und Tarvisio. Internationale Bahnlinie Udine – Klagenfurt
Verkehrsamt:	APT del Tarvisiano, Via Roma 10, I-33018 Tarvisio; Tel. 04 28/21 35, Fax 29 72
Beste Jahreszeit:	Ende Juni bis Mitte September
Ausrüstung:	Klettersteigausrüstung, Steinschlaghelm
Karte:	Tabacco-Wanderkarte 1:25 000, Blatt 19 »Alpi Giulie Occidentali – Tarvisiano«
Führer:	»Hüslers Klettersteigatlas Alpen«, Bruckmann Verlag, München
Hütten:	Bivacco Stuparich (1578 m), stets zugänglich. Bivacco Suringar (2430 m), stets zugänglich. Rifugio Brazzà (1660 m), bew. Mitte Juni bis Ende September; Tel. 04 33/5 40 14

Tour 29: Karnischer Hauptkamm

Cellon (2241 m), Bergführerweg
Steile Route über dem Plöckenpass

Der im Jahr 1996 eröffnete Klettersteig – auch als »Ferrata senza confine« bekannt – präsentiert sich als steil, mit packenden Tiefblicken und teilweise verwegen-luftigen Passagen. Originell der Zustieg durch den gesicherten Cellonstollen. Hübsche Aussicht vom Gipfel, als Finale – zum Ausruhen sozusagen – wartet ein gemütlicher, blumenreicher Abstieg.

Talort:	Kötschach-Mauthen (705 m), am Nordfuß des Plöckenpasses
Ausgangspunkt:	Plöckenpass (1357 m), Grenzpass zu Italien, 14 km von Kötschach-Mauthen
Höhenunterschied:	880 Hm, am Klettersteig etwa 300 Hm
Gesamtdauer:	5½ Std. (↗ 3½ Std., ↘ 2 Std.)
Schwierigkeiten:	Sehr sportlicher Klettersteig, im Bereich der großen Rampe mit Klammern, sonst bloß mit Drahtseilen gesichert. Schlüsselstelle ist eine senkrechte Platte am Grat – ein kleiner Kraftakt. Nur bei sicherem Wetter gehen – keine Möglichkeit auszuqueren!
Öffentliche Verkehrsmittel:	Busverbindung Kötschach-Mauthen - Plöckenpass (nur werktags)
Verkehrsamt:	A-9640 Kötschach-Mauthen (im Rathaus), Tel. 04715/85 16, Fax 85 13 30
Beste Jahreszeit:	Juni bis Mitte Oktober
Ausrüstung:	Komplette Klettersteigausrüstung, Steinschlaghelm.
Karte:	Österreichische Karte 1:25 000 bzw. 1:50 000, Blatt 197 »Kötschach«
Führer:	Kurt Schall »Klettersteige Österreich West und Süd«, Schall-Verlag, Wien. »Hüslers Klettersteigatlas Alpen«, Bruckmann Verlag, München.
Hütten:	keine

Zustieg: Rechts neben dem ehemaligen Zollhaus (Tafel) steil aufwärts, bei einer Verzweigung nach etwa 15 Minuten links zum Eingang des knapp 200 Meter langen Stollens. Durch das feuchte Loch gut gesichert zum oberen Ausgang, dann durch eine Rinne auf die Cellonschulter. Hier mündet von links ein alternativer Zustieg. Kurz mit dem »Steinbergerweg« aufwärts, dann links (Tafel) im Geröll zum Einstieg (ca. 1850 m).

▲ Im unteren Teil folgt die Ferrata einer steilen, aber gut gesicherten Rampe, die hinausleitet zum Grat.

Bergführerweg – Ferrata senza confine: Über gestufte Felsen mit Drahtseilsicherung auf die große Rampe, die hinauf- und hinausleitet zum Südostgrat. Zunächst noch mit einigen Klammern, dann am Fixseil sehr steil über glatte Platten. Am Grat über Felsblöcke, dann durch einen Kamin in leichteres Gelände. Oberhalb einer Scharte folgt dann die Schlüsselstelle, eine senkrechte Platte, die man diagonal am Fixseil mit kräftigem Armzug überklettert. Weiter am Grat, zuletzt noch einmal steil und ausgesetzt, zum Ausstieg auf einen grasigen Rücken. Dahinter mündet rechts der »Steinbergerweg«; eine markierte Spur leitet zum Gipfel des Cellon (2241 m).

Abstieg: Zurück zur Verzweigung, dann auf einem ehemaligen Kriegsweg westlich zur Grünen Schneid (2086 m) und über den südseitigen Wiesenhang (Blumen!) hinunter zur Casera Collinetta (1641 m). Hier links und auf rot-weiß markiertem Pfad zurück zum Plöckenpass.

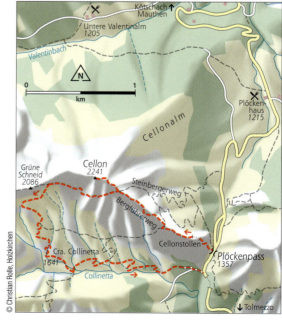

Tour 30: Karnischer Hauptkamm

Sentiero attrezzato D'Ambros Corrado
Große Genießerrunde am Karnischen Hauptkamm

Nicht unbedingt für »Eisenfresser«, bestimmt aber für die Genießer unter den Klettersteiglern ist der »Sentiero Corrado« ein Leckerbissen: Er bietet jede Menge Aussicht, und ein paar recht originelle Wegpassagen sorgen für Spannung. Die Route folgt alten Frontsteigen aus dem Ersten Weltkrieg von der Filmoorhöhe bis hinüber zur Porzescharte.

▲ Grat mit Aussicht: unterwegs am »Sentiero D'Ambros Corrado«.

Zugang: Vom Parkplatz beim Klapfweiher auf markiertem Weg taleinwärts und unter dem zerklüfteten Nordabsturz der Porze (2599 m) in Kehren bergan, zuletzt unter einer Hochspannungsleitung in die Porzescharte (2363 m; zur Porze über den gesicherten »Austriaweg« etwa ½ Std.). Nun auf der italienischen Seite des Karnischen Kamms fast eben durch die Wiesenmulde unter der Roßkarspitze (2511 m; Murmeltiere!) und ansteigend in die schrofige Südflanke des Wildkarlecks (2532 m). Dahinter abwärts zum Beginn des Klettersteigs (Tafel).

Sentiero attrezzato D'Ambros Corrado: Die gesicherte Gratroute führt zunächst über einen gestuften Aufschwung (Drahtseile) zum Kamm und mit freier Sicht nach beiden Seiten an ihm entlang (Notabstieg zum Oberen Stuckensee, mark.). Dann in Kehren abwärts, über einen Spalt am tiefsten Gratpunkt (Drahtseil) und weiter zum ersten von zwei sehr steilen Tunnels. Dem zweiten entsteigt man über eine Leiter auf den Gipfel der Pitturina (2457 m). Weiter, abschnittweise mit Drahtseilsicherung, am Kamm bis in die Filmoorhöhe (2453 m).

Abstieg: Nördlich über Wiesen hinunter zur bereits sichtbaren Standschützenhütte (2406 m). Nun in weitem Bogen um das innerste Leitner Tal herum, erst zum Oberen Stuckensee (2032 m) absteigend, dann mit leichtem Gegenanstieg zum Heretriegel (2170 m). Von dem Wiesensattel schöner Blick auf die Porze und zurück zur eleganten Felspyramide der Königswand (2686 m). Über die Tilliacher Alm hinunter zum Klapfweiher oder (Umweg etwa ½ Std.) auf dem »Karnischen Höhenweg« erst zur gemütlichen Porzehütte (1942 m) und dann, die Straßenkehren abkürzend, hinab ins Tal.

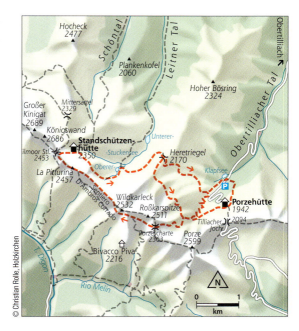

Talort:	Obertilliach (1450 m) im Lesachtal
Ausgangspunkt:	Klapfweiher (ca. 1670 m) im Obertilliacher Tal, schmale Zufahrt von Obertilliach 7 km
Höhenunterschied:	1200 Hm
Gesamtdauer:	5 ½ Std. (↗ 4 Std., ↘ 1 ½ Std.)
Schwierigkeiten:	Mäßig schwierige, gut gesicherte Ferrata mit einigen etwas luftigen Gratpassagen. Läßt sich zu einer ausgedehnten Tagestour erweitern.
Öffentliche Verkehrsmittel:	Busverbindungen von Sillian und Kötschach-Mauthen nach Obertilliach
Verkehrsamt:	A-9942 Obertilliach, Tel. 0 48 47/52 55
Beste Jahreszeit:	Juni bis Mitte Oktober
Ausrüstung:	Klettersteigausrüstung für weniger Geübte empfehlenswert, Steinschlaghelm
Karte:	Freytag&Berndt-Wanderkarte 1:50 000, Blatt 182 »Lienzer Dolomiten – Lesachtal«
Führer:	»Hüslers Klettersteigatlas Alpen«, Bruckmann München
Hütten:	Porzehütte (1942 m) unterhalb des Tilliacher Jochs, bew. Mitte Juni bis Ende September, Tel. 06 63/5 68 99. Filmoor-Standschützenhütte (2406 m), bew. Anfang Juli bis Mitte September, Funktel. 0 48 48/52 77
Hinweis:	Die Tour läßt sich um die Überschreitung der Porze zu einem ausgedehnten Tagesunternehmen erweitern (Gehzeit etwa 8½ Std.), auch Abstecher zum Gipfel der Großen Kinigat (2689 m) möglich (ehemaliger Kriegssteig, gesichert; zusätzlich etwa 1 Std.)

— 57 —

Klettersteige in den Dolomiten

Wenn einer einen Führer schreibt ...

Tomaselli – Costantini – Lipella – Buzzati – Dibona: Was (fast) wie die Aufstellung von Juventus Turin oder Inter Mailand in den 70er Jahren klingt (wer erinnert sich noch an Maldini, an Rivera?), zählt zur Champions League, aber nicht im Fußball. Die Dolomiten-Klassiker stehen in der Hitparade der Liebhaber von Eisenwegen ganz oben. Ob in den Sextenern, in der Civetta, in der Sella oder im Rosengarten – die Vie ferrate in den Dolomiten gehören zum höchsten Himmel für diejenigen, die der Faszination »Klettersteig« verfallen sind.

▲ Klettersteigrevier Dolomiten: Blick vom Rosengarten in die Marmoladagruppe.

Es schneit, schon wieder. Ich schaue nach draußen, hinüber zum Nachbarn, dessen Haus sich hinter dem Flockenwirbel versteckt. Der Wind lässt die Schneekristalle tanzen, bevor sie auf der Wiese landen, zu kleinen Wassertropfen werden. Kein Frühling ins Sicht, Wind aus Nordwest – Staulage nennen es die Meteorologen, die gebannt auf ihre Computermodelle starren, Prognosen abgeben. Und dadurch riesige Verkehrsströme umlenken, in den Süden oder anderswohin: Kreisel auf der Wetterkarte mit lustigen Namen wie »Isolde« oder »Zeus« bestimmen unser Freizeitver-

halten. In den Dolomiten sausen die Carving- oder Snowboard-Fans talwärts, da liegt ja noch jede Menge der weißen Pracht, werden Pisten gewalzt und Spuren gezogen.

Ich hocke am Schreibtisch, aber ohne Federkiel in der Rechten, und schreibe – wie schon während des ganzen Winters. Die Klettersteige der Dolomiten sind gerade mein Thema, ein paar Wochen

---

»Hoch über den Wolken – was für ein absurder Traum, mein persönlicher eben (aber nicht weitersagen) ...«

---

schon und einige Tage noch: Pößnecker – Costantini – Lipella usw. Ich kenne sie fast alle, gerade ist die Nummer 44 dran: Ferrata Cesco Tomaselli. Das war mein Erster – 1969 – und das Datum kann ich mir deshalb leicht merken, weil an diesem Tag (bei uns auf dem Campingplatz in Cortina war Nacht) Armstrong und Aldrin gerade die Mondoberfläche betraten – live im TV zu sehen. Wie das Wetter da oben war, 384 000 Kilometer weit weg, kann ich mir ausdenken: wolkenslos. Für die Dolomiten traf das nicht ganz zu; deshalb blieb's auch bei einem ersten flüchtigen Kontakt mit dem Eisen, und was eine Via ferrata ist, wusste ich damals sowieso noch nicht. Aber immerhin tat ich meinen kleinen Schritt – wie die erdfernen Astronauten –, ohne zu ahnen, wie viele ihm folgen würden, am Drahtseil entlang, über Eisenbügel und Leitern, meistens aufwärts, selten hinab. Eigentlich müsste ich längst da oben angelangt sein, bei all dem Steigen, mindestens auf historischer Mir-Höhe und hoch über den Wolken – was für ein absurder Traum, mein persönlicher eben (aber nicht weitersagen ...).

Das Telefon klingelt, holt mich aus Utopia zurück auf die Erde.
»Jürgen, grüß dich!«
Morgen, erzählt er mir, geht's ab in den Süden. Das sind für ihn (er kommt aus Freiburg) die Westalpen, in diesem Fall jene mit der schönen Bezeichnung »Alpes Maritimes«. Da soll schon Frühling sein, am Boulevard des Anglais in Nizza rauschen die

— 58 —

Klettersteige in den Dolomiten

Cabrios vorbei, und Schnee liegt nur noch hoch oben in den Bergen.

In Cortina d'Ampezzo ist derweil Winter, den Corso d'Italia säumen ein paar Schneehaufen, in den Bars herrscht Hochbetrieb, auch auf der Pista Tofana, über die vor bald einem halben Jahrhundert Toni Sailer auf seinen Brettln ins Tal hinabsauste, schneller als jeder andere: Felix Austria.

Ich wär' ja ganz froh, wenn mir etwas einfallen würde, eine griffige Formulierung zur »Ferrata Lipella« an der Tofana di Rozes. Sie gehört zu den Top-Routen der Cortineser Gegend, und hier hat es ja irgendwie seine Wurzeln, dieses »Ferrata-Fieber«, in den 60ern, dem Jahrzehnt des Aufbruchs und der Befreiung. Dass man allerdings gerade damals anfing, Berge (die Natur?) an Seile zu binden, gewissermaßen in Eisen zu legen, könnte zu allerlei philosophischen Überlegungen anregen: Quo vadis Alpinismus?

Angefangen hatte das alles ja schon viel früher, zu Zeiten, als in Wien noch ein Kaiser residierte, das Auto auf seinen Erfinder wartete und es in der Schweiz mehr Kühe als Uhren gab. Um die Mitte des 19. Jahrhundert war's, da wurde am Hohen Dachstein bereits gehämmert und gebohrt, wurden

> »Schreiben ist öde – manchmal. Bergsteigen ist toll – fast immer. Letzten Sommer beispielsweise in den Sextenern«

Eisenstifte platziert und Hanfseile gespannt, damit weniger Bergerfahrene in den Genuss des hochalpinen Gipfelerlebnisses kommen sollten. Bravo! Also waren die »Scoiattoli« von Cortina gar keine richtigen Pioniere? Kann sein, aber sie hatten auf jeden Fall ein gutes Gespür für Trends – die Geschichte beweist es. Zigtausende waren schon unterwegs auf diesen »Straßen« (vie), die keine sind, hielten sich fest am Eisen (ferro, ferrata) und fühlten sich sicher (gesichert, versichert gar?) auf dem Tanz über dem Abgrund.

»Stör' ich dich etwa?« fragt Jürgen.

»Nein«, gebe ich Bescheid, »ehrlich!« Draußen tanzen immer noch die kalten Kristalle, es wird allmählich dunkel, und im Nachbarhaus geht ein Licht an. In zwei Wochen muss das Manuskript in den Verlag, wenig Zeit noch, aber das ist immer so: modern times. Vielleicht liegt's ja auch daran, dass Autoren, die Bergbücher schreiben (wollen, müssen?), eigentlich viel lieber auf die Berge steigen. Schreiben ist öde – manchmal. Bergsteigen ist toll – fast immer. Letzten Sommer beispielsweise, in den Sextenern und darüber hinaus. Dieses Kribbeln im Bauch, wenn du am Morgen aus dem Fenster schaust, die ersten Sonnenstrahlen lecken gerade an der Rotwand, kein Morgenrot und vom Höhenmesser nur Gutes. Hinaus, hinauf! Laufen, klettern, schauen, genießen – leben! Abends bist du müde, das Knie tut ein bisschen weh und das Kreuz auch, aber deine Seele singt das Lied von den Bergen, vom einfachen Leben meinetwegen, von diesen Naturtagen, die einen Anfang und ein Ende und einen Gipfel haben und viel dazwischen, aber weder Blabla noch Büromief, weder Terminhatz noch lähmenden Alltagsstress. Am Weg zur Rotwand waren recht viele unterwegs, auch am »Alpinisteig«, der so verwegen die zerklüftete

> »So ist das mit den Bergen – eigentlich taugen sie nicht für große Worte, vielleicht weil wir so klein sind und sie so groß...«

Nordflanke des Elfers quert; an der »Ferrata Zandonella« war ich dann ganz allein, allein mit dem steilen Fels und den Drahtseilen, die beim TÜV höchstens noch als Aufhängung für einen Spatzenkäfig durchgegangen wären, oben musste ich die ganze Panoramaherrlichkeit (und die Apfelschnitzchen von der Oma) nur mit ein paar Dohlen teilen. Hildegard hatte eine Auszeit genommen, wartete drunten beim »Rudi«, und nach einer Kristallweißen sind wir dann wieder hinuntergondelt nach Sexten. »Schön war's!« Wie banal, wie wahr. So ist das halt mit den Bergen; eigentlich taugen sie nicht für große Worte. Vielleicht, weil wir so klein sind und sie so viel größer sind.

Und gerade die Großen mag ich besonders, den Antelao etwa, der dir zeigt, was eine richtige Schräge ist, oder den Pelmo, diesen riesigen Solitär des Zoldano. Und die Marmolada. Auch sie hat einen Klettersteig, den ältesten der Dolomiten überhaupt, wie man schon im »Hochtourist« nachlesen kann: »Aus dem Contrintal über den Westgrat, früher ungewöhnlich schwierig und äußerst anstrengend, jetzt durch die AVS Nürnberg für Geübte versicherter Klettersteig (Seyffertweg), ausgesetzt und bei Vereisung gefährlich; 4 – 5 St. Vom Contrinhause auf dem Weg zum Ombrettapaß östl. empor. Nach etwa 1 St. Wegteilung; auf dem Steige l. ab, steil über Geröll, hart an die Wand des Kleinen Vernel (schwierigste Stelle, Stifte und Seil) zur (1 1/2 – 2 St.) Marmolatascharte (große Höhle und Gedenktafel) und von dieser unmittelbar über den aus ihr ansteigenden Westgrat der Marmolata empor. Der plattige Grat gliedert sich in mehrere Steilstufen. Deren erste steigt gleich aus der Scharte an;

▲ Die steilen Leitern am Klettersteig auf den Boèseekofel.

▼ Die Hängebrücke am »Sentiero Dibona« im Cristallo-Massiv.

— 59 —

Klettersteige in den Dolomiten

▲ Die Sellagruppe ist ein Paradies für Klettersteig-Fans; hier die Franz-Kostner-Hütte im Vallonkessel.

▼ Und noch eine Hängebrücke: Unterwegs auf den Spuren des Gebirgskrieges 1914/18 am Piccolo Lagazuoi in der Fanesgruppe.

oberhalb an einem Drahtseil nach l., dann (mit Drahtseil) gerade empor durch eine seichte Verschneidung und über Platten (Stifte und Drahtseil) etwas nach l. sowie kurzer Quergang nach l. Dann über steile Platten (Drahtseil und Stifte) empor zum obersten Turm; l. um diesem herum (Stifte und Drahtseil) und auf den obersten Firn (von der Scharte etwa 1 St.) und über diesen zum (³/₄ – 1 St.) Gipfel.«

So ungefähr stimmt das auch heute noch, fast hundert Jahre später, nur kommen die meisten Gipfelstürmer nicht mehr aus dem Tal, von Alba herauf; sie entsteigen am Pian dei Fiacconi der Gondelbahn und nehmen ausgeruht den finalen Anstieg zum »Dach« der Dolomiten in Angriff: 700 statt 2000 Höhenmeter, ein halber (Berg-)Tag nur; auch nur ein »halbes« Erlebnis?

Der Jürgen schläft vermutlich schon, träumt sich seinen französischen Vie ferrate entgegen, dafür hockt jetzt mein Kater auf der Tabacco-Karte, Blatt 6. Eigentlich mag er die »Kompass« lieber (keine Ahnung, warum) – Hauptsache Berg. Da sind wir uns einig, nur hätt' ich da noch etwas nachzuschauen, von wegen Höhenzahlen und so. Das wiederum versteht mein haariger Freund nicht, er schnurrt und möchte unbedingt am Bauch gekrault werden. Ich tue ihm den Gefallen, es ist schon spät, eigentlich längst Zeit aufzuhören, was soll's. Ich bin mir ohnehin fast sicher, dass die Cima Moiazza Sud 2878 Meter hoch ist, da wird mich das Gedächtnis schon nicht im Stich lassen. Immerhin handelt es sich um jene Via ferrata in den Dolomiten, von der man unter Insidern mit einem gewissen Respekt redet, die unbestrittene »Numero uno« zwischen Bruneck und Belluno: eine Superroute, lang und schwierig, mit einer Schlüsselstelle, die einem (fast) alles abverlangt, mit vielen so schönen wie spektakulären Passagen. Mich packt das Bergweh', Bilder ziehen vorbei, Erinnerungen, viele Sommer, noch mehr Gipfel, Wege, Klettersteige.

Draußen schneit's still. Und dunkel ist es auch. Aber der nächste Sommer, der kommt bestimmt!

P.S.: Das Manuskript ist rechtzeitig fertig geworden, und das Buch auch. »Hüslers Klettersteigführer Dolomiten« heißt es, und wer's aufmerksam liest, wird bald merken, dass mir die »Bleichen Berge« viel mehr sind als nur ein steinernes Gerüst mit ein paar Eisenteilen dran.

Tour 31: Sextener Dolomiten

Ferrata Zandonella/Rotwand-Klettersteig (2936 m)

Eine Gipfelüberschreitung mit Pfiff

Großartige »eiserne« Runde an der Sextener Rotwand, die mit einer Fülle schönster Dolomitenbilder aufwartet. Dabei lernt man drei Klettersteige kennen, den leichten Nordwandsteig, die legendäre »Strada degli Alpini« und die sehr anspruchsvolle, nur sparsam gesicherte »Ferrata Zandonella«.

Zustieg: Von der Liftstation kurz abwärts, an der Rudihütte vorbei und auf breitem Weg über Wiesen bergan zu einer Verzweigung (Tafeln). Rechts hinauf zu den Ausläufern der Rotwandköpfe (2345 m) und am langgestreckten felsigen Kamm, zuletzt in eine Mulde absteigend, zum Einstieg des »Rotwand-Klettersteigs«. Auf Leitern über eine 50-Meter-Felsstufe in das Geröllkar unter dem Wurzbachgipfel. Weiter bergan (einige Drahtseile) in eine Scharte, dann über ein bequemes Band zu einer Verzweigung westlich unterhalb der Anderterscharte (ca. 2670 m). Nun auf unmarkierter, aber deutlicher Spur hinab in ein weites Kar und unter senkrechten Felsen zum Ansatzpunkt des Canalone Sentinella. Quer über die Rinne auf eine steile Felsrippe und an Drahtseilen aufwärts zum »Alpinisteig«. Man folgt ihm links in die Sentinellascharte (2717 m) und quert dann, nur kurz absteigend, im Geröll zum Einstieg.

Ferrata Zandonella: Sie leitet ziemlich direkt und sehr steil hinauf zu dem markanten Horizontalband (ca. 2820 m) unter den Torrioni; durchgehende Drahtseile sichern die anspruchsvolle Route, zwei schwierige Passagen sind durch kurze Leitern entschärft. Auf dem Band nach rechts, dann durch eine Rinne hinauf in einen engen Durchlass (ca. 2910 m). Jenseits kurz abwärts zum Sextener Anstieg und mit ihm zum großen Kreuz am Nordgipfel.

Abstieg: Zurück zur Einmündung der »Zandonella«, dann an Drahtseilen steil hinunter in die weite Senke der Anderterscharte (2698 m). Hier links zu der bereits erwähnten Verzweigung und auf dem Anstiegsweg hinunter zu den Rotwandwiesen und zur Gondelbahn.

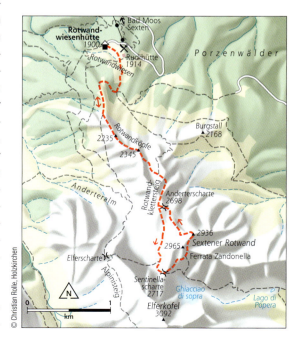

Talort:	Sexten (1316 m)
Ausgangspunkt:	Bergstation der Rotwandwiesen-Gondelbahn (1914 m); die Anlage ist von Anfang Juni bis Anfang Oktober 8.30 bis 12.30, 13.30 bis 17.30 Uhr in Betrieb, Mitte Juli bis Mitte September ab 8 Uhr und bis 18 Uhr
Höhenunterschied:	1300 Hm inklusive Gegensteigungen
Gesamtdauer:	8 Std. (↗ 5 ¾ Std., ↘ 2 ¼ Std.)
Schwierigkeiten:	Eine Tour, die sowohl gute Kondition als auch Erfahrung mit Klettersteigen verlangt. Kernstück ist die 200-Höhenmeter-Direttissima der »Zandonella«, die übrigen gesicherten Passagen sind nur mäßig schwierig. Sicherungen an der sehr anspruchsvollen »Ferrata Zandonella« im Sommer 2000 überholungsbedürftig; teils stark steinschlaggefährdet
Öffentliche Verkehrsmittel:	Busverbindung vom Bahnhof Innichen bis Sexten und weiter nach Bad Moos (Talstation der Gondelbahn)
Verkehrsamt:	I-39030 Sexten; Tel. 04 74/71 03 10, Fax 71 03 18
Beste Jahreszeit:	Juli bis Anfang Oktober
Ausrüstung:	Klettersteigausrüstung, Steinschlaghelm
Karte:	Tabacco 1:25 000, Blatt 010 »Sextener Dolomiten«
Führer:	»Hüslers Klettersteigführer Dolomiten«, Bruckmann Verlag, München
Hütten:	keine

▲ Über die Nordflanke der Rotwand verläuft der wenig schwierige Sextener Anstieg.

— 61 —

Tour 32: Sextener Dolomiten

Via ferrata Cengia Gabriella
Hoch über dem Ansiei-Tal: spannend und einsam

Meist wird das Gabriella-Band mit der »Ferrata Roghel« begangen, von der Berti- zur Zsigmondy-Hütte. Ein ganz anderes Dolomitenerlebnis vermittelt die Runde aus dem Val Giralba herauf: ein langer, spannender und sehr einsamer Anstieg in einen der schönsten Bergräume der Sextener, dann viel Aussicht und packende Tiefblicke an der »Cengia Gabriella« und ein eher gemütlicher Abstieg ins Ansieital.

Talort:	Auronzo (864 m), bekannter Ferienort im unteren Ansieital
Ausgangspunkt:	Giralba (925 m), Weiler an der Straße nach Misurina, 5 km von Auronzo, Parkmöglichkeit am Waldrand
Höhenunterschied:	1750 Hm
Gesamtdauer:	9 ½ Std. (↗ 3 ½ Std., »Cengia Gabriella« 3 ½ Std., ↘ 2 ½ Std.)
Schwierigkeiten	Lange, anstrengende Tour, tadellose Kondition unerlässlich. Längere Klettersteigpassagen, teilweise recht luftig, einige gesicherte Stellen auch am Anstieg zum Bivacco Battaglion Cadore.
Öffentliche Verkehrsmittel:	Buslinie Auronzo – Cortina d'Ampezzo
Verkehrsamt:	APT Dolomiti, Ufficio Turistico, Via Roma 10, I-32041 Auronzo; Tel. 04 35/93 59, Fax 40 01 61
Beste Jahreszeit:	Ende Juni bis Anfang Oktober
Ausrüstung:	Klettersteigset, Steinschlaghelm, im Frühsommer evtl. Grödel.
Karte:	Tabacco-Wanderkarte 1:25000, Blatt 017 »Dolomiti di Auronzo e del Comelico«
Führer:	»Hüslers Klettersteigführer Dolomiten«, Bruckmann Verlag, München
Hütten:	Rifugio Carducci (2297 m) im obersten Giralbatal (20 min.-Abstecher), bew. Ende Juni bis Ende September; Tel. 0435/400485. Bivacco Battaglion Cadore (2219 m), Notunterkunft im Hochkar über dem Val Stalata, stets zugänglich; Wasser in der Nähe

▲ Ein grandioser Gang zwischen Himmel und Erde – unterwegs an der »Cengia Gabriella«.

Zustieg: Auf dem Fahrweg in den Wald, dann auf einer Mulattiera kräftig steigend im Graben des unteren Giralbatals bergan. Nach einer Dreiviertelstunde quert man den Rio Giralba; in ein paar Kehren steigt der Weg an gegen den Pian de le Salere (1365 m), wo sich Tal und Steig gabeln. Rechts (Tafel) hinunter ins Geröllbett und in ihm aufwärts (Steinmännchen), bis man am rechten »Ufer« die Fortsetzung des Weges entdeckt. Er führt rechts kurz ins Val Bastioi, quert dann ein ausgetrocknetes Bachbett und steigt über einen Grashang steil an. Weiter hoch an der rechten Flanke des Val Stalata taleinwärts. Einige felsige Passagen sind mit Drahtseilen gesichert. Zuletzt über gestufte Felsen (Seilsicherung) zum Bivacco Battaglion Cadore (2219 m).

Cengia Gabriella: Vom Biwak in nördlicher Richtung ins Stalatakar, wo man auf die quer verlaufende, deutliche Geröllspur stößt (Wegzeiger). Links in einen düsteren Felswinkel. Über leichte Felsen auf das Gabriella-Band, das die gesamte Ostflanke des Monte Giralba di sotto (2981 m) durchzieht, dabei allmählich Höhe verliert. Vom tiefsten Punkt (ca. 2280 m) über grasigen Hang schräg bergan und gut gesichert in eine Schlucht. Drahtseile leiten aus dem Felswinkel über eine gestufte Wand zum Ansatzpunkt des westseitigen Bandes (ca. 2470 m). Man verfolgt es etwa eine Viertelstunde, dann teilweise sehr steil absteigen. Die Drahtseile münden auf eine Kanzel am Ansatzpunkt der gerölligen (im Frühsommer schneegefüllte) Ausstiegsrinne. Durch sie hinunter ins Kar und auf einem Weglein im Linksbogen abwärts und hinüber zum Hüttenweg.

Abstieg: Auf dem ehemaligen Militärweg in vielen Kehren durch das wildromantische Val Giralba alta hinunter zum Pian de le Salere und auf dem Anstiegsweg zurück nach Giralba.

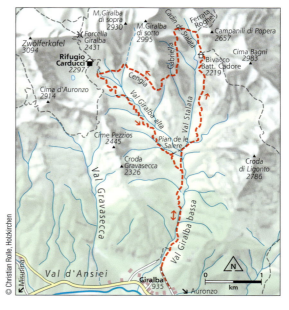

— 62 —

Tour 33: Dolomiten/Marmarolegruppe

Strada Sanmarchi
Bergeinsamkeit vis-a-vis der Drei Zinnen

Wer absolute Bergeinsamkeit in Sichtweite der Drei Zinnen erleben will, ist in der Marmarole richtig. Romantische Seelen übernachten gleich (möglichst zu zweit) im Bivacco Musatti, mit Kerzenlicht und einer Flasche Merlot del Piave. A propos Getränke: In den Karwinkeln der Marmarole ist es im Hoch- und Spätsommer knochentrocken, letzte Quelle am Hüttenaufstieg!

Aufstieg Bivacco Musatti: Auf der Sandstraße über die beiden Brücken; hinter dem Ponte Piccolo (1148 m; Tafel) links in den Wald. Man gewinnt rasch an Höhe, die Spur an Steilheit, bis sie schließlich fast zur »Direttissima« wird. Eine Felsstufe ist durch Drahtseile entschärft; wenig später kommt man an einer Quelle vorbei (ca. 1880 m; auftanken!). Zuletzt in den Karboden von Meduce di Fora und zum Bivacco Musatti (2111 m).

Strada Sanmarchi: Vom Biwak kurz abwärts, dann durch Rinnen auf Grasband und zuletzt mit Drahtseilhilfe über gestufte Felsen in die Forcella del Méscol (ca. 2360 m). Jenseits über Wiesen und leichte Felsen hinunter in das Geröllkar Meduce de Inze. Die Mulde nach Westen queren, etwa auf den markanten Gratzacken des Torre Frescura zuhaltend. Über einen Wiesenfleck und gestufte Felsen zu einer steilen Verschneidung. An Leitern über Felsrampe, weiter in die Forcella di Croda Rotta (ca. 2520 m). Aus der Scharte nicht absteigen, sondern nach links queren. Im Geröll unter der Cresta Vanedel hindurch und steil (Drahtseile) hinab in die Forcella del Vanedel (2372 m). Am Fixseil an einer Verschneidung auf einen Schrofenhang, dann teilweise wieder mit Seilsicherungen, über Felsen hinab in ein Kar und auf guter Spur hinaus ins Grüne. Links zu einem senkrechten Wandabbruch, den man an soliden Drahtseilen quert und flach zur Wegkreuzung im Val di Mezzo.

Abstieg: Auf Weglein flach talaus, dann unter dem Corno del Doge bergab. Einen steilen Felsabbruch meistert man leicht an fest gespannten Drahtseilen; nach einer Linksquerung zum Talweg. Mit Gegensteigung am Ausgang des Cadin del Doge durch das Val di San Vito hinab und auf einem Schottersträßchen zurück zum Ponte degli Alberi.

Talort:	Auronzo (864 m), bekannter Ferienort im unteren Ansieital
Ausgangspunkt:	Ponte degli Alberi (1134 m) am Ansiei, erreichbar über die Strada Statale No. 48, 15 km von Auronzo, 8 km von Misurina. Die Abzweigung (leicht zu übersehen!) befindet sich gut 1 km westlich vom Albergo San Marco
Höhenunterschied:	rund 1600 Hm
Gesamtdauer:	11 1/2 Std. (↗ 3 Std., »Strada« 6 1/4 Std., ↘ 2 1/4 Std.)
Schwierigkeiten:	Sehr lange und anstrengende Durchquerung mit viel Auf und Ab. Leichte, ungesicherte Kletterstellen (I – II) an der »Strada Sanmarchi«, dazu zahlreiche Klettersteigpassagen. Tadellose Kondition und ganz sicheres Wetter notwendig. Möglichst nicht allein gehen!
Öffentliche Verkehrsmittel:	Buslinie Auronzo – Misurina/Cortina d'Ampezzo
Verkehrsamt:	APT Dolomiti, Ufficio Turistico, Via Roma 10, I-32041 Auronzo; Tel. 04 35/93 59, Fax 40 01 61
Beste Jahreszeit:	Ende Juni bis Anfang Oktober
Ausrüstung:	Komplette Klettersteig-Ausrüstung, Steinschlaghelm!
Karte:	Tabacco-Wanderkarte 1:25000, Blatt 016 »Dolomiti di Centro Cadore«
Führer:	»Hüslers Klettersteigführer Dolomiten«, Bruckmann Verlag, München
Hütten:	Bivacco Musatti (2111 m) im Kar Meduce di Fora, Bivacco Voltolina (ca. 2200 m) im Kar Pian del Scotter, etwa 30 Min. von der »Strada Sanmarchi«

◄ Kraxeln über einsamen Karen – unterwegs an der »Strada Sanmarchi«.

Tour 34: Dolomiten/Cadinigruppe

Sentiero Bonacossa
Klein, aber fein: die Cadinispitzen in den Sextener Dolomiten

Der »Sentiero Bonacossa« ist mehr Höhenweg als Klettersteig; er führt quer durch den faszinierenden Zackenwald der Cadinispitzen und vermittelt eine Fülle schönster Dolomitenbilder. Eine der lohnendsten Touren in den östlichen Dolomiten, dabei nicht einmal überlaufen! Vom Rifugio Fonda Savio läßt sich die Cima Cadin Nord-Est (2788 m) über die »Ferrata Merlone« besteigen (Klettersteig-Ausrüstung!).

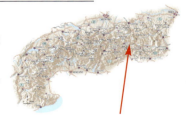

Talort:	Misurina (1752 m), kleiner Hotelort am gleichnamigen See
Ausgangspunkt:	Bergstation des Col-de-Varda-Sessellifts (2115 m); von Mitte Juni bis Anfang Oktober von 8.30 bis 17 Uhr in Betrieb
Höhenunterschied:	780 Hm
Gesamtdauer:	6 ¾ Std. (↗ 5 ¼ Std., ↘ 1 ½ Std.)
Schwierigkeiten:	Für den »Sentiero Bonacossa« braucht's einen sicheren Tritt und etwas Ausdauer. Es sind auch Teilbegehungen möglich; markierte Abstiege aus dem Ciadin de le Neve, von der Fonda-Savio-Hütte und aus der Forcella di Rinbianco.
Öffentliche Verkehrsmittel:	Buslinien Toblach – Misurina, Auronzo – Misurina/Cortina d'Ampezzo
Verkehrsamt:	APT Dolomiti, Ufficio Turistico, Via Roma 10, I-32041 Auronzo; Tel. 04 35/93 59, Fax 40 01 61
Beste Jahreszeit:	Juli bis Mitte Oktober
Ausrüstung:	Normale Bergwanderausrüstung, Klettersteigset nicht unbedingt erforderlich.
Karte:	Tabacco-Wanderkarte 1:25000, Blatt 010 »Sextener Dolomiten«
Führer:	»Hüslers Klettersteigführer Dolomiten«, Bruckmann Verlag, München
Hütten:	Rifugio Fratelli Fonda Savio (2367 m), bew. Mitte Juni bis Ende September; Tel. 04 35/3 90 36. Rifugio Auronzo (2320 m), bew. Anfang Juni bis Mitte Oktober; Tel. 04 35/3 90 02

Sentiero Bonacossa: Von der Liftstation am Col de Varda (2115 m) führt der Weg zunächst mit hübschen Tiefblicken auf den Misurinasee bergan. Über Geröll und eine sandige Rinne (Drahtseile) gewinnt man die Forcella di Misurina (ca. 2370 m). Dahinter geht's über Schrofen steil hinab ins Ciadin de le Neve. Der »Sentiero Bonacossa« quert das Geröllkar und steigt dann im Zickzack an gegen die Forcella del Diavolo (ca. 2480 m). Ein Felsriegel wird dabei mit Hilfe von Leitern und Fixseilen leicht überwunden. Jenseits der Scharte im Geröll abwärts, unter den Felswänden hindurch und kurz bergan zum Rifugio Fonda Savio (2367 m).

Der Weiterweg führt hinter der Hütte über eine Felsrampe (Drahtseile) hinunter ins oberste Val de le Ciampedele, quert dann zur Forcella di Rinbianco (2176 m). Aus der Senke über leichte Felsen hinab zu einem luftigen Band, dann an einer steilen Verschneidung (Leitern, Drahtseile) steil aufwärts. Weiter über Schrofen und Bänder zum Grat, wo sich ein faszinierend schöner Blick zu den Drei Zinnen auftut. Nun mehr oder weniger am Cianpedele-Rücken in leichtem Auf und Ab über die Forcella Longeres (2235 m) zur Großparkanlage beim Rifugio Auronzo (im Sommer Bus zum Misurinasee).

Abstieg: Den Umweg kann man sich auch sparen und aus der Longeres-Scharte direkt zur »Drei-Zinnen-Straße« absteigen. Weiter auf markiertem Weg mit einer kleinen Gegensteigung bergab zur Mündung des Rinbianco-Kars. Auf der Straße am Lago d'Antorno (1866 m) vorbei zum Camping Misurina, dann am Ostufer des Misurinasees entlang zurück zur Talstation des Sessellifts.

▲ Unterwegs im Felszackengewirr der Cadinispitzen – am »Sentiero Bonacossa«

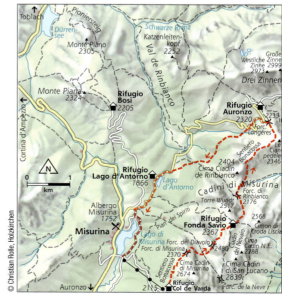

— 64 —

Tour 35: Dolomiten/Cristallogruppe

Monte Cristallo (3154 m), Ferrata Bianchi
Eine Ampezzaner Gipfelferrata mit Seilbahnanschluss

Der »Bianchi-Klettersteig« ist durch die Seilbahnnähe eine beliebte und dementsprechend häufig begangene Halbtagestour. Bei Übernachtung auf dem Rifugio Lorenzi und zeitigem Aufbruch kann man dem Trubel durch die Tagesgäste entgehen. Für den Abstieg ins Tal bietet sich in diesem Fall der »Sentiero Dibona« an.

Aufstieg: Von der Seilbahnstation zum Rifugio Lorenzi (2932 m). Die »Via ferrata Marino Bianchi« startet gleich an der Sonnenterrasse; fest verankerte Drahtseile leiten mit einigem Auf und Ab an den Gratfelsen in eine Scharte. Die erste Leiter hilft über einen senkrechten Aufschwung hinweg; danach in anregender, teilweise auch recht ausgesetzter Kletterei am Nordgrat der Cima di Mezzo bergan. Eine zweite, etwas wackelige Leiter führt auf einen Absatz. Weiter mit Drahtseilsicherung am felsigen Kamm entlang, über den letzten Aufschwung zum Gipfel des Cristallo-Mittelgipfels mit kleinem Kreuz.

Abstieg: Wie Aufstieg.

▶ Die zweite, wackelige Leiter an der »Ferrata Bianchi«.

▼ Die berühmte Hängebrücke am »Dibonaweg«.

Talort:	Cortina d'Ampezzo (1224 m)
Ausgangspunkt:	Rif. Lorenzi (2932 m); Anfahrt mit dem Sessel-/Gondellift. Talstation Rio Gere (1680 m) an der Straße von Cortina d'Ampezzo zum Passo Tre Croci.
Höhenunterschied:	220 Hm
Gesamtdauer:	2½ Std. (↗ 1½ Std., ↘ 1 Std.)
Schwierigkeiten:	Sehr lohnender, kurzer, schwieriger Klettersteig; Höhe beachten.
Öffentliche Verkehrsmittel:	Busverbindung von Cortina d'Ampezzo zum Tre-Croci-Pass
Verkehrsamt:	APT, Piazzetta San Francesco 8, I-32043 Cortina d'Ampezzo; Tel. 04 36/32 31, Fax 32 35
Beste Jahreszeit:	Ende Juni bis Ende September
Ausrüstung:	Klettersteigausrüstung, Steinschlaghelm
Karte:	Kompass-Wanderkarte 1:50 000, Nr. 55, »Cortina d'Ampezzo«; Tabacco-Wanderkarte 1:25 000, Nr. 03, »Cortina d'Ampezzo e Dolomiti Ampezzane«.
Führer:	»Hüslers Klettersteigatlas Alpen«, »Hüslers Klettersteigführer Dolomiten«, beide Bruckmann Verlag, München.
Hütten:	Rif. Lorenzi (2932 m), bew. Ende Juni bis Ende September; Tel. 04 36/86 61 96

Tour 36: Ampezzaner Dolomiten

Tofana di Rozes (3225 m), Via ferrata G. Lipella
Ein Klettersteig-Klassiker der Ampezzaner Dolomiten

Die »Ferrata Lipella« ist (fast) der ideale Alpinklettersteig: ein Schaupfad vor großer Kulisse, historischer (Kriegs-)Weg, spannend im Verlauf, grandios das Panorama vom Gipfel der Tofana di Rozes. Die Route folgt dem Bandsystem durch die riesige Westwand. Einziger Schönheitsfehler: Da die Bänder nach Norden abfallen, büßt man auf dem langen Gang die gewonnene Höhe immer wieder ein.

Talort:	Cortina d'Ampezzo (1211 m)
Ausgangspunkt:	Rif. Dibona (2030 m), Zufahrt von der »Großen Dolomitenstraße« (Abzweigung bei km 113,8 der S.S. 48), 4 km; großer Parkplatz in Hüttennähe.
Höhenunterschied:	ca. 1200 Hm
Gesamtdauer:	7 Std. (Klettersteig 3 Std.)
Schwierigkeiten:	Lange, dadurch auch ziemlich anstrengende Tour, mit rund 1400 m Drahtseil gesichert. Die Hauptschwierigkeiten der Ferrata liegen im Abschnitt zwischen den Tre Dita (hier Zwischenabstieg zum Rif. Giussani möglich) und dem Nordwestgrat.
Öffentliche Verkehrsmittel:	Busverbindung Cortina d'Ampezzo – Pocol – Passo Falzarego.
Verkehrsamt:	APT, Piazzetta San Francesco 8, I-32043 Cortina d'Ampezzo; Tel. 04 36/32 31, Fax 32 35
Beste Jahreszeit:	Juli bis Ende September
Ausrüstung:	Komplette Klettersteigausrüstung und Helm. Für den langen Alpinistollen Stirn- oder Taschenlampe. Der Normalweg ist häufig vereist, da sind dann Grödel und Teleskopstöcke angenehm.
Karte:	Tabacco-Wanderkarte 1:25 000, Blatt 03. Freytag& Berndt-Wanderkarte 1:50 000, WKS 5
Führer:	»Hüslers Klettersteigführer Dolomiten«, Bruckmann Verlag, München
Hütten:	Rif. Dibona (2030 m), bewirtschaftet Anfang Juni bis Ende September; Tel. 04 36/86 02 94. Rif. Giussani (2580 m) auf der Forcella Fontanegra, bewirtschaftet 20. Juni bis 20. September; Tel. 04 36/57 40.

Zugang: Von der Dibonahütte (2030 m) kurz aufwärts gegen den Vallon, dann links hinauf zu dem Höhenweg, der am Südwandfuß entlang läuft. Vorbei an der Grotta della Tofana (gesicherter Zustieg, lohnend) zur Abzweigung der »Ferrata Lipella« (ca. 2420 m), 1½ Std.

Ferrata G. Lipella: Mit Hilfe solider Sicherungen kurz hinauf zum Eingang des Alpinistollens. Der aus dem ersten Weltkrieg stammende, rund 500 m lange Tunnel führt steil aufwärts (Holz- und Steinstufen); im Rücken des Castelletto (2656 m) kommt man wieder ans Tageslicht (ca. 2620 m). Über Geröll leicht bergab zum Beginn der »Ferrata Lipella« (Tafel). Nun auf teilweise schmalen, dann wieder komfortabel breiten Bändern ohne nennenswerten Höhengewinn durch die riesige Westwand der Tofana di Rozes zu den »Drei Fingern« (Tre Dita, 2694 m), 3½ Std. Geradeaus in die geröllbeladene Nordflanke des Dreitausenders, rechts weiter Richtung Gipfel (Hinweis »Cima«). Die Route führt zunächst über ein weiteres Band in ein beeindruckendes Fels-Amphitheater, dann steil und anstrengend, teilweise auch recht luftig, hinauf zum Nordwestgrat. Hier endet der Klettersteig (3027 m); weiter auf einer Geröllspur zum Gipfel, 5 Std.

Abstieg: Auf der blau markierten, deutlichen Spur am Nordwestgrat zurück bis zur Einmündung des Klettersteigs, dann über die schrofige Nordflanke der Tofana di Rozes hinunter und rechtshaltend hinüber zur Forcella Fontanegra und zum Rif. Giussani (2580 m). Aus der Scharte auf dem alten Kriegsweg, die Kehren im Geröll abkürzend, abwärts zum Rif. Dibona (2030 m), wo sich die erlebnisreiche Runde schließt.

▲ Unterwegs an der »Ferrata Lipella«, einem der großen, klassischen »alpinen« Klettersteige in den Dolomiten.

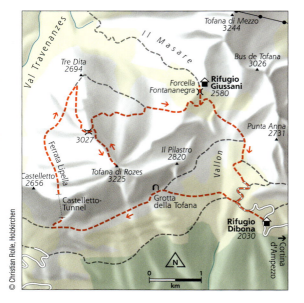

Tour 37: Dolomiten/Fanesgruppe

Fanisspitze (2980 m); Via ferrata C. Tomaselli
Populäre Steilwandroute auf einen Fast-Dreitausender

Eine landschaftlich wunderschöne Route, mit viel Geschick in das Steilgelände trassiert; auch der Abstieg ist gesichert und sehr steil. An sommerlichen Wochenenden bei Schönwetter viel »Verkehr«, was mitunter zu Staus führt und die Steinschlaggefahr erheblich verschärft. Taschenlampe für den Fanisstollen empfehlenswert.

Zustieg: Vom Falzáregopass (2105 m) auf markiertem Pfad, teilweise mit der breiten Skipiste, hinauf in die Forcella Travenanzes (2507 m); hierher kommt man auch absteigend vom Kleinen Lagazuoi (Seilbahn). Weiter auf deutlicher Geröllspur über eine winzige Scharte im Ostgrat des Lagazuoi Gran in die Gran Forcela (2652 m); westlich unterhalb steht auf einer Felsterrasse das (völlig ausgeräumte) Bivacco Della Chiesa.

Via ferrata Tomaselli: Der Auftakt ist so knackig wie legendär: von der beschilderten Abzweigung kurz hinauf zum Felsfuß und links über ein extrem ausgesetztes, nahezu trittloses Wandstück. Anschließend in steilem, aber griffigem Fels aufwärts, durch Verschneidungen und über kurze Aufschwünge, immer an dem in kurzen Abständen verankerten Drahtseil. Die Route kreuzt das markante Horizontalband, das die Westabstürze der Fanisspitzen durchzieht und leitet dann über einen markanten Absatz erneut in steilstes Felsgelände. Das Finale des spannenden Aufstiegs bilden ein senkrechter Kamin sowie der luftige Gipfelgrat. Der Abstieg, durchgehend mit Fixseilen versehen, führt von der Südlichen Fanisspitze (2980 m) über die Nordostflanke hinunter in die enge Selletta Fanis (ca. 2820 m); zwei senkrechte Stufen verlangen energisches Zupacken. Über ein Felsband läuft die »Ferrata Tomaselli« an der engen Scharte aus.

Rückweg: Südseitig im Geröll durch ein steiles Couloir hinab zum Felsfuß und rechts zurück in die Gran Forcela. Alternativ kann man aus der Selletta Fanis auch nordseitig in dem Schattenkar (Spur, oft harter Altschnee) hinüber zum Eingang des etwas 100 Meter langen Fanisstollens queren. Er mündet auf die bereits erwähnte Cengia alta. Man folgt ihr südwärts, quert die »Tomaselli« und steigt dann durch eine Geröllrinne ab zur Gran Forcela. Auf dem Hinweg zurück zum Passo Falzárego.

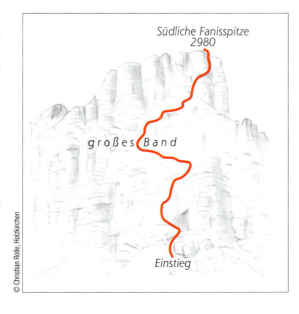

Talort:	Cortina d'Ampezzo (1211 m)
Ausgangspunkt:	Passo Falzárego (2105 m), riesiger Parkplatz an der Talstation der Lagazuoi-Seilbahn. Man kann auch am dicken Drahtseil zum Kleinen Lagazuoi (2750 m) hinaufschweben und dann in die Forcella Travenanzes absteigen (Gesamtgehzeit dann gut 5 Std.).
Höhenunterschied:	900 Hm
Gesamtdauer:	5 ¾ Std. (↗ 3 ¾ Std., ↘ 2 ¼ Std.)
Schwierigkeiten:	Gehört in die Spitzenklasse unter den Vie ferrate in den Dolomiten: ein absoluter Klassiker, steil, mit atemberaubend exponierten Passagen, aber ohne künstliche Tritte und Griffe. »Solo per esperti!«
Öffentliche Verkehrsmittel:	Busverbindungen zwischen Cortina d'Ampezzo bzw. Stern und dem Falzáregopass. Die Seilbahn zum Kleinen Lagazuoi verkehrt Ende Mai bis Anfang November von 9 – 17 Uhr
Verkehrsamt:	APT, Piazzetta San Francesco 8, I-32043 Cortina d'Ampezzo; Tel. 04 36/32 31, Fax 32 35
Beste Jahreszeit:	Juli bis Ende September
Ausrüstung:	Komplette Klettersteigausrüstung, Helm.
Karte:	Tabacco 1:25 000, Blatt 03 »Cortina d'Ampezzo«.
Führer:	»Hüslers Klettersteigführer Dolomiten«, Bruckmann Verlag, München
Hütten:	keine

▲ Exponierte, nur mit durchlaufenden Drahtseilen gesicherte Route: die »Ferrata Tomaselli«.

Tour 38: Dolomiten/Civettagruppe

Civetta (3220 m), Via ferrata degli Alleghesi
Steiler Weg auf einen großen Dolomitengipfel

Die »Alleghesi«, einst eine Kletterroute im oberen IV. Schwierigkeitsgrad, hat auch gesichert noch den Charakter einer anspruchsvollen, alpinen Bergtour. Nur bei ganz sicherem Wetter gehen, auch am Abstieg warten ein paar etwas heikle Passagen. Und nicht vergessen: Der Gipfel zählt zu den großen Dolomiten-3000ern, die nicht unterschätzt werden dürfen!

Talort:	Zoldo Alto, Fraktion Pecol (1388 m)
Ausgangspunkt:	Bergstation des Sessellifts Pioda (1887 m); Talstation Palafavera an der Straße zur Forcella Staulanza, großer Parkplatz. Für den Aufstieg von Pecol zur Forcella d'Álleghe (1816 m) muss man mit 1½ Std. Gehzeit rechnen.
Höhenunterschied:	1600 Hm
Gesamtdauer:	10 Std. (↗ 6 Std., ↘ 4 Std.)
Schwierigkeiten:	Vor allem wegen ihrer Länge sehr anspruchsvolle Ferrata, zwischen den gesicherten Passagen immer wieder ungesicherte Kletterstellen (I bis II); als Tagestour nur für Konditionsbolzen geeignet. Bei Wetterverschlechterung kann man von der Punta Tissi direkt zum Rif. Torrani queren (markiert, Drahtseile).
Öffentliche Verkehrsmittel:	Zoldo Alto hat Busverbindung mit Longarone und den Ortschaften im Val Fiorentina (Forcella Staulanza–Selva di Cadore). Der Pioda-Sessellift ist im Sommer von 8.30 – 17 Uhr in Betrieb.
Verkehrsamt:	APT, I-32010 Zoldo Alto, Tel. 04 37/78 91 45
Beste Jahreszeit:	Juli bis Anfang Oktober
Ausrüstung:	Klettersteigausrüstung, Steinschlaghelm
Karte:	Tabacco-Wanderkarte 1:25000, Blatt 015 »Marmolada – Pelmo – Civetta – Moiazza«
Führer:	»Hüslers Klettersteigführer Dolomiten«, Bruckmann, München
Hütten:	Rifugio Coldai (2132 m), bew. von Mitte Juni bis 20. September, Tel. 04 37/78 91 60. Rifugio Torrani (2984 m), einfach bew. von Anfang Juli bis Mitte September, Tel. 04 37/78 91 50

Unterwegs an der »Ferrata Alleghesi« auf den Monte Civetta.

Zustieg: Von der Forcella d'Álleghe (1816 m, 10 Min. vom Lift) zunächst in bequemen Serpentinen zum Rifugio Coldai (2132 m), dann auf dem »Sentiero Tivan«, mehrere Karmulden an der Ostseite des Civetta-Nordkamms querend, zu der Scharte im Rücken des Schienal del Bèc (2420 m). Dahinter leicht abwärts, dann links über Schrofen zum Einstieg (ca. 2350 m).

Ferrata degli Alleghesi: Der Klettersteig verläuft über den Ostpfeiler der Punta Civetta (2920 m). Den Auftakt macht ein senkrechtes Wandl, das man mit Hilfe von Haken und einer Leiter meistert. In der Folge wechseln Rinnen, enge Kamine, Schrofen und Bänder ab, dazwischen senkrechte Aufschwünge, jeweils gut gesichert. Die Route zieht eine ziemlich direkte Linie über den markanten Pfeiler, wobei die Steilheit nach oben hin abnimmt. Geröllbänder leiten schließlich zum Hauptkamm (ca. 2900 m), wo sich ein phantastischer Tiefblick auf Álleghe und seinen See bietet. Nun links um die Punta Tissi (2992 m) herum und über gestufte Felsen, Bänder und Schrofen zum geräumigen Gipfel.

Abstieg: Eine deutliche Geröllspur leitet über den Ostrücken hinunter zur Torranihütte. Weiter über geröllbedeckte Felsstufen abwärts, Steilabbrüchen jeweils links oder rechts ausweichen; gut auf die Markierungen achten, keine Steine ablassen! Durch einen etwas heiklen Kamin hilft ein Fixseil hinunter, dann verlangen die abschüssigen Platten am »Passo Grünwald« nochmals volle Konzentration. Über einen mächtigen Geröllhang hinab und unter der Crepa Bassa hindurch zum »Sentiero Tivan«. Auf ihm zurück zum Rifugio Coldai.

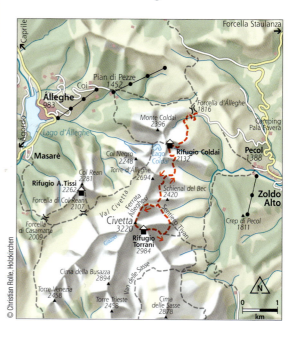

— 68 —

Tour 39: Dolomiten/Civetta-Moiazza-Gruppe

Cima Moiazza (2878 m), Ferrata Costantini
Die Nummer 1 unter den Dolomiten-Klettersteigen

Landschaftlich einmalige Überschreitung der südlichen Moiazza; die »Costantini« ist klar die Nummer Eins unter den Dolomiten-Klettersteigen! Insgesamt ist man etwa sieben Stunden an dieser Ferrata unterwegs. Bergerfahrung und eine tadellose Kondition sind unerlässlich; aus der Forcella delle Massenade und der Forcella delle Nevere markierte (Not-)Abstiege.

tedrale (2557 m), dann zum langgestreckten Masenade-Kamm (2737 m). Links den Steigspuren folgend in die Forcella delle Masenade (2640 m; nordseitiger Notabstieg). Weiter am Grat über einen steilen 50-Meter-Aufschwung zu einem Geröllhang. An der Südostschulter (2784 m) zweigt der Gipfelsteig zur Cima Moiazza Sud (2878 m) ab: steil und teilweise luftig, aber mit durchlaufender Drahtseilsicherung.

Abstieg: Über das herrlich ausgesetzte »Engelsband« (Cengia Angelini) quer durch vertikalen Fels, dann durch eine Geröllrinne nördlich hinab in die Forcella delle Nevere (2601 m, Bivacco Ghedini). Aus der Scharte kurz bergan in die Ostwand der Cima delle Nevere, dann hoch über der wilden Klamm Van dei Cantôi gut gesichert über plattige Felsen abwärts und schließlich auf einer dünnen Spur hinunter zum »Dolomiten-Höhenweg Nr. 1«. Er führt hinüber zum Rifugio Carestiato. Auf dem Sandsträßchen, die letzte Schleife abkürzend, zurück zum Passo Duràn (1601 m).

Zustieg: Vom Duránpass (1601 m) kurz hinauf zu einem Fahrweg und auf ihm links durch lichten Wald zum Rifugio Carestiato (1834 m).

Ferrata Costantini: Von der Hütte auf schmaler Spur zum Einstiegsband. Es führt links zum ersten Steilaufschwung mit straff gespannten Seilen. Anschließend weniger anstrengend an der mächtigen, teilweise begrünten Schräge unter der Pala del Belia bergan zu einer Barriere. Am Fixseil schräg nach oben zu ein paar Eisenklammern (Schlüsselstelle). Nach einem kleinen Überhang nochmals ein längerer Steilaufschwung, dann legt sich die Wand etwas zurück (links markierter Notabstieg über das Masenade-Band, ungesichert, I – II). Nun von der Schotterterrasse der Pala del Belia durch Schlucht und über plattige Felsen zur Cima Cat-

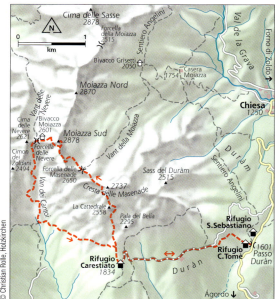

Talort:	Ágordo (611 m) im Val Cordévole oder Forno di Zoldo (840 m)
Ausgangspunkt:	Passo Duràn (1601 m), Straßenübergang von Ágordo ins Zoldano
Höhenunterschied:	1400 Hm
Gesamtdauer:	9 ½ Std. (↗ 6 Std., ↘ 3 ½ Std.)
Schwierigkeiten	Extrem langer und sehr anstrengender Klettersteig, fast ausschließlich Drahtseilsicherungen. Knackige Schlüsselstelle! Gute Kondition und alpine Erfahrung unerlässlich. Nur bei ganz sicherem Wetter einsteigen!
Öffentliche Verkehrsmittel:	Ágordo und Forno di Zoldo erreicht man mit dem Linienbus; am Passo Duràn verkehrt kein Bus!
Verkehrsamt:	Ufficio Turistico, I-32021 Ágordo; Tel. 04 37/6 21 05, Fax 6 52 05
Beste Jahreszeit:	Juli bis zum ersten Schneefall
Ausrüstung:	Komplette Klettersteigausrüstung, Steinschlaghelm
Karte:	Tabacco-Wanderkarte 1:25000, Blatt 015 »Marmolada – Pelmo – Civetta – Moiazza«
Führer:	»Hüslers Klettersteigführer Dolomiten«, Bruckmann Verlag, München
Hütten:	Rifugio San Sebastiano (1601 m) am Passo Duràn, bew. Anfang Juni bis Ende Oktober; Tel. 04 37/6 23 60. Rifugio Carestiato (1834 m), bew. Mitte Juni bis Ende September; Tel. 04 37/6 29 49

▲ Am »Engelsband« auf der Ferrata Costantini, der unbestrittenen Nummer 1 unter allen Dolomiten-Ferrate.

Tour 40: Dolomiten/Schiaragruppe

Schiara (2565 m), Vie ferrate Zacchi-Berti-Marmol
Die Superrunde am Südrand der Dolomiten

Eine einmalige »eiserne« Runde am Südrand der Dolomiten – drei Klettersteige am Stück! Durchwegs gut gesicherte Ferrate (Drahtseile, Leitern). Faszinierende Felskulisse; bei klarem Wetter Fernsicht bis zur Adria! Wegen der Länge der Unternehmung wird eine Übernachtung im Rifugio 7° Alpini dringend empfohlen!

Talort:	Belluno (383 m)
Ausgangspunkt:	Case Bortot (694 m), Zufahrt von Belluno via Bolzano 7 km; kleiner Wanderparkplatz.
Höhenunterschied:	2050 Hm (inkl. Gegensteigungen)
Gesamtdauer:	11 Std. (↗ 6½ Std., ↘ 4½ Std.)
Schwierigkeiten	Anspruchsvolle Runde; sie setzt neben einer tadellosen Kondition Bergerfahrung voraus; an der »Zacchi« leichte ungesicherte Kletterstellen. Nur bei sicherem Wetter gehen, da kaum Rückzugsmöglichkeiten bestehen – aufgrund der Alpenrandlage sind am Schiaramassiv im Hochsommr Gewitter sehr häufig!
Öffentliche Verkehrsmittel:	Stadtbus Belluno – Bolzano – Gioz
Verkehrsamt:	APT di Belluno, Feltre e Alpago, Via R. Psaro 21, I-32100 Belluno; Tel. 0437/94 00 83, Fax 94 00 73.
Beste Jahreszeit:	Mitte Juni bis Anfang Oktober
Ausrüstung:	Komplette Klettersteigausrüstung, Steinschlaghelm
Karte:	Tabacco 1:25 000, Blatt 024 »Prealpi e Dolomiti Bellunesi«.
Führer:	»Hüslers Klettersteigführer Dolomiten«, Bruckmann Verlag, München
Hütten:	Rif. 7° Alpini (1502 m), bew. Mitte Juni bis Ende September; Tel. 0437/94 16 31. Neben der Hütte steht die Capanna Lussato (1498 m), außerhalb der Bewirtschaftungszeit für Selbstversorger offen. Bivacco Ugo Bernardina (2230 m) und Bivacco Marmol (2266 m), stets zugänglich.

▲ Faszinierend die Kulisse an den Schiara-Klettersteigen.

Zustieg: Auf breitem Weg – zunächst steigend, dann wieder an Höhe verlierend – in die Valle d'Ardo. Am Ponte del Mariano (681 m) beginnt der eigentliche Hüttenanstieg; er führt rechts des Ardobachs weiter taleinwärts, dann in Kehren hinauf zum Rifugio 7° Alpini (1502 m).

Via ferrata Zacchi: Hinter der Hütte hinauf zum Fuß der mächtigen Schiara-Südwand; der Einstieg zum Klettersteig befindet sich unmittelbar neben einem portalförmigen Felsausbruch (ca. 1800 m). Zum Auftakt leiten die Sicherungen in einen engen Felsspalt, dem man an Eisenbügeln entsteigt. Auf Bändern um eine Felsschlucht herum; wenig höher, an einem begrünten Buckel, zweigt rechts die »Ferrata Marmol« ab. Die »Zacchi« steigt, nur teilweise gesichert, diagonal nach links an. Ein senkrechter Kamin verlangt vollen Einsatz, anschließend läuft die Route über mehrere Pfeilerköpfe, ehe sie den Rand einer ausgeprägten Mulde unter der steilen Schiara-Gipfelwand gewinnt. Über gestufte Felsen gerade aufwärts, dann nach links und in atemberaubend luftiger Querung hinüber zum Bivacco Bernadina (2320 m) am Fuß der faszinierend schlanken Guselà-Nadel.

Via ferrata Berti: Der nur mäßig schwierige Klettersteig führt als Fortsetzung der »Zacchi« über die Westflanke der Schiara (2565 m) zum geräumigen Gipfel; Drahtseile und Leitern sichern die Route.

Via ferrata Marmol: Zunächst am Grat zum Ostgipfel der Schiara (2506 m), dann hinunter gegen die Forcella del Marmol. Noch vor der Scharte rechts zum Bivacco Marmol (2266 m). Weiter in Schrofengelände abwärts zu einer Mini-Scharte hoch über der wilden Marmolschlucht und rechts über gestufte Felsen (Drahtseile) hinab in die riesige Felsschüssel unter dem Ostgipfel der Schiara. Auf Bändern, teilweise noch gesichert, hinaus zu der bereits erwähnten Steiggabelung (ca. 1880 m). Auf bekannter Route zum Wandfuß bergab zum Rifugio 7° Alpini (1502 m). Auf dem Hüttenweg zurück nach Case Bortot.

— 70 —

Tour 41: Dolomiten/Sellagruppe

Boèseekofel (2908 m), Klettersteig
Anspruchsvoller Eisenweg über dem Vallonkessel

Landschaftlich sehr eindrucksvoller Anstieg durch die Südwand des Boèseekofels (Piz da Lech de Boè); packende Tiefblicke in den Vallonkessel, vom Gipfeldach ins Val de Mesdì, großes Panorama. Abwechslungsreicher Abstieg über den langen Nordrücken des Berges bis Crep de Munt, nochmals mit einigen Sicherungen.

Zustieg: Von der Liftstation auf deutlichem Weg kurz etwas abwärts zu einer Weggabelung (Tafel), dann über Geröll ansteigend zum Felsfuß.

Südwand-Klettersteig: Drahtseile leiten steil durch die gestufte Felsschlucht im Rücken des markanten Wandvorbaus aufwärts. Gutmütige Passagen wechseln dabei ab mit ziemlich knackigen Aufschwüngen, die man entweder mit guter Technik oder kräftigem Armzug meistert. Vorsicht: keine Steine lostreten! Oberhalb des Vorbaus führt die Route in leichteres Gelände. Über Schrofen bergan, dann gesichert auf einen Absatz. Mit Spreizschritt in ein senkrechtes Wandl, hinauf und luftig nach links um ein felsiges Eck herum auf einen breiten Rücken. An ihm (Wegspur) zum letzten Hindernis, eine 25-Meter-Vertikale, über die zwei stabile Leitern hinweghelfen. Nach dem leicht überhängenden Ausstieg (Eisenstifte) kann man aufatmen. Es folgen zwar noch ein paar drahtseilgesicherte Passagen, die aber allesamt

Das Gipfelkreuz des Boèseekofels.

harmlos sind. Zuletzt auf einem Steiglein über das abgeflachte Gipfeldach zum großen Kreuz.

Abstieg: Auf deutlicher, rot-weiß markierter Spur am geröligen Ostrücken bergab. Über einen Zehn-Meter-Abbruch helfen Eisenbügel hinab. Weiter am Kamm mit freier Sicht und einem überraschenden Tiefblick auf den kreisrunden Boèsee (2250 m). Farbtupfer leiten schließlich über Schrofen und kleine Felsstufen (Sicherungen) links abwärts. Unter einem namenlosen Buckel hindurch und zurück zur Bahnstation am Crep de Munt.

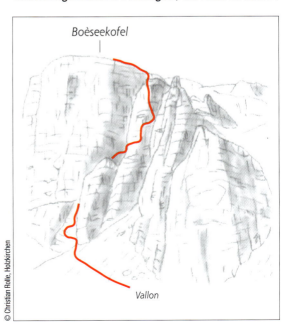

Talort:	Corvara (1555 m), bekannter Ferienort im Hochabtei
Ausgangspunkt:	Liftstation Vallon (2537 m) am Rand des Vallonkessels. Auffahrt von Corvara mit der Gondelbahn zum Crep de Munt (2198 m), weiter per Sessellift
Höhenunterschied:	400 Hm
Gesamtdauer:	3 ½ Std. (↗ 2 Std., ↘ 1 ½ Std. bis Crep de Mont)
Schwierigkeiten:	Nicht sehr lange, aber ziemlich anspruchsvolle Ferrata, eher sparsam gesichert. Finale mit den beiden Leitern sehr luftig! Insgesamt eine Genussroute für erfahrene Klettersteigler.
Öffentliche Verkehrsmittel:	Corvara hat gute Busverbindungen mit dem Grödner Tal und Bruneck. Die Bergbahnen verkehren von Ende Juni bis Ende September von 8.30 – 17.10 Uhr; außer im August dienstags kein Betrieb!
Verkehrsamt:	Tourismusverband Alta Badia, Col-Alt-Straße 36, I-39033 Corvara; Tel. 04 71/83 61 76, Fax 83 65 40, e-mail altabadia@dnet.it, Internet www.altabadia.org
Beste Jahreszeit:	Ende Juni bis Anfang Oktober
Ausrüstung:	Klettersteigausrüstung, Steinschlaghelm
Karte:	Tabacco-Wanderkarte 1:25 000, Blatt 07 »Hochabtei«
Führer:	»Hüslers Klettersteigführer Dolomiten«, Bruckmann Verlag, München
Hütten:	Franz-Kostner-Hütte (2510 m), bew. Ende Juni bis Anfang Oktober, Tel. 04 62/60 17 23 (eine Viertelstunde von der Liftstation Vallon)

◄ Am Klettersteig zum Boèseekofel, im Hintergrund die Marmolada, die »Königin der Dolomiten«.

— 71 —

Tour 42: Dolomiten/Sellagruppe

Pisciadù-Klettersteig (2585 m)
Der große Sella-Klassiker zur Picsiadù-Hütte

Der absolute Hit unter den Dolomiten-Klettersteigen: kurzer Zustieg, spektakulärer Verlauf ohne Höchstschwierigkeiten, eine faszinierende Kulisse - und oben ein gastliches Haus. Im Sommer herrscht allerdings oft viel Verkehr, muss man sich gelegentlich in Geduld üben (Staus!). Ein alternativer, landschaftlich sehr schöner Abstiegsweg führt östlich ins Val de Mesdì.

Talort:	Kolfuschg (1645 m) im Hochabtei
Ausgangspunkt:	Parkplatz in einer alten Kiesgrube (1956 m) an der Straße von Kolfuschg zum Grödner Joch
Höhenunterschied:	630 Hm
Gesamtdauer:	3 ½ Std. (Klettersteig 2 ½ Std.)
Schwierigkeiten:	Mit Eisenklammern, Drahtseilen und einer kurzen Leiter bestens gesicherte Ferrata mittlerer Schwierigkeit. Wer schon auf dem ersten Teilstück an seine Grenzen stößt, kann vor dem zweiten (schwierigeren) Abschnitt aussteigen (Wegspur zur Pisciadùhütte).
Öffentliche Verkehrsmittel:	Gute Busverbindungen zwischen den Ortschaften des Hochabtei und dem Grödner Joch; Halt beim Klettersteig-Parkplatz.
Verkehrsamt:	I-39030 Kolfuschg; Tel. 0471/836145, Fax 83 67 44, E-Mail colfosco@dnet.it, Internet www.dolomitisuperski.com/altabadia
Beste Jahreszeit:	Ende Juni bis Mitte Oktober
Ausrüstung:	Komplette Klettersteigausrüstung, Steinschlaghelm.
Karte:	Tabacco-Wanderkarte 1:25 000, Blatt 07 »Hochabtei – Livinallongo«
Führer:	Eugen E. Hüsler »Klettersteigführer Dolomiten«, Bruckmann, München
Hütten:	Rifugio Pisciadù (2585 m), bew. Juli bis September, Tel. 0471/83 62 92.

Pisciadù-Klettersteig:

Ein schmales Weglein führt vom Parkplatz zum Fuß einer geneigten, oft feuchten 40-Meter-Wand. Drahtseile und Klammern helfen über dieses erste Hindernis; eine gute Spur führt anschließend zwischen Bergsturztrümmern unter dem Brunecker Turm mit leichtem Höhenverlust zum eigentlichen Einstieg der Via ferrata. Nun vom straff gespannten Drahtseil geleitet über gestufte, zunehmend steilere Felsen nach oben; wo Griffe spärlich werden, sind vereinzelt Eisenstifte angebracht. Wer Probleme hat, kann im Kar unter dem Exnerturm (2586 m) auskneifen und auf einer Zickzackspur zur Pisciadùhütte hinaufsteigen. Halbrechts leitet die Ferrata, mit Drahtseilen, Eisenbügeln und einer kurzen Leiter gesichert, sehr steil und luftig aufwärts. Eine Linksquerung führt dann zum finalen Gag der Route, der berühmten (von der Grödner-Joch-Straße aus sichtbaren) Hängebrücke. Sie überspannt den tiefen Spalt im Rücken des Exnerturms; dahinter gewinnt man über ein paar leichte Felsstufen (Drahtseile) das große Terrassenband des Sellastocks. In weitem Linksbogen hinüber zur Pisciadùhütte (2585 m).

Abstieg:
Vom Schutzhaus mit rot-weißer Markierung zum Ansatzpunkt der Val Setùs, dann an soliden Drahtseilen über Felsen in den Geröllgraben. Im Zickzack auf deutlicher Spur hinunter zur Mündung und weiter bergab zum Parkplatz an der Grödner-Joch-Straße.

▲ Die berühmte Hängebrücke kurz vor dem Ende des »Pisciadù-Klettersteigs«.

— 72 —

Tour 43: Dolomiten/Sellagruppe

Piz Boè (3152 m), Lichtenfelser Steig
Auf gesichertem Steig zum höchsten Sella-Gipfel

Obwohl an einigen Stellen gesichert, ist der »Lichtenfelser Steig«, vor bald einem Jahrhundert angelegt, keine echte Ferrata. Aber er bietet packende Einblicke in die bizarre Felsarchitektur des Sellamassivs mit seinen Gräben und Karstplateaus. Und das Panorama des Piz Boè gilt als eines der schönsten in den Dolomiten, an ganz klaren Tagen mit Fernblicken bis zum Adamello und zu den Julischen Alpen.

Zustieg: Von der Liftstation Vallon (2537 m) auf breiter Spur kurz abwärts gegen den Vallonkessel, dann hinüber zu dem abgerundeten Buckel des Col de Stagn, auf dem weithin sichtbar die Kostner-Hütte (2500 m) thront.

Lichtenfelser Steig: Das Schutzhaus bleibt links oberhalb; nur wenig weiter zweigt der »Lichtenfelser Steig« ab, Markierung 672. Er gewinnt an der rechten Seite eines felsumstandenen Karwinkels rasch (Drahtseilsicherungen) die Höhe der Ponte (2781 m). Weiter auf deutlicher Spur unter den Pizes dl Valun hindurch gegen die Eisseespitze (Piz Lech Dlace, 3009 m). Im Geröll und über einen Schrofenhang auf den Gipfel, dann mit packenden Tiefblicken ins Mittagstal (Val de Mesdì) über die Cresta Strenta in die Forcella dai Ciamorces (3110 m). Hier stößt man auf den vom Rifugio Boè (2871 m) heraufkommenden Steig. Er leitet über den felsigen Nordgrat zum Piz Boè (3152 m) mit Hütte und ebenso großem wie hässlichem Reflektor.

Abstieg: Der mit viel Geröll garnierte Steig (Markierung 638) führt über den Südostgrat in die Ostflanke des Piz Boè und hinab zum Eissee (2833 m). Weiter nordöstlich gegen die abgeflachten Ponte (2779 m), dann rechts von ihnen auf Schutt durch den Graben der Gran Valacia hinunter zum Ringbandweg und zurück zur Kostner-Hütte bzw. zur Liftstation (2537 m). Wer dem Boèsee (2250 m) einen Besuch abstatten möchte, steigt zu Fuß auf steinigem Pfad ab zu dem stimmungsvollen Gewässer und weiter zum Crep de Munt (2198 m). Der Weg vermittelt allerdings nicht nur viel Aussicht, sondern auch die Einsicht, dass (Ski-)Pistenbauer nicht unbedingt Naturfreunde sind…

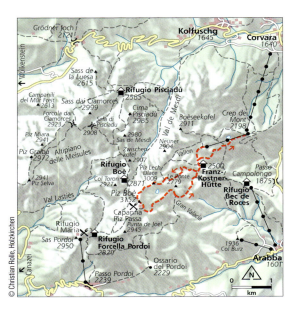

▲ Der Vallonkessel in seiner ganzen Pracht und mitten drin die Franz-Kostner-Hütte; ganz rechts der Boèseekofel, dann der Zehner und der Neuner.

Talort:	Corvara (1555 m), Ferienort im Hochabtei, 36 km von Bruneck
Ausgangspunkt:	Bergstation (2537 m) des Vallon-Sessellifts
Höhenunterschied:	650 Hm
Gesamtdauer:	4¼ Std. (↗ 2¾ Std., ↘ 1½ Std.)
Schwierigkeiten:	Für geübte Bergwanderer problemlos, Selbstsicherung nicht notwendig. Im Frühsommer vielfach Schneereste!
Öffentliche Verkehrsmittel:	Corvara hat gute Busverbindungen (SAD) mit Bruneck (Bahnstation) und dem Grödner Tal. Die Gondelbahn zum Crep de Munt (2198 m) und der anschließende Vallon-Sessellift sind Ende Juni bis Ende September von 8.30 bis 17.10 Uhr in Betrieb, außer im August ist jeweils Di. Ruhetag
Verkehrsamt:	Tourismusverband Alta Badia, Col-Alt-Straße 36, I-39033 Corvara; Tel. 0471/836176, Fax 836540, E-mail altabadia@dnet.it, Internet www.altabadia.org
Beste Jahreszeit:	Ende Juni bis Anfang Oktober
Ausrüstung:	Normale Bergwanderausrüstung, Teleskopstöcke
Karte:	Tabacco-Wanderkarte 1:25 000, Blatt 07 »Hochabtei – Livinallongo«
Führer:	»Hüslers Klettersteigführer Dolomiten«, Bruckmann Verlag, München
Hütten:	Franz-Kostner-Hütte (2500 m), bew. Ende Juni bis Anfang Oktober; Tel. 0368/277954. Capanna Piz Fassa (3152 m), bew. Anfang Juli bis Ende September; Tel. 0462/601723

Tour 44: Dolomiten/Sellagruppe

Piz Selva (2941 m), Pößnecker Klettersteig
Einer der ältesten Dolomiten-Klettersteige

Der »Pößnecker« gehört zu den Klassikern unter den Dolomiten-Klettersteigen, bis auf einen neuen 50-Meter-Einstieg seit bald einem Jahrhundert mehr oder weniger unverändert. Und er ist weit mehr als nur ein »Eisenweg«; wer die Überschreitung hinter sich gebracht hat, kennt die fürs Sellamassiv typischen Landschaftsformen: seine steilen Außenwände, das Riesendach und die tiefen Canyons.

Talort:	Wolkenstein (1566 m) im Grödner Tal, Canazei (1440 m) im Val di Fassa
Ausgangspunkt:	Sellajoch (2244 m), Straßenpass zwischen Gröden und Fassa, 11 km von Wolkenstein, 12 km von Canazei
Höhenunterschied:	700 Hm
Gesamtdauer:	6½ Std. (↗ 3½ Std., ↘ 3 Std.)
Schwierigkeiten	Anspruchsvolle, nicht übermäßig gesicherte Route, teilweise aber sehr exponiert. Vormittags lange im Schatten, manchmal vereist. Bei Schlechtwetter ist die Orientierung auf dem Hochplateau problematisch.
Öffentliche Verkehrsmittel:	Buslinie Gröden – Sellajoch – Canazei
Verkehrsamt:	Tourismusverband Gröden, Dursanstraße 78/bis, I-39047 St. Christina; Tel. 0471/79 22 77, Fax 79 22 35, E-mail info@val-gardena.com Internet www.val-gardena.com
Beste Jahreszeit:	Juli bis Ende September
Ausrüstung:	Komplette Klettersteigausrüstung, Steinschlaghelm
Karte:	Tabacco 1:25 000, Blatt 05 »Gröden – Seiseralm«. Freytag&Berndt 1:50 000, Blatt WKS 5 »Gröden – Sella – Marmolada«.
Führer:	»Hüslers Klettersteigführer Dolomiten«, Bruckmann Verlag, München
Hütten:	Am Weg keine; 30 Min. abseits liegt auf dem Sellaplateau die Boèhütte (2871 m), bew. 20. Juni bis Ende September; Tel. 04 71/84 73 03

Teilweise sehr luftig und ausgesetzt geht es am »Pößnecker« zur »Ferrata-Sache«.

Zustieg: Oben am Kulminationspunkt der Sellajochstraße, gleich neben dem kleinen Kiosk, gibt ein Schildchen die Richtung an: »Pößnecker Steig – Ferrata Meisules« (Mark. 649). Die deutliche Spur führt – in etwa die Höhe haltend – quer durch die Geröllhänge unter den Sellatürmen. Der Einstieg (Tafel, ca. 2280 m) befindet sich knapp unterhalb eines kleinen, der Wand vorgelagerten Felszackens.

Pößnecker Klettersteig: Am dicken, in kurzen Abständen verankerten Drahtseil klettert man über die erste 50-Meter-Steilstufe, ein paar Eisenstifte ergänzen dabei die natürlichen Tritte und Griffe. Weiter auf der Originalführe über leichtere Felsen in einen engen Kamin, durch den man sich an beiderseits gesetzten Haken hinaufarbeitet. Anschließend folgt der luftige Überstieg auf ein Leiterchen: hinaus in die Wand! Steil und sehr ausgesetzt, ein System von Rinnen und kurzen Kaminen nutzend, aufwärts zu einer schrofigen Mulde. Eine Geröllspur leitet in die Scharte (2726 m) im Rücken des Piz Ciavazes. Hier links und nochmals mit Sicherungen durch eine Schlucht zum Piz Selva (2941 m) am Rand des Sellaplateaus.

Abstieg: Vor dem Abstieg steht eine bei schönem Wetter ungewöhnlich genuss- und aussichtsreiche Überschreitung, knapp unter dem Plateauabbruch oder – das wird Gipfelsammler interessieren – auf dünner Spur über mehrere Randkuppen. Unter dem Sas de Mezdì (2955 m) stößt man auf den »Dolomiten-Höhenweg 2«; wenig weiter zweigt rechts der Abstieg ins Val Lastiès ab. Über seiner Mündung, am Pian del Siela (2283 m), gabelt sich der Weg; rechts geht's hinab und hinaus zur Sellastraße.

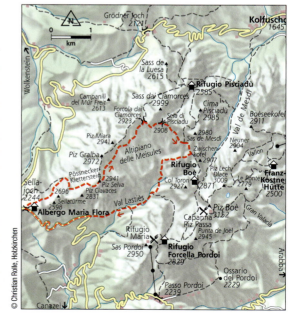

Tour 45: Dolomiten/Geislergruppe

Cirspitze V (2520 m), Klettersteig
Ideal für Einsteiger!

Eine ideale Route für Einsteiger, zwar nur verhältnismäßig kurz, aber mit durchaus alpinem Zuschnitt. Wer diese Route ohne Probleme meistert, darf sich als nächstes auch die »Ferrata Pisciadù« oder den »Masarè-Rotwand-Klettersteig« vornehmen. Und dann allmählich steigern, Tipps dazu finden sich mehr als genug in diesem Buch...

▲ Blick aus dem Cirspitz-Steig zurück zum Einstieg.

◄ Hochbetrieb am Klettersteig zur V. Cirspitze.

Zustieg: Vom Grödner Joch (2121 m) auf einem Sandsträßchen oder über den links davon verlaufenden Weg hinauf zur Liftstation Dantercëpies (2298 m); ein Schild weist hier zum Klettersteig (»Kleine Cirspitze«).

Klettersteig: Eine rot bezeichnete Spur leitet im Zickzack an dem grasigen Rücken bergan, dann über Schrofen zur Mündung einer steilen Rinne. In ihr hinauf und rechts zu einer Kanzel, wo die Sicherungen beginnen. Eine kurze Leiter hilft über den ersten Aufschwung hinweg, anschließend führen die Fixseile zum Fuß der Cir-Südwand. Steil und ziemlich ausgesetzt, aber mit komfortablen Tritten und Griffen am dicken Seil über das Kernstück der Route. Die anregende Kletterei mündet auf einen abgeflachten Rücken. Auf deutlicher Spur an den schroffen Gipfelfelsen heran; Drahtseile und zwei Eisenstifte helfen über die letzten, fast senkrechten zehn Höhenmeter auf den kleinräumigen Gipfel.

Abstieg: Über den Gipfelkopf herunter, dann mit Drahtseilsicherung links hinab in die Scharte zwischen der vierten und der fünften Cirspitze. Durch die Geröllschlucht abwärts, bis die Spur nach rechts führt. Aus der Klamm heraus und um ein felsiges Eck herum zum Anstiegsweg. Auf ihm zurück zum Grödner Joch.

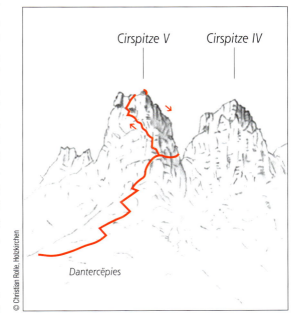

Talort:	Wolkenstein (1566 m) im Grödner Tal, Canazei (1440 m) im Val di Fassa
Ausgangspunkt:	Grödner Joch (2121 m), Straßenpass von Gröden ins Hochabtei. Im Sommer oft total verparkte Scheitelhöhe! Alternativ Seilbahnfahrt mit dem Dantercëpies-Lift, Bergstation (2298 m) über dem Grödner Joch
Höhenunterschied:	410 Hm
Gesamtdauer:	2½ Std. (↗ 1½ Std., ↘ 1 Std.)
Schwierigkeiten:	»Übungsferrata«, sehr gut, aber keineswegs üppig gesichert, Drahtseile (angenehm dick) erst jüngst erneuert. Vorsicht, am Abstiegsweg keine Steine lostreten!
Öffentliche Verkehrsmittel:	Gute Busverbindungen zwischen dem Grödner Tal und dem Hochabtei. Die Dantercëpies-Bahn verkehrt von Ende Juni bis Ende September von 8.30 – 12.30, von 13.30 – 17.30 Uhr
Verkehrsamt:	Tourismusverband Gröden, Dursanstraße 78/bis, I-39047 St. Christina; Tel. 0471/79 22 77, Fax 79 22 35, E-mail info@val-gardena.com Internet www.val-gardena.com
Beste Jahreszeit:	Juni bis Mitte Oktober
Ausrüstung:	komplette Klettersteigausrüstung, Steinschlaghelm
Karte:	Tabacco 1:25 000, Blatt 05 »Gröden – Seiseralm«.
Führer:	»Hüslers Klettersteigführer Dolomiten«, Bruckmann Verlag, München
Hütten:	keine

Tour 46: Dolomiten/Geislergruppe

Wälscher Ring, 2646 m, Günther-Messner-Steig
Beschaulich vor großer Kulisse

Lange Höhenwanderung über dem Villnößtal. Tolle Aussicht, im Frühsommer an den Flanken der Aferer Geisler üppige Dolomitenflora. Etwas Ausdauer erforderlich. Lohnend die Kombination mit einer Besteigung des Peitlerkofels (2873 m; gesicherter Anstieg, vom »Günther-Messner-Steig« zusätzlich etwa 3½ Std.) möglich (mit Übernachtung auf der Schlüterhütte).

Talort:	St. Peter (1154 m) im Villnößtal
Ausgangspunkt:	Zanser Alm (1680 m) im innersten Villnößtal, etwa 20 km ab Klausen, mehrere Parkplätze
Höhenunterschied:	rund 1100 Hm
Gesamtdauer:	7¼ Std. (↗ 2 Std., Höhenweg 3½ Std., ↘ 1¾ Std.)
Schwierigkeiten:	Leichte gesicherte Route. Überwiegend Wegspur; wenn noch Schneereste liegen, kann die nordseitige Querung zum Gipfel des Wälscher Rings heikel sein.
Öffentliche Verkehrsmittel:	In der Hauptreisezeit fährt der Linienbus von Klausen/Brixen über St. Peter hinaus bis zur Zanser Alm; ab Mitte September Kleinbusdienst ab St. Peter (täglich um 9 Uhr, Rückfahrt 17 Uhr).
Verkehrsamt:	Tourismusverein Villnöß, St. Peter 11, I-39040 Villnöß; Tel. 0472/840180, Fax 841515.
Beste Jahreszeit:	Ende Juni bis Mitte Oktober
Ausrüstung:	Klettersteigausrüstung für Geübte nicht notwendig, Teleskopstöcke.
Karte:	Mapgraphic 1:25 000, Blatt 12 »Brixen und Umgebung«. Freytag & Berndt 1:50 000, Blatt WKS 5 »Gröden – Sella – Marmolada«
Führer:	»Hüslers Klettersteigführer Dolomiten«, Bruckmann Verlag, München
Hütten:	Schlüterhütte (2297 m), bew. Juni bis Oktober; Tel. 0472/840132. Gampenalm (2062 m), bew. Juni bis Anfang November; Tel. 0472/840001

▲ Die »großen« Geislerspitzen im Abendlicht, von der Zanser Alm aus gesehen.

Zustieg: Vom Parkplatz über den Caserilbach und auf Weg taleinwärts zur Abzweigung der »Herrensteige«. Am Rand einer Geröllreise steil bergan, dann (Weggabelung) auf dem »Oberen Herrensteig« durch die Südflanke der Aferer Geisler hinauf zu den Kofelwiesen (2200 m).

Günther-Messner-Steig: Mit der Markierung »GM« durch Tälchen aufwärts gegen die Gratzacken der Weißlahnspitzen. Eine Gratsenke wird tangiert, dann an einer Mulde vorbei und im Geröll bergan gegen den Felsbau des Tullen (2653 m; Abstecher, 20 Min.). Drahtseile erleichtern den Durchstieg einer felsigen Rinne; über einen Wiesenhang zum Grat. In der Nordflanke kurz bergab, dann mit Drahtseilhilfe über gestufte Felsen schräg zum Gipfel des Wälscher Rings (2646 m). Vom höchsten Punkt zunächst steil über die Südflanke abwärts, dann durch enge Rinne (Drahtseil) auf einen Wiesenhang. Links in eine Gratsenke und nochmals kurz aufwärts zu einer Scharte (2580 m; schöner Rastplatz). Danach rund 150 Höhenmeter absteigen und an den Südhängen der Ringspitzen (2625 m) wieder zum Kamm ansteigen. An Eisenleiter über einen senkrechten Grataufschwung. Durch eine Scharte und der Wegspur abwärts folgen, unter überhängenden Felsen hindurch zu einer Graskuppe mit schönem Blick zum Peitlerkofel. Zuletzt über Wiesen hinunter zum Querweg, der die Peitlerscharte mit dem Kreuzkofeljoch (2340 m) verbindet.

Abstieg: Knapp unterhalb der Senke zur Schlüterhütte (2297 m). Weiter hinab zur Gampenalm (2062 m) und über die Gampenwiesen hinunter zum Caserilbach, wo man auf den Anstiegsweg stößt. Auf ihm zurück zur Zanser Alm.

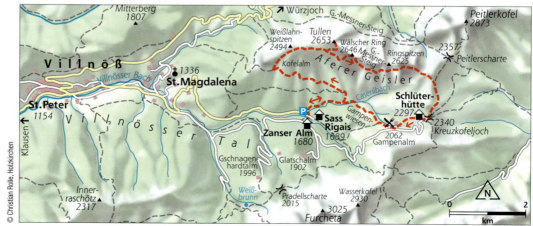

Tour 47: Dolomiten/Geislergruppe

Sas Rigais (3025 m), Überschreitung
Auf den höchsten Gipfel der Geislergruppe

Der Sas Rigais gehört zu den beliebtesten Gipfelzielen über dem Grödner Tal und ist gleichzeitig der höchste Berg der Geislergruppe. Auf der Cislesalm trifft man – vor allem im Frühjahr – auf eine üppige Flora, vom Gipfel präsentiert sich ein Riesenpanorama: nach Norden zum Zentralalpenkamm, nach allen anderen Himmelsrichtungen in die diversen Dolomitengruppen.

Ostanstieg: Vom Col Raiser (2107 m) leicht abwärts zur Regensburger Hütte (2037 m). Hier links (Wegzeiger) und über die Wiesen der Cislesalm bergan zur Wegspinne von Plan Ciautier (2263 m). Geradeaus führt eine Spur in die Mittagsschlucht, rechts am Felsfuß ins Val Salieres. Durch das Hochkar aufwärts, zuletzt im Geröll und über Schneereste in die zwischen Sas Rigais und Furcheta eingelagerte Forcella Salieres (2696 m). Aus der Senke links auf einen Rücken. An Drahtseilen schräg hinauf zu einer felsigen Schulter, dahinter kurz abwärts in einen schmalen Spalt. Jenseits an Eisenstiften sehr steil diagonal über einen fast senkrechten Felsaufschwung. Dass in diesem Schattenwinkel noch vor ein paar Jahren Schnee lag, merkt man an dem viel zu hoch angebrachten Drahtseil! Weiter fast durchgehend seilgesichert, aber wenig schwierig durch eine Rinne aufwärts in die Ostflanke und zum Gipfel (3025 m).

Abstieg: Am teilweise ziemlich luftigen Südostgrat abwärts, dann über leichte Felsen rechtshaltend in die weite, südwestseitige Karmulde. Auf ordentlichem Weglein zum Abbruch über der Mittagsschlucht. Nun gesichert (Seile, kurze Brücke) in gestuftem Gelände hinunter zu einer steilen 20-Meter-Wand, über die man an wenig verlässlichen Seilen in einen Seitengraben der Klamm absteigt. Unter Überhängen etwas heikel (Drahtseile) weiter bergab, dann im Geröll zwischen Felstrümmern zur Klammmündung. Hier weisen gelbe Markierungen (Hinweis »Col Raiser«) rechts auf ein Felseck. Kurz aufwärts, dann in längerer Querung unter der Gran Odla westlich ins Almgelände von Cisles. Auf markierten Wegen zurück zum Col Raiser.

Gewaltige Aussicht vom Sas Rigais: links Tofana und Antelao, in der Mitte Monte Pelmo, rechts das Civetta-Massiv.

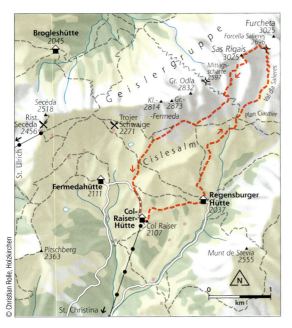

Talort:	St. Christina (1428 m) im Grödner Tal
Ausgangspunkt:	Bergstation des Col-Raiser-Gondellifts (2107 m)
Höhenunterschied:	1000 Hm
Gesamtdauer:	6 Std. (↗ 3 ¾ Std., ↘ 2 ¼ Std.)
Schwierigkeiten:	Mäßig schwierige Überschreitung auf Klettersteigen, für weniger Geübte Selbstsicherung unbedingt ratsam! Die verlotterten Sicherungen am Abstieg sollten dringend saniert werden (Stand Herbst 2000)
Öffentliche Verkehrsmittel:	Ins Grödner Tal fahren aus dem Eisacktal (Klausen, Bozen) regelmäßig Linienbusse. Die Gondelbahn von St. Christina zum Col Raiser ist vom 10. Juni bis Anfang Oktober täglich 8 bis 17 Uhr in Betrieb
Verkehrsamt:	Chemun-Straße 9, I-39047 St. Christina; Tel. 0471/793046, Fax 793198. E-Mail info@val-gardena.com
Beste Jahreszeit:	Juli bis Anfang Oktober
Ausrüstung:	Klettersteig-Ausrüstung, Steinschlaghelm
Karte:	Tabacco-Wanderkarte 1:25 000, Blatt 05 »Gröden/Seiseralm«
Führer:	»Hüslers Klettersteigführer Dolomiten«, Bruckmann Verlag, München
Hütten:	Col-Raiser-Berghaus an der Liftstation, bew. Mitte Juni bis Anfang Oktober; Tel. 0471/79 63 02. Regensburger Hütte (Geislerhütte, 2037 m), bew. Anfang Juni bis Mitte Oktober; Tel. 0471/79 63 07

◄ Der faszinierende Blick vom Sas Rigais zum Alpenhauptkamm.

Tour 48: Dolomiten/Rosengartengruppe

Santnerpass-Klettersteig (2745 m)
Ein Eisenweg in Köng Laurins Felsenreich

Diese Tour über den Santnerpass gehört zu den Klassikern im Rosengarten; einmalig der Blick aus dem Gartl zu den Vajolettürmen. Der Rückweg übers Tschager Joch bietet dann nochmals eine Fülle schönster Dolomitenbilder, Fernsicht bis zur Marmolada, zum Costabella-Kamm, zu den Monzoni, zur Valacia und in die Pala: lauter lohnende Klettersteigreviere!

Talort:	Tiers (1019 m), kleiner Ferienort 20 km von Bozen
Ausgangspunkt:	Rosengartenhütte (2339 m) an der Bergstation des Sessellifts Laurin II. Die Bahn ist von Ende Mai bis Mitte Oktober in Betrieb, täglich ab 8.30 und bis 17.30 Uhr
Höhenunterschied:	850 Hm
Gesamtdauer:	5¼ Std.
Schwierigkeiten:	Mäßig schwieriger Klettersteig, nur sparsam gesichert. Einige Passagen müssen frei geklettert werden (I bis II); bei Nässe können die von vier Bergsteigergenerationen glatt polierten Felsen zum Problem werden.
Öffentliche Verkehrsmittel:	Im Sommer verkehrt ein Wanderbus zwischen Tiers und der »Rosengartenstraße«, Abfahrt in Tiers um 9 Uhr, am Karerpass um 17 Uhr
Verkehrsamt:	I-39050 Tiers, St.-Georg-Straße 38; Tel. 04 71/64 21 27, Fax 64 20 05
Beste Jahreszeit:	Ende Juni bis Anfang Oktober
Ausrüstung:	Klettersteigausrüstung, Steinschlaghelm
Karte:	Tabacco-Wanderkarte 1:25 000, Blatt 029 »Schlern – Rosengarten – Latemar – Regglberg«.
Führer:	»Hüslers Klettersteigführer Dolomiten«, Bruckmann Verlag, München
Hütten:	Rosengartenhütte (2339 m), bew. Ende Juni bis Mitte Oktober. Santnerpasshütte (2734 m), bew. Anfang Juli bis Ende September.

▲ Die Vajolettürme, Wahrzeichen des Rosengartens.

▶ Das sog. »Eiscouloir« unter dem Santnerpass.

Santnerpass-Klettersteig: Hinter der Rosengartenhütte führt der markierte Steig über einen steilen Felsriegel (Drahtseile) auf die mächtige Geröllterrasse. Bei Weggabel links und der Spur folgen, die ohne Höhengewinn auf die Westabstürze der Rosengartenspitze zuläuft. Die Route steigt zunächst, da und dort gesichert, über leichte Felsen und Bänder an, dann beginnt das »Schartenkraxeln«. Die Auf- und (kurzen) Zwischenabstiege sind nur teilweise gesichert, der Fels glatt poliert. Über einen senkrechten Aufschwung hilft eine Eisenleiter hinweg. An Drahtseilen steigt man in das »Eiscouloir« ab, wo ein Seil zwischen die Felsen gespannt ist. Gut gesichert über ein Wandl aufwärts, dann links um ein Eck herum und durch einen steilen Riss zum Ausstieg am Santnerpass (2745 m), 2 Std.

Abstieg: Von der flachen Schulter unter der Rosengartenspitze (2981 m) auf einer breiten Geröllspur, vorbei an der Santnerpasshütte (2734 m), hinunter ins Gartl. Weiter über leichte Felsen und Schrofen (Drahtseile) bergab zur Vajolethütte (2243 m). Rechts auf dem Fahrweg noch ein Stück abwärts bis zur Abzweigung zum Tschagerjoch (Hinweis). Über felsdurchsetzte Wiesen hinauf zu einer Weggabelung (2416 m), dann steil bergan in das Geröllkar unter dem Joch. An seinem rechten Rand über leichte Felsen ins Tschagerjoch (2630 m). Jenseits in steilem Zickzack durch eine Schuttrinne hinab, am Felsfuß rechts und schräg abwärts zu der Verzweigung oberhalb der Rosengartenhütte. Auf dem Hinweg über die Felsrampe hinunter zum Schutzhaus bzw. zum Sessellift.

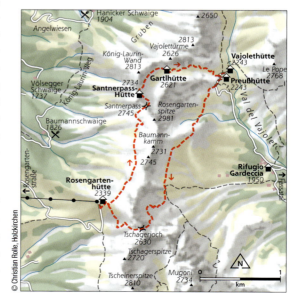

— 78 —

Tour 49: Dolomiten/Rosengartengruppe

Rotwand (2806 m), Via ferrata Masarè
Ein Genuss-Klettersteig im Rosengarten

Recht langer, weitgehend in Grat- und Kammregionen verlaufender, bestens gesicherter Klettersteig. Faszinierende Felskulisse, in Begleitung eines erfahrenen »Ferratista« auch für weniger Geübte möglich. Vom Gipfel der Rotwand herrliches Dolomitenpanorama, nach Westen Fernblicke bis zum Ortler und in die Adamellogruppe.

Zustieg: Von der Liftstation beim Rifugio Paolina (2125 m) auf aussichtsreichem Höhenweg zum Cristomannos-Denkmal (2349 m) und in weitem Bogen unter der Punta Masarè fast eben zur Rotwandhütte (2280 m). Vom Schutzhaus (Tafeln) auf markiertem Weglein, zuletzt über Schrofen, zur Punta Masarè (2585 m).

Masarè-Rotwand-Klettersteig: Den Drahtseilen folgend zunächst leicht bergab, um einen ersten Gratturm herum und anschließend aufwärts gegen eine Scharte. Links durch eine Steilrinne auf eine exponierte Felsschulter und leicht zum Torre II. Dahinter am Kamm durch einen Felsspalt und an Eisenstiften in einem senkrechten Kamin hinunter in einen schmalen Grateinschnitt. Schräg ansteigend durch die Ostflanke auf den Tor de le Stries (2607 m), dann gleich wieder abwärts auf ein Band und in die nächste Scharte. Luftig aus dem Felswinkel heraus und den Drahtseilen folgend über die gestufte Wand abwärts zu einer Geröllrinne. Man quert sie und folgt der Spur über einen Grashang zur Verzweigung unter dem Fensterlturm (2670 m). Rechts Zwischenabstieg durch einen knapp meterbreiten Spalt (Drahtseile, Leiter) zur Rotwandhütte.

Zur Rotwand geht's hinter dem Fensterlturm bergan zur Gratkante, wo man unvermittelt vor einem senkrechten Abbruch steht. Luftig an guten Sicherungen schräg hinunter in eine Rinne (Zustieg von der Rotwandhütte). Links aufwärts ins Blötzerjoch und, nur teilweise gesichert, auf die Südabdachung der Rotwand (2806 m) und zum Gipfelkreuz.

Nordseitig über harmlose Felsstufen (Drahtseile) hinab in den Vajolonpass (2560 m).

Abstieg: Aus der Scharte im Geröll auf der markierten Spur westseitig abwärts zum »Hirzelweg« und links zurück zur Paolinahütte.

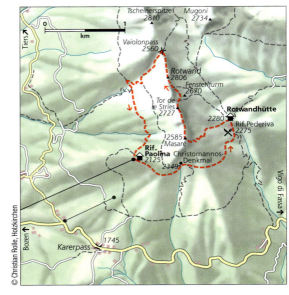

▲ Der »Masarè-Klettersteig«, eine Genussroute auf die Rotwand hoch über dem Karerpass.

Talort:	Welschnofen (1158 m), Ferienort im obersten Eggental, an der Straße von Bozen zum Karerpass
Ausgangspunkt:	Rifugio Paolina (2125 m), Bergstation des Rosengarten-Sessellifts. Talstation an der Karerpassstraße, 2 km unterhalb der Scheitelhöhe. Alternativ kommt auch der Karerpass (1745 m) als Ausgangspunkt in Frage; die Gehzeit erhöht sich dadurch um gut 1 Std.
Höhenunterschied:	900 Hm (inkl. Gegensteigung)
Gesamtdauer:	6 Std. (Klettersteig 3 Std.)
Schwierigkeiten:	Nur mäßig schwierige, mit Fixseilen und Eisenstiften gesicherte Route. Zwischenabstieg beim Fensterlturm; man kann alternativ auch von der Rotwandhütte direkt zur Rotwand aufsteigen (leicht).
Öffentliche Verkehrsmittel:	Busverbindung Bozen - Karerpass - Fassatal. Der Rosengartenlift verkehrt Juni bis Oktober von 8 – 12.15 und von 13.30 – 18 Uhr.
Verkehrsamt:	I-39056 Welschnofen; Tel. 0471/61 31 26, Fax 31 33 60, E-Mail info@welschnofen.com, Internet www.welschnofen.com
Beste Jahreszeit:	Ende Juni bis Anfang Oktober
Ausrüstung:	Klettersteigausrüstung, Steinschlaghelm
Karte:	Tabacco 1:2 000, Blatt 06 »Fassatal«.
Führer:	»Hüslers Klettersteigführer Dolomiten«, Bruckmann Verlag, München
Hütten:	Paolinahütte (2125 m), bew. Juni bis Oktober; Tel. 0471/61 20 08. Rotwandhütte (Rif. Roda de Vaèl, 2280 m), bew. Mitte Juni bis Ende September; Tel. 0462/60 44 50. Rifugio Pederiva (2275 m), bew. Anfang Juni bis Ende Oktober; Tel. 0339/6 78 20 18.

Tour 50: Dolomiten/Fassaner Dolomiten

Col Ombert (2670 m), Kaiserjägersteig
Extremer Eisenweg im Schatten der Marmolada

Die jüngste Ferrata in den Dolomiten folgt weitgehend einem ehemaligen Frontsteig aus dem Ersten Weltkrieg. Der »Kaiserjäger« beginnt extrem steil und anstrengend, weist dann hoch in der Wand noch einige sehr luftige Passagen auf, ehe man die packende Rundschau genießen darf. Einziger, aber erheblicher Schönheitsfehler: die extreme Steinschlaggefahr auf den ersten fünfzig Höhenmeter!

Talort:	Pozza di Fassa (1313 m)
Ausgangspunkt:	Parkplatz Sauch (1738 m) im Val di San Nicolò, 6 km von Pozza di Fassa
Höhenunterschied:	rund 1050 Hm
Gesamtdauer:	5 ¾ Std. (↗ 3 ½ Std., ↘ 2 ¼ Std.)
Schwierigkeiten:	Sehr schwierige Ferrata, neben ein paar Antiquitäten (alte Eisenstäbe, Seilreste) nur mit dickem Drahtseil gesichert. Erste 30 Meter reine Bizeps- und Stemmarbeit, dann etwas leichter. Einstiegsrinne extrem durch Steinschlag gefährdet (Helm!); am besten nur starten, wenn niemand im oberen Wandteil unterwegs ist.
Öffentliche Verkehrsmittel:	Pozza di Fassa hat gute Busverbindung mit Bozen; im Sommer verkehren Kleinbusse von Pozza ins Val di San Nicolò.
Verkehrsamt:	APT Val di Fassa, I-38036 Pozza di Fassa, Tel. 04 62/76 41 36, Fax 76 37 17
Beste Jahreszeit:	Ende Juni bis Mitte Oktober
Ausrüstung:	Klettersteigausrüstung, Steinschlaghelm
Karte:	Tabacco-Wanderkarte 1:25 000, Blatt 06 »Val di Fassa e Dolomiti Fassane«
Führer:	»Hüslers Klettersteigführer Dolomiten«, Bruckmann Verlag, München
Hütten:	Rifugio Passo di San Nicolò (2340 m), bew. Mitte Juni bis Ende September; Tel. 04 62/76 32 69

▲ Der »Kaiserjägersteig« zum Col Ombert ist die neueste Ferrata in den Dolomiten.

Zustieg: Vom gebührenpflichtigen Parkplatz auf dem Talsträßchen oder (schattiger) auf Waldwegen erst rechts, dann links des Bachs zur Baita alle Cascate (2011 m). Nun zunehmend steiler auf gutem Pfad in einer weit ausholenden Schleife, zuletzt über einen Steilhang (Seilgeländer), in den Passo di San Nicolò (2340 m). Hinter der gleichnamigen Hütte kurz links, dann über den begrünten, nach oben hin schrofigen Vorbau zum Einstieg (große Tafel) am Fuß der Nordwand.

Kaiserjägersteig: Am straffen Drahtseil rechts auf einen Felsvorsprung, dann in die tiefe Steilrinne. Anstrengend und mit kräftigem Armzug am senkrechten, kurz auch leicht überhängenden Fels aufwärts, dann nach rechts aus dem Kamin und weniger steil weiter bergan. Keine Steine ablassen! Eine senkrechte Wandstufe mit guten Tritten leitet auf ein schmales, extrem ausgesetztes Band, etwa 130 Meter über dem Einstieg. Nach einer weiteren Querung gelangt man über eine letzte Steilstufe in leichteres Gelände. Zuletzt auf Steigspuren zum Gipfelkreuz.

Abstieg: Kurz am Grat in eine winzige Scharte, dann auf einem alten Kriegssteig in Serpentinen hinunter in das ostseitige Kar zum CAI-Weg 609. Rechts hinauf (gut 100 Höhenmeter) zum Passo Paschè (2498 m) und im Vorgelände des Col Ombert unter Felsabbrüchen hinab ins Val di San Nicolò. Bei der Baita alle Cascate (2011 m) stößt man auf den Anstiegsweg. Auf ihm zurück zum Parkplatz.

Tour 51: Dolomiten/Monzonikamm

Spiz di Tariciogn (2647 m), Alta via Federspiel
Eine große Runde über dem Monzonital

Mehr Aussichts- und Höhenwanderung als Klettersteig, aber gerade deshalb im Herbst besonders schön. Faszinierend die Gesteins- und Farbenvielfalt am Monzonikamm, der als Mineralienfundstätte seit Humboldts Zeiten berühmt ist. Im Sommer kann man dafür die herrliche Flora (u. a. viel Himmelsherold) genießen. Originell der Auftakt mit der Mini-Ferrata an der extrem engen Ortscharte.

Aufstieg: Von der Malga Crocifisso auf Straße ins Val dei Monzoni (Parkmöglichkeit nach 10 Min.), vorbei an Wasserfall zum Pont de Ciamp (1737 m). Hier über den Bach und auf Weg in Kehren am Hang aufwärts zur Forcela dal Pieif (2186 m). 50 Meter hinter der Scharte rechts ab (Wegzeiger) und aufwärts zu Schulter, dann quer über Schutthang in das zwischen der Pala di Carpella und der Ponta del'Ort (2689 m) eingelagerte Geröllkar. Erst flach, dann steiler, zuletzt mühsam hinauf zum Felsfuß. An neuen Drahtseilen über gestufte Felsen in die enge Scharte der Forcela del'Ort (2480 m). Jenseits über Geröll kurz abwärts, dann hinüber zum Passo delle Selle (2528 m).

Alta via Bruno Federspiel: Auf Höhenweg (roter Stern, Nr. 616) zunächst aufwärts zur Punta delle Selle (2593 m), dann mehr oder weniger am Grat entlang zur Punta d'Allochèt (2582 m). Dahinter leicht abwärts und in die Nordflanke der Tariciogn. An neuen Drahtseilen

Am Zustieg zur »Alta via Federspiel«: die Forcela del'Ort.

die blockige Felsflanke queren; eine einzige Passage verlangt dabei etwas kräftigeren Armzug. Wenig weiter links hinauf zum Grat und knapp südlich unter dem Spiz di Tariciogn (2647 m) hindurch zu Aussichtspunkt. Dann erst über Schrofen hinunter in die Forcela Ricoleta (2431 m), gleich dahinter über steilen Grashang auf den Spiz del Malinvern (2630 m). Nach erneutem Schrofenabstieg um die ersten Zacken der Pale Rabbiose links herum und wieder zum Grat hinauf. Über ein paar Mugel in leichtem Auf und Ab zur Costela (2529 m); Abstecher zur Valacia (2637 m) möglich (½ Std. hin und zurück)

Abstieg: Auf sandiger Unterlage abwärts, dann auf gutem Weg hinunter in die Gardeccia zum Rif. Vallaccia (2275 m) und auf breiter Spur bergab ins Val dei Monzoni. Auf der Straße, vorbei an der Baita Monzoni (1792 m), talauswärts und zurück zur Malga Crocifisso.

Talort:	Pozza di Fassa (1313 m) im Fassatal, an der »Großen Dolomitenstraße«
Ausgangspunkt:	Malga Crocifisso (1526 m) im Val di San Nicolò, 4 km von Pozza, Parkplatz
Höhenunterschied:	1500 Hm (inkl. Gegensteigungen)
Gesamtdauer:	8½ Std. (↗ 3¼ Std., Höhenweg 3¼ Std., ↘ 2 Std.)
Schwierigkeiten:	Nur kürzere, wenig anspruchsvolle Klettersteigpassagen. Kondition ist an der langen, mit viel Auf und Ab gewürzten Kammroute ungleich wichtiger als ein dicker Bizeps. Die Querung der Grashänge unter den Rabbiose-Türmen kann bei Nässe heikel sein.
Öffentliche Verkehrsmittel:	Pozza di Fassa hat gute Busverbindungen, u.a. mit Bozen und Canazei. Während der Sommersaison Pendelbus zwischen Pozza und dem Val dei Monzoni; Infos beim Tourismusbüro.
Verkehrsamt:	Ufficio Turistico »Centro Fassa«, I-38036 Pozza di Fassa; Tel. 04 62/76 41 36
Beste Jahreszeit:	Sommer und Herbst
Ausrüstung:	Normale Wanderausrüstung, evtl. Klettersteigset
Karte:	Tabacco 1:25 000, Blatt 06 »Val di Fassa e Dolomiti Fassane«.
Führer:	»Hüslers Klettersteigführer Dolomiten«, Bruckmann Verlag, München.
Hütten:	Rif. Passo delle Selle (2530 m), bew. 10. Juli bis 10. Sept.; Tel. 04 62/57 30 88. Rif. Vallaccia (2275 m), bew. Anfang Juli bis Mitte Sept.; Tel. 04 62/76 49 22. Baita Monzoni (1792 m), bew. 20. Juni bis 20. Sept.

— 81 —

Tour 52: Dolomiten/Palagruppe

Bivacco Bedin (2210 m), Sentiero Miola
Auf gesichertem Steig zum »schönsten Biwak der Welt«

Etwas für Liebhaber abenteuerlicher Wege abseits aller Renommierziele. Phantastische Dolomitenkulisse, dazu Blumen, Blumen und nochmals Blumen. Sehr zu empfehlen ist eine Übernachtung im Biwak, fantastische Aussichts durchs Panoramafenster, Sonnenuntergang und Blick in die Milchstraße inklusve. Übrigens: Die noch in einigen Karten herumgeisternde »Ferrata Miola« über den Monte San Lucano ist längst abgebaut!

Talort:	Taibon (618 m), Nachbarort von Ágordo
Ausgangspunkt:	Am westlichen Ortsende des Weilers Forno di Val (Fraktion von Taibon) am Eingang ins Valle di San Lucano
Höhenunterschied:	1600 Hm
Gesamtdauer:	9 ½ Std. (↗ 6 ½ Std., ↘ 3 Std.)
Schwierigkeiten:	Anstrengende Tour, raue Wege, eine steile gesicherte Passage; gute Kondition und Bergerfahrung unerläßlich. Wegmarkierungen erneuerungsbedürftig.
Öffentliche Verkehrsmittel:	Nach Taibon kommt man per Bus von der »Großen Dolomitenstraße« und von Belluno. Von Cencenighe, dem Endpunkt der Tour, mit dem Bus zurück nach Taibon.
Verkehrsamt:	APT, I-32021 Ágordo, Tel. 04 37/6 21 05, Fax 6 52 05
Beste Jahreszeit:	Sommer und Herbst
Ausrüstung:	Klettersteigausrüstung, Steinschlaghelm, Teleskopstöcke, evtl. Schlafsack
Karte:	Tabacco-Karte 1:25 000, Blatt 022 »Pale di San Martino«
Führer:	»Hüslers Klettersteigführer Dolomiten«, Bruckmann München
Hütten:	Bivacco Bedin (2210 m) auf dem Plateau der Pale di San Lucano, stets zugänglich, Wasser in der Nähe.

▲ Schlüsselstelle des »Sentiero Miola« ist ein steiler Felsaufschwung in der Besausega-Schlucht.

Sentiero Miola: Ein kleines Schild hinter den Häusern von Forno di Val weist zum »Sentiero Miola«. Er führt links an einem Steinbruch vorbei und in den Wald. Nun anhaltend sehr steil, aber teilweise schattig bergan. Unter den Felszacken der Punte Piloï (1416 m) passiert der Weg eine winzige Scharte; anschließend führt die dünne Spur an steilem Hang, mehrfach auf- und absteigend, in den wilden, steinigen Schlund des Valle della Besausega, zuletzt mit kurzem Abstieg in den Klammgrund (ca. 1360 m).

In der Schlucht (meistens bis in den Spätsommer Schnee) aufwärts, dann rechts an Fixseilen steil und anstrengend über eine Rampe auf einen Wiesenhang. Unter hohen Felsen nach rechts zu einer kleinen Talmulde am Col del Bus (1868 m) und an ihrem linken Rand aufwärts zur Scharte im Rücken des Corn del Bus. Über gestufte Felsen auf das Plateau und zum Biwak.

Abstieg: Auf schmalen, teilweise etwas ausgesetzten Bändern hoch über dem Schlund von Besausega fast eben hinüber in die Forcella della Besausega (2131 m). Sie wird lediglich tangiert; der gut markierte Weg führt unter den Felsen der Cime d'Ambrusogn (2365 m) hinab ins Valle del Torcol. Man passiert die verlassenen Almen von Ambrusogn (1700 m) und wandert talauswärts nach Pradimezzo (873 m). Auf der Straße hinunter nach Cencenighe (774 m).

Tour 53: Dolomiten/Palagruppe

Croda Granda (2849 m), Via ferrata Reali
Kurze Ferrata zu großem Palagipfel

Abwechslungsreicher, landschaftlich sehr schöner Anstieg auf einen Hauptgipfel der südlichen Pala. Von der Croda Granda, die mit ihren ausladenden Graten über den Tälern von Angheraz und Canali thront, genießt man ein großartiges Dolomiten-Panorama. Wegen der Länge der Tour Übernachtung im Rifugio Treviso ratsam; dann kann man sich vor der Abendessen auch gleich noch die knackige Hüttenferrata vornehmen.

(2702 m) und der Forcella Sprit eingelagerte Altipiano dei Foch zum nahen Bivacco Reali (2615 m). Hier kommt der massig-breite Klotz der Croda Granda ins Blickfeld. Vom Biwak hinunter in die Forcella Sprit (ca. 2550 m), dann mühsam aufwärts (spärliche Markierungen, Steinmännchen) gegen den Verbindungsgrat zwischen Ost- und Hauptgipfel und über ihn zum höchsten Punkt.

Abstieg: Wie Aufstieg oder alternativ durch die Vani Alti. Zunächst auf deutlicher Spur durch die schrofige Ostflanke der Cime di Vani Alti, vorbei am schauerlichen Schlund des Vallon di Sprit, dann mit freier Sicht auf den markanten Sasso d'Ortiga (2634 m) abwärts in die Forcella dei Vani Alti (2529 m). Nun über schmale, ziemlich ausgesetzte Bänder (I und II, Haken, kein Klettersteig!) vorsichtig hinab in einen felsumstandenen Karwinkel und auf schmalem Weg durch die Vani Alta zurück zum Anstiegsweg.

Aufstieg: Vom Parkplatz unterhalb der Malga Canali auf dem Sandsträßchen ein Stück taleinwärts, dann rechts im Zickzack über den bewaldeten Hang hinauf zum Rifugio Treviso. Weiter an der Ostflanke des Val Canali mit zunehmend freierer Sicht auf die faszinierende Felskulisse in die weite Karmulde unter dem Passo Canali. Hier rechts (Hinweis) durch den steinigen Vallon del Coro aufwärts. Oberhalb eines markanten Felsvorbaus, der rechts umgangen wird, beginnt die »Ferrata Reali« (Einstieg bei ca. 2400 m). Sie verläuft neben einer engen Schlucht, die von der Forcella del Marmor herabzieht. Die steinschlaggefährdete Steilrinne wird aber nur kurz berührt und erst zuletzt, unmittelbar vor der Ausstiegswand, am Drahtseil zur Forcella del Marmor (2570 m) gequert. Nun über das kleine, zwischen den Cime del Marmor

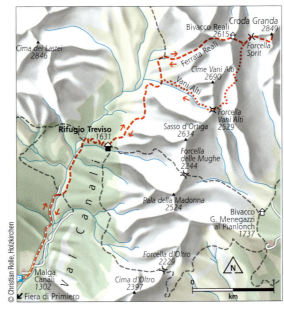

Talort:	Fiera di Primiero (713 m)
Ausgangspunkt:	Malga Canali (1302 m) im Val Canali; von Fiera di Primiero 8,5 km ins Canalital, Wanderparkplatz
Höhenunterschied:	1700 Hm
Gesamtdauer:	8½ Std. (↗ 5¼ Std., ↘ 3¼ Std.)
Schwierigkeiten:	Mäßig schwierige, gut gesicherte Ferrata; alternativer Abstieg durch die Vani Alti mit leichten Kletterstellen (I bis II); gute Kondition unerläßlich.
Öffentliche Verkehrsmittel:	Fiera di Primiero erreicht man aus dem Fleimstal/Fassatal (Predazzo) über den Passo Rolle (1972 m) mit dem Linienbus.
Verkehrsamt:	APT, I-38054 Fiera di Primiero, Tel. 04 39/6 24 07
Beste Jahreszeit:	Ende Juni bis Mitte Oktober
Ausrüstung:	Für weniger Geübte komplette Klettersteigausrüstung, auf jeden Fall Helm!
Karte:	Freytag & Berndt-Wanderkarte 1:50 000, WSK15 »Pale di San Martino – Ágordo – Belluno«
Führer:	»Hüslers Klettersteigführer Dolomiten«, Bruckmann, München
Hütten:	Rifugio Treviso (1631 m), bew. Anfang Juni bis Anfang Oktober, Tel. 04 39/6 23 11. An der Forcella del Marmor steht das Bivacco Reali (2615 m), immer offen.

▲ Unterwegs auf der durchwegs gut gesicherten »Via ferrata Reali« zum Gipfel der Croda Granda.

— 83 —

Tour 54: Dolomiten/Palagruppe

Via ferrata Bolver-Lugli
Schöner geht's nicht mehr!

Einer der schönsten Klettersteige der Dolomiten, ungesichert eine Route im III. Schwierigkeitsgrad. Grandios die Kulisse, auch beim Abstieg zum Altipiano delle Pale di San Martino. Wer über etwas Kletterfertigkeit verfügt, kann die gesamte Ferrata »frei« gehen, also mit dem Drahtseil bloß als Sicherung.

Talort:	San Martino di Castrozza (1466 m), Ferienort im Cismòntal.
Ausgangspunkt:	Liftstation Col Verde (1965 m), Talstation am Ortsrand von San Martino di Castrozza..
Höhenunterschied:	↗1150 m, ↘1650 m
Gesamtdauer:	7½ Std. (↗4¼ Std., ↘3¼ Std.)
Schwierigkeiten:	Anspruchsvolle, aber nicht extreme Ferrata: lang, steil und nur mit (jüngst erneuerten) Drahtseilen ausgestattet. Die Länge der Tour nicht unterschätzen, vor allem, wenn man den Gipfelabstecher zur Cima della Vezzana (3192 m) anhängt (plus 1 Std.). Für den Abstieg durch die Valle dei Cantoni evtl. Steigeisen.
Öffentliche Verkehrsmittel:	San Martino hat Busverbindungen mit Bozen und den Ortschaften in den Tälern von Fiemme und Fassa.
Verkehrsamt:	APT San Martino di Castrozza e Primiero, Via Passo Rolle 165, I-38058 San Martino di Castrozza; Tel. 0439/76 88 67, Fax 76 88 14, E-Mail info@sanmartino.com, Internet www.sanmartino.com
Beste Jahreszeit:	Juli bis Anfang Oktober
Ausrüstung:	Klettersteigausrüstung, Helm.
Karte:	Tabacco-Wanderkarte 1:25 000, Blatt 022 »Pale di San Martino«
Führer:	»Hüslers Klettersteigführer Dolomiten«, Bruckmann, München.
Hütten:	Rif. Rosetta (2581 m), bew. Mitte Juni bis Ende September; Tel. 0439/6 83 08. Bivacco Fiamme Gialle (3005 m), Notunterkunft, stets zugänglich.

Fast eine richtige Kletterroute: die sparsam gesicherte »Via Ferrata Bolver-Lugli«.

Zustieg: Von der Liftstation Col Verde (1965 m) mit rot-weißen Markierungen über steinige Wiesen hinauf zu dem markanten Wandvorbau am Fuß der Croda della Pala.

Via ferrata Bolver-Lugli: Eine Tafel (ca. 2280 m) markiert den Einstieg, aber noch nicht den Beginn der gesicherten Route. Über den mächtigen Schrofenvorbau führen rote Markierungen; erst gut 200 Meter höher zeigt die »Bolver-Lugli« dann ihre Klasse. Die in kurzen Abständen verankerten Drahtseile leiten in dem festen, griffigen Schlerndolomit nach oben, teilweise nahe der Senkrechten, laufen durch Verschneidungen, über Rinnen und Absätze. Ein solider Haken (der einzige!) erleichtert den Überstieg aus einer winzigen Scharte; kurz darauf folgt eine etwas knifflige Steilrinne. Dann lehnt sich die Wand allmählich etwas zurück, Steigung und Exposition nehmen ab, und bei ein paar bizarren Gratzacken läuft die Route aus. Eine deutliche Wegspur zieht am Rand der obersten Valle dei Cantoni hinüber zur roten Biwakschachtel Fiamme Gialle (3005 m).

Abstieg: Zunächst im Geröll leicht abwärts in den Passo del Travignolo (2925 m), wo sich ein packender Tiefblick auf den arg geschrumpften, gleichnamigen Gletscher auftut. Aus der Scharte rechts und, von guten Markierungen geleitet, durch den steinigen Graben des Cantonitals abwärts. Nicht abrutschen, auch wenn Altschnee dazu verführt (Warntafel)! Ein felsiger Abbruch wird am rechten Rand umgangen (Drahtseil), dann leitet die Spur, kräftig ansteigend, aus dem Canalone heraus in den Passo Bettega (2667 m). Rechts um die Cima Corona herum zum Rifugio Rosetta (2581 m), dann auf dem schön angelegten, von der Erosion aber ziemlich gezeichneten Serpentinenweg hinunter zum Col Verde (1985 m) und zurück nach San Martino di Castrozza.

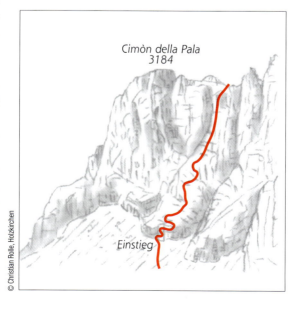

Tour 55: Dolomiten/Palagruppe

Sentiero del Cacciatore/Sentiero Buzzati
Mehr als nur Eisen am »Jägersteig«

Wer als Klettersteigler nicht bloß aufs Eisen schaut, sondern auch das Natur- und Bergerlebnis sucht, kommt bei dieser Runde voll auf seine Kosten. Pala pur bietet der Aufstieg über den »Jägersteig«, ein paar pfiffige Passagen der Abstieg über den »Sentiero Buzzati«. Letzterer ist nach dem Belluneser Schriftsteller und Maler Dino Buzzati benannt.

Sentiero attrezzato Dino Buzzati: Zurück zur Weggabelung, dann am Grat, den Torre Moser links umgehend, hinüber zum Cimerlo (2503 m), zuletzt durch eine gesicherte Rinne (Abstecher zum Gipfel 3 Min., leichte Kletterei). Nun über Geröll und magere Wiesen abwärts zum Rand der großen Gipfelschräge, wo der »Sentiero Buzzati« unvermittelt im Berg verschwindet. Über zwei Leitern steigt man ab in einen engen, tiefen Felsspalt. Drahtseile sichern gelegentlich den weiteren Abstieg, der sich durch den Zackenwald an der Südflanke des Cimerlostocks schlängelt und schließlich in eine mächtige Geröllreise mündet: abrutschen, abfahren, absteigen. Zuletzt auf einem Zickzackweg im lichten Wald zurück zum Ausgangspunkt der Runde auf den Fosnewiesen.

Talort:	Fiera di Primiero (713 m) im Cismòntal
Ausgangspunkt:	Prati Fosne (ca. 1320 m); von Fiera di Primiero ins Val Canali und hinauf zu den Almwiesen von Piereni; 9 km ab Fiera. Die Naturparkverwaltung empfiehlt, die Fahrzeuge bei Cant del Gal (Rifugio, 1180 m) abzustellen; Gesamtgehzeit mit Anstieg durchs untere Pradialital dann etwa 8 1/2 Std.
Höhenunterschied:	1250 Hm
Gesamtdauer:	7 1/4 Std. (↗ 4 1/4 Std., ↘ 3 Std.)
Schwierigkeiten:	Mäßig schwierige Klettersteige mit kürzeren gesicherten Passagen.
Öffentliche Verkehrsmittel:	Fiera di Primiero erreicht man aus dem Fleimstal/Fassatal über den Passo Rolle mit dem Linienbus.
Verkehrsamt:	APT, I-38054 Fiera di Primiero; Tel. 04 39/6 24 07, Fax 6 29 92
Beste Jahreszeit:	Mitte Juni bis Mitte Oktober
Ausrüstung:	Klettersteigausrüstung, Steinschlaghelm
Karte:	Tabacco-Karte 1:25 000, Blatt 022 »Pale di San Martino«
Führer:	»Hüslers Klettersteigführer Dolomiten«, Bruckmann München
Hütten:	Rif. Velo della Madonna (2358 m), 20 Min. unterhalb der Cima della Stanga; Tel. 04 39/76 87 31.

Zugang: Von den Prati Fosne auf dem Schottersträßchen, Mark. 719, ins Val Pradidali und hoch an der linken Talflanke bis zur Weggabelung Pedemonte (1627 m).

Sentiero del Cacciatore: Unter der Ostwand des Sass Maor in einem ausgetrockneten Bachbett recht mühsam links bergan gegen den Felsfuß. Über Bänder und kleine Wandstufen, teilweise mit Drahtseilsicherung, gewinnt die Route rasch an Höhe. Sie quert den »Boàl dei Pissoti«, eine Geröllschlucht, und steigt dann über Schrofen und einen gesicherten Kamin hinauf zur Ostschulter der Cima della Stanga. Hier mündet links der »Sentiero Buzzati«; rechts kurz zum Gipfel (2550 m); 20 Min. nördlich unterhalb steht das Rifugio Velo della Madonna (2358 m).

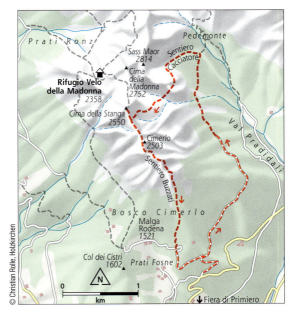

▲ Unterwegs am »Sentiero del Cacciatore«, im Hintergrund der Sasso d'Ortiga.

— 85 —

Tour 56: Trentiner Voralpen/Pasubio

Sentiero delle Cinque Cime
Am Grat über fünf Gipfel und dann durch 50 Tunnels bergab

Der »Sentiero delle Cinque Cime« ist mehr ein Höhenweg denn ein Klettersteig, bietet entsprechend viel Aussicht, auch packende Tiefblicke in die wilden Gräben des Forni-Alti-Kammes. Im Frühsommer blüht an den Hängen eine üppige Flora. Rund um das Rifugio Papa stößt man immer wieder auf Überreste des Krieges (»zona sacra«). Und der Rückweg auf der »Strada delle Gallerie« – einfach eine Schau!

Talort:	Rovereto (204 m), 80 km südlich von Bozen
Ausgangspunkt:	Bocchetta Campiglia (1216 m), Anfahrt von Rovereto über den Passo Pian delle Fugazze; bei Ponte Verde (901 m) links zum Colle Xomo (1058 m), hier nochmals links und auf einer Schotterstraße zur nahen Scharte. Wanderparkplatz.
Höhenunterschied:	1000 Hm (inkl. Gegensteigungen)
Gesamtdauer:	7½ Std.
Schwierigkeiten:	»Sentiero delle Cinque Cime« mäßig schwieriger, gesicherter Steig, allerdings sehr lang (Gegensteigungen!); Felspassagen gut gesichert.
Öffentliche Verkehrsmittel:	Busverbindung über den Passo Pian delle Fugazze von Rovereto nach Schio
Verkehrsamt:	APT, I-38068 Rovereto, Via Dante 63, Tel. 0464/43 03 63
Beste Jahreszeit:	Mitte Juni bis Mitte November
Ausrüstung:	Wanderausrüstung, evtl. Teleskopstöcke, Taschenlampe, Helm
Karte:	Kompass-Wanderkarte 1:50 000, Blatt 101 »Rovereto – Monte Pasubio«
Führer:	»Klettersteige Gardasee« von Eugen E. Hüsler, Bruckmann Verlag, München.
Hütten:	Rif. Generale A. Papa (1934 m) an den Porte di Pasubio, bew. von 20. Juni bis 20. September, Tel 0445/63 02 33

▲ Eine der zahlreichen, gut gesicherten Klettersteigpassagen am »Sentiero delle Cinque Cime«.

Sentiero delle Cinque Cime: Von der Bocchetta Campiglia (1216 m, Tafel) mit der Markierung 5C gleich steil an einem bewaldeten Hang bergan zum ersten Drahtseil. Teilweise gesichert am gestuften Grat entlang, dann über eine etwa 15 Meter hohe Leiter an der Guglia del Bovolo zu einer luftigen Rechtsquerung. Anschließend durch einen Kamin, weiter am Grat, zuletzt über Geröll auf den ersten Gipfel, die Bella Laita (1881 m). Ohne wesentlichen Höhenverlust hinüber zur Cima Cuaro (1939 m), dann leicht abwärts in die weite Senke der Forcella Camossara (1875 m, Notabstieg zur Tunnelstrecke). Der Anstieg zum Monte Forni Alti (2023 m) ist teilweise drahtseilgesichert, dann senkt sich das markierte Weglein zum Passo di Fontana d'Oro (1875 m). Dahinter durch kurzen Tunnel und am felsigen Grat (Drahtseile) hinauf zu dem im 1. Weltkrieg stark befestigten Soglio Rosso (2040 m), dem höchsten Punkt des Kamms. Über die Cima dell'Osservatorio (2027 m) hinab zum Rifugio Papa.

Strada delle Gallerie: Außerordentlich kühn trassierte »Straße«: 6,5 km lang, Steigungen maximal 22%, Tunnelquerschnitte 2,2x2,2 m. Die Strecke verläuft durchwegs rechts (im Abstiegssinn) des Kammes, teils am, 52mal im Berg und mündet direkt auf die Bocchetta Campiglia.

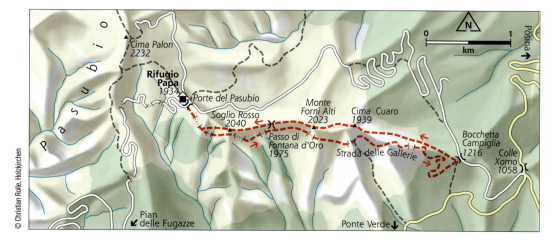

— 86 —

Tour 57: Lessinische Alpen

Cima Carega (2259 m), Sentiero Angelo Pojesi
Auf den höchsten Gipfel der »Piccole Dolomiti«

Eine recht abenteuerliche, auf längeren Strecken gesicherte Runde am Caregamassiv. Im Herbst bei Schönwetter großes Panorama des Alpeninnenbogens von der Cima Carega. Schade nur, dass es zur schönsten Tourenzeit im Herbst mit der ungewöhnlichen Blumenpracht am Costa-Media-Kamm vorbei ist ... Für den Abstieg bietet sich alternativ die zwar recht kurze, aber ziemlich steile »Via ferrata Campalani« an.

Das Rif. Fraccaroli mit der Cima Carega.

Zugang: Auf der alten Militärstraße zum Passo Pértica (1522 m) mit dem gleichnamigen Rifugio.

Sentiero Angelo Pojesi: Gegenüber der Hütte große Tafel zum Klettersteig. Der »Sentiero Pojesi« wendet sich gleich in die Westflanke des Cengia Pértica. Teilweise mit Drahtseilen gesichert über schmale Bänder horizontal durch die Steilabstürze. Im Rücken des Cengia Pértica einen Felskessel queren; jenseits dann im Zickzack über einen mit kleinen Felsstufen (Drahtseile) durchsetzten Latschenhang steil bergan. Schließlich zu kleiner Kuppe (ca. 1820 m) in der zerklüfteten Südwestflanke der Costa Media. Nördlich an Drahtseilen steil hinab und über ein Band in den großen, von der Costa Media herabziehenden Canalone. In ihm bergan, erst ungesichert, dann über längere Bügelreihen. Zuletzt mit Drahtseilhilfe an einer langen Verschneidung (Steinschlag!) hinauf zu den Edelweißwiesen an der Costa Media. Der Spur folgend zum Kamm, dann an ihm entlang über die Madonnina (2109 m) und eine namenlose Kuppe zum Rif. Fraccaroli (2238 m). Auf einem Schuttsteig zum großen Gipfelkreuz der Cima Carega (2259 m).

Abstieg: Zurück zur Hütte, dann links auf einen alten Militärpfad und in Schleifen hinab zur Bocchetta Mosca (2029 m). An der Scharte rechts, weiter bergab zum Rif. Scalorbi (1767 m). Bei der Hütte auf die ehemalige Kriegsstraße, auf ihr zurück zum Passo Pértica (1522 m).

Ferrata Campalani: Vom Rif. Fraccaroli zum markanten Südostrücken der Cima Carega. Über ihn, den Markierungen folgend, zum Beginn der Sicherungen. Sie leiten an der Ostwand hinunter; schwierigste Passage ist der Ausstieg über eine fast senkrechte, sparsam gesicherte Zehnmeterwand.

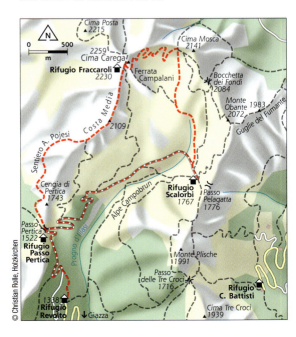

Talort:	Giazza/Ljetzan (773 m) im Valle d'Illasi, gute Straße von Tregnano.
Ausgangspunkt:	Rifugio Revolto (1336 m) im obersten Illasital; Zufahrt von Giazza.
Höhenunterschied:	1050 Hm (mit Gegensteigungen)
Gesamtdauer:	7 ¼ Std. (↗ 4 ¾ Std., ↘ 2 ½ Std.)
Schwierigkeiten:	Nur mäßig schwierige gesicherte Route mit anschließender Gratwanderung zum höchsten Punkt der Monti Lessini. Alternativ auch Abstieg über die (etwas anspruchsvollere) »Ferrata Campalani« zum Rifugio Scalorbi möglich.
Öffentliche Verkehrsmittel:	Buslinie bis Giazza
Verkehrsamt:	APT I-36100 Vicenza, Piazza Duomo 5; Tel. 04 44/54 41 22, Fax 32 50 01
Beste Jahreszeit:	Ganz eindeutig eine tolle Herbsttour.
Ausrüstung:	Klettersteigausrüstung, Steinschlaghelm
Karte:	»Pasubio-Carega« (1:20 000) der Sezioni Vicentine del CAI (erhältlich vor Ort)
Führer:	Eugen E. Hüsler »Klettersteige Gardasee«, Bruckmann, München.
Hütten:	Rifugio Passo Pértica (1522 m), bew. Juni bis Sept., außer der Saison an Wochenenden; Tel. 045/7 84 70 11. Rifugio Fraccaroli (2238 m), bew. Mitte Juni bis Mitte Sept.; Tel. 045/7 05 00 33. Rifugio Scalorbi (1767 m), bew. Mitte Juni bis Mitte Sept.; Tel. 0 45/7 84 70 29.

Tour 58: Lessinische Alpen

Monte Gramolon (1814 m), Via ferrata Angelo Viali
Am Südsaum der Alpen

Die Monti Lessini sind nicht nur ein kleines »Klettersteig-Dorado« mit einem halben Dutzend Vie Ferrate. Auch (und vor allem) der Naturfreund kommt hier voll auf seine Kosten: viel unberührte Natur und im Frühsommer eine üppig-artenreiche Flora. Und von den Gipfeln schaut man nicht nur in die Alpen, sondern auch hinaus in die Poebene.

Talort:	Arzignano (118 m), 20 km von Vicenza
Ausgangspunkt:	Rif. Bertagnoli (1225 m) im obersten Valle del Chiampo; Zufahrt von Arzignano über Ferrazza und Campo d'Albero (889 m), 28 km
Höhenunterschied:	600 Hm
Gesamtdauer:	3½ Std. (↗ 2 Std., ↘ 1½ Std.)
Schwierigkeiten:	Mäßig schwieriger, mit Leitern und Drahtseilen gesicherter Klettersteig. Im unteren Abschnitt Steinschlaggefahr durch Voraussteigende!
Öffentliche Verkehrsmittel:	Busverbindungen im Valle del Chiampo bis Campo d'Albero
Verkehrsamt:	APT, I-36100 Vicenza, Piazza Duomo 5; Tel. 04 44/54 41 22, Fax 32 50 01
Beste Jahreszeit:	Mitte Mai bis November
Ausrüstung:	komplette Klettersteigausrüstung, Steinschlaghelm.
Karte:	Kompass-Wanderkarte 1:50 000, Blatt 101 »Rovereto – Monte Pasubio«
Führer:	Eugen E. Hüsler »Klettersteige Gardasee«, Bruckmann, München
Hütten:	Rif. Bertagnoli (1225 m), bewirtschaftet Anfang Juni bis Ende September durchgehend, ab Ostern und bis Ende November jeweils an Wochenenden, Tel. 00 39/04 44/42 90 11

▲ Ein Helm könnte hier nicht schaden! Unterwegs an der »Via Viali«.

Via ferrata Angelo Viali: Von der Hütte zunächst, der Markierung 221 folgend, in wenigen Minuten zur Mündung einer tiefen Klamm; eine Tafel »Ferrata Viali« signalisiert den Beginn des Klettersteigs. Er verläuft über etwa 200 Höhenmeter durch die beeindruckend wilde Schlucht bis hinauf zu ihrem Ansatzpunkt an der Südflanke des Monte Gramolon und ist fast durchgehend drahtseilgesichert. Zwei Felsbarrieren überwindet man komfortabel mit Hilfe langer Eisenleitern; die erste, etwa 20 Meter hoch, ist unten leicht überhängend! Schließlich leiten die Fixseile aus der Rinne auf einen Schrofenhang; eine weitere Leiter führt zum Ausstieg auf den »Sentiero Milani«, einen ehemaligen Nachschubweg aus dem Ersten Weltkrieg, der die gesamte Südwestflanke des Tre-Croci-Kamms durchzieht.

Der Weiterweg zum Monte Gramolon (1814 m) ist gemütliches Wandern; ein Steilaufschwung wird rechts umgangen. Wer noch Lust auf eine 40-Meter-Kletterei hat, kann sich hier am dicken Drahtseil hinaufwuchten – Training für den Bizeps. Vom Gipfel genießt man Aussicht auf den Hauptkamm der Monti Lessini (Cima Carega, 2259 m) und hinüber zum Monte Pasubio (2232 m); fern am nordöstlichen Horizont sind einige Dolomitenzinnen auszumachen, im Süden über der Poebene stehen die Höhenzüge des Apennin.

Abstieg: Auf markierter Spur vom Gipfel nördlich abwärts in den Passo delle Ristele (1641 m). Weiter auf dem breiten »Sentiero Milani« zum Passo della Scagina (1548 m) und auf Weg 221 oder über den »Sentiero Bepi Bertagnoli« hinunter zum Rifugio Bertagnoli.

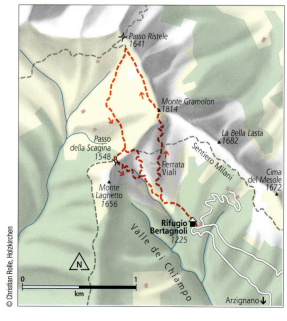

Tour 59: Brentagruppe

Via delle Bocchette
Die »Mutter« aller Dolomiten-Klettersteige

Beim »Sentiero delle Bocchette Centrali« handelt es sich um das legendäre Kernstück des Bocchette-Weges, das von der Bocca degli Armi – größtenteils auf schmalen Felsbändern und vorbei an der Guglia di Brenta (Campanile Basso, 2877 m) – in die Bocca di Brenta führt: eine absolute Traumroute in einmalig-verwegener Kulisse.

Zustieg: Vom Rifugio Vallesinella zunächst schattig im Wald hinauf zur Casinei-Hütte (1826 m), dann hoch über der Val Brenta mit freier Sicht auf die gewaltige Felsstirn des Crozzon di Brenta (3135 m) zum Rifugio Brentei (2182 m). Hier links und durch eine wilde Karmulde zum Rifugio Alimonta (2580 m) in herrlicher Lage auf dem Karrenboden von Brentei.

Sentiero delle Bocchette Centrali: Von der Hütte über die kümmerlichen Reste des Sfúlmini-Gletschers hinauf zum Brenta-Hauptkamm. Aus der Bocca degli Armi (2749 m) mit Leiterhilfe auf einen schmalen Felsrücken, von dem man leicht auf ein markantes Felsband »umsteigt«. Es läuft, durchgehend mit Seilen versehen, horizontal durch die senkrechten Ostwände des Torre di Brenta (3013 m), der Sfúlmini und des Campanile Alto: Brenta pur! Faszinierend die Tief- und Fernblicke, bis hin zum Pasubio und zu den Monti Lessini.

Nach einer besonders eindrucksvollen Passage, die aus dem Dunkel eines Schluchtwinkels auf ein überdachtes Band führt, wird unvermittelt der Blick auf den gigantischen Felsmonolith der Guglia (Campanile Basso, 2877 m) frei. Über gestufte Felsen steigt man ab zum Fuß des Turms. An der Bocchetta del Campanile Basso (2620 m) wechselt der Steig auf die Westseite des Brenta-Kamms. Ein weiteres Band führt schließlich zum Ausstieg knapp unterhalb der Bocca di Brenta (2552 m).

Abstieg: Auf einer Geröllspur in der Val Brenta Alta abwärts zum Rifugio Brentei (2182 m) und auf dem Anstiegsweg zurück zum Straßenende bei der Vallesinella-Hütte.

◄ Meist über horizontale Bänder führt der »Bocchette-Weg« durch die faszinierend-wilde Felslandschaft der Brenta.

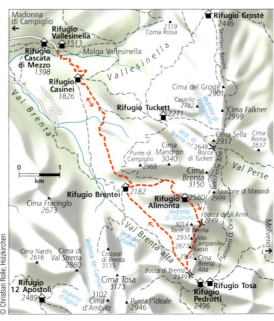

Talort:	Madonna di Campiglio (1522 m), bekannter Ferienort am Oberlauf der Sarca.
Ausgangspunkt:	Rif. Vallesinella (1513 m), Zufahrt von Madonna di Campiglio 4 km. Parkplatz (im Sommer oft übervoll!).
Höhenunterschied:	1360 Hm
Gesamtdauer:	9 Std.
Schwierigkeiten:	Nur mäßig schwieriger Klettersteig, allerdings mit sehr ausgesetzten Passagen (Bänder); auch für weniger Geübte (mit kompletter Ausrüstung!) geeignet. Der recht lange Anstieg verlangt eine gute Kondition; alternativ kann man auch bei der Bergstation der Groste-Seilbahn (2442 m) starten und über den »Sentiero SOSAT« zur Alimonta-Hütte wandern (4 ½ Std.).
Öffentliche Verkehrsmittel:	Madonna di Campiglio hat gute Busverbindung mit Trento und der Val di Sole.
Verkehrsamt:	APT Madonna di Campiglio-Pinzolo-Val Rendana, Via Pradalago 4, I-38084 Madonna di Campiglio; Tel. 0465/44 20 00, Fax 44 04 04
Beste Jahreszeit:	Juli bis zum ersten Schnee.
Ausrüstung:	Klettersteigausrüstung, Helm
Karte:	Tabacco 1:50 000, Blatt 10 »Dolomiti di Brenta-Adamello-Presanella«. AV-Karte 1:25 000, Nr. 51 »Brentagruppe«.
Führer:	»Hüslers Klettersteigatlas Alpen«, Bruckmann, München
Hütten:	Rif. Brentei (2182 m), bew. 20. Juni bis 20. September; Tel. 0465/44 12 44. Rif. Alimonta (2580 m), bew. 20. Juni bis 20. September; Tel. 0465/44 03 66. Rif. Pedrotti (2491 m), bew. 20. Juni bis 20. September.

Tour 60: Brentagruppe

Sentiero Claudio Costanzi
Über die Brenta-Nordkette

Eine faszinierende Überschreitung der Brenta-Nordkette bis in den Passo di Prà Castron: jede Menge Aussicht, lang und sehr einsam. Beim »Sentiero Costanzi« handelt es sich nicht um einen »echten« Klettersteig, sondern um eine nur auf kürzeren Abschnitten gesicherte, auf weiten Strecken weglose Gratroute. Und dann die Edelweißteppiche!

Talort:	Madonna di Campiglio (1522 m)
Ausgangspunkt:	Passo del Grostè (2446 m), Bergstation der »Funivia del Grostè«
Höhenunterschied:	1300 Hm (mit Gegenanstiegen)
Gesamtdauer:	11 ½ Std.
Schwierigkeiten:	Für erfahrene und konditionsstarke Bergsteiger. Der »Sentiero Costanzi« ist nur auf kurzen Passagen gesichert, längere weglose Strecken über Schrofen, zahlreiche leichte Kletterpassagen (I bis II).
Öffentliche Verkehrsmittel:	Busverbindung Malè – Dimaro – Madonna di Campiglio
Verkehrsamt:	APT Madonna di Campiglio-Pinzolo-Val Rendana, Via Prada-lago 4, I-38084 Madonna di Campiglio; Tel. 04 65/44 20 00, Fax 44 04 04
Beste Jahreszeit:	Anfang Juli bis Anfang Oktober
Ausrüstung:	Wanderausrüstung, Steinschlaghelm, Klettersteigausrüstung nicht notwendig.
Karte:	AV-Karte 1:25 000 »Brentagruppe«; Kompass-Wanderkarte 1:30 000, Nr. 095 »Brentagruppe«
Führer:	»Hüslers Klettersteigatlas Alpen«, Bruckmann, München.
Hütten:	Bivacco Bonvecchio (2779 m) unter dem Gipfel der Cima Sassara; Bivacco Costanzi (2365 m) in der Nähe des Passo di Prà Castron, beide stets zugänglich.

▲ Eine Traumroute hoch über den Wolken – der »Sentiero Costanzi«.

Zugang: Vom Passo del Grostè (2446 m) auf dem gesicherten »Sentiero Vidi« zunächst in die ostseitigen Hänge des Pietra-Grande-Massivs, dann auf die Bänder und Geröllterrassen der Westflanke. Nun ohne nennenswerte Höhenunterschiede ins oberste Val Gelada di Campiglio und kurz aufwärts in die Bocchetta dei Tre Sassi (2613 m).

Sentiero Claudio Costanzi: Eine deutliche, gut markierte Spur leitet durch die Südwestflanke des Corno di Flavona zunächst in den Passo di Val Gelada (2687 m). Hier durch eine steile Geröllreise aufwärts, dann mit Hilfe von Sicherungen auf den Südgrat des Sasso Alto (2890 m). Links am höchsten Punkt vorbei und über ein Geröllband (Fixseile) in die Scharte vor der Cima Sassara (2892 m). Zum Gipfel und anschließend am Nordgrat abwärts zum Bivacco Bonvecchio (2779 m). Dann über abschüssige Grashänge (sparsame Sicherungen) zum Paradiso (2835 m) und weiter zur Cima Rocca (2830 m). Dahinter steil (senkrechter Kamin) hinunter in die Bocchetta delle Livezze (ca. 2710 m) und gleich wieder aufwärts gegen die Cima delle Livezze (2774 m). Links am Gipfelchen vorbei und in die wild zerklüftete Ostflanke der Cima del Vento (2755 m). Abwärts in die Bocchetta del Vento (2582 m), dann links um die nächsten Gratkuppen herum und gemütlich hinab zur Wegkreuzung an der Senke des Passo di Prà Castron (2505 m).

Abstieg: Hier links hinab in den felsigen Graben des Valle del Vento. Das gut markierte Weglein umgeht alle Abbrüche, der etwas kompliziert erscheinende Verlauf erweist sich (hinterher) als der einzig logische; vermeintliche Abkürzer führen unweigerlich in Absturzgelände! An der verlassenen Malga di Scala (1563 m) hält man sich rechts; der breite Weg umgeht in einer weiten Schleife den Dosso di Santa Brigida (1344 m) und führt hinab zum Meledria-Bach. Jenseits kurz aufwärts zur (längst sichtbaren) Staatsstraße.

Tour 61: Adamellogruppe

Corno di Lago Scuro (3166 m)
Am »Weg der Blumen« durch die Presanella

Eine ausgeprägt hochalpine Tour, die man nur bei guten äußeren Bedingungen gehen sollte. Bei Vereisung wird es in den schattigen Felswinkeln gefährlich. Abstieg über den Presenagletscher nicht ratsam (Blankeis, Spalten). Wer vom Corno di Lago Scuro zum Rifugio Mandron absteigt, kann anderntags die brandneuen Grat-Klettersteige an der Cima Payer und an der Punta Pisgana begehen.

Fiori« in einem etwa 50 Meter langen Tunnel. Er mündet unter einem markanten Gratturm direkt auf den Passo di Casamadre (2984 m). Weiter leicht steigend durch die felsige Flanke, dann – mit Drahtseilen gesichert – hinaus zum Ostgrat des Corno di Lago Scuro (3166 m) und über blockige Felstrümmer zum Gipfel; knapp unterhalb das Bivacco Amici della Montagna.

Abstieg: Vom Gipfel zurück zum Passo di Casamadre, dann rechts weglos durch eine steile Rinne hinab ins Blockgelände und hüpfend – von Stein zu Stein – hinaus ins Flache und unter dem Lift zurück zum Passo del Paradiso.

Talort:	Malè (736 m), Hauptort des Val di Sole
Ausgangspunkt:	Tonalepaß (1883 m), auf der Paßhöhe zur Talstation der »Funivia del Paradiso«; Bergstation am Passo del Paradiso (2573 m).
Höhenunterschied:	600 m.
Gesamtdauer:	4½ Std. (↗ 3 Std., ↘ 1½ Std.)
Schwierigkeiten:	Wenig schwieriger, rekonstruierter Kriegssteig. Drahtseile, Ketten und eine solide Brücke, für den Tunnel eine Taschenlampe vorteilhaft.
Öffentliche Verkehrsmittel:	Busverbindung zwischen Malè und Ponte di Legno
Verkehrsamt:	APT Valle di Sole, I-38027 Malè, Tel. 04 63/90 12 80
Beste Jahreszeit:	Mitte Juni bis Anfang Oktober
Ausrüstung:	Für weniger Geübte Klettersteigausrüstung, Steinschlaghelm.
Karte:	Tabacco-Wanderkarte 1:50 000, Blatt 10 »Dolomiti di Brenta – Adamello – Presanella«
Führer:	»Hüslers Klettersteigatlas Alpen«, Bruckmann, München.
Hütten:	Biv. Amici della Montagna (3160 m) knapp unter dem Gipfel des Corno di Lago Scuro; unbewirtschaftet, nicht immer offen

Zugang: Von der Seilbahnstation in 5 Min. zum Gefallenendenkmal (das Presanellamassiv war im 1. Weltkrieg umkämpftes Frontgebiet), dann rechts, den ziemlich undeutlichen Markierungen (Nr. 44) folgend, über den geröllbedeckten Boden und anschließend steil über einen Blockhang hinauf in den Passo del Castellaccio (2963 m).

Sentiero dei Fiori: Von der Scharte über Treppenstufen kurz bergan, dann in die Westflanke des splittrigen Grates. Abwechselnd auf Bändern und quer über abschüssige Rinnen, teilweise gesichert. Eine solide, aber ziemlich nach außen hängende Konstruktion hilft über eine luftige Unterbrechungsstelle hinweg; wenig weiter verschwindet der »Sentiero dei

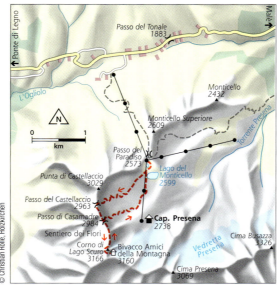

▲ Am »Sentiero dei Fiori« in der Presanellagruppe präsentiert sich solch wilde Felskulisse.

Tour 62: Mendelkamm

Unterfennberg (1051 m), Fennberg-Klettersteig
Ein beliebter Eisenweg ganz im Süden Südtirols

Was den Fennberg-Klettersteig auszeichnet, sind weniger spektakuläre Felspassagen als vielmehr die Landschaftseindrücke. Faszinierend dabei vor allem die Tiefblicke ins Etschtal, auf Autobahn, Apfelhaine und Weindörfer. Wer mit offenen Augen unterwegs ist, wird links und rechts des Steiges manche Entdeckung machen ...

Talort:	Margreid (243 m) auf halber Strecke zwischen Tramin und Salurn
Ausgangspunkt:	An der Straße von Margreid nach Roverè della Luna, kurz vor der Provinzgrenze Bozen–Trento; Parkmöglichkeit rechts der Straße.
Höhenunterschied:	900 Hm
Gesamtdauer:	5 ½ Std. (↗ 3 Std., ↘ 2 ½ Std.)
Schwierigkeiten:	Mäßig anspruchsvoller Klettersteig mit einigen exponierten Passagen. Drahtseile, Leitern und Eisenbügel sichern die Route optimal. Viel Gehgelände, vor allem im oberen Teil, bei Nässe nicht ratsam.
Öffentliche Verkehrsmittel:	Margreid an der Weinstraße und Roverè della Luna (Aichholz) erreicht man per Bus
Verkehrsamt:	Tourismusbüro, I-39040 Margreid an der Weinstraße; Tel./Fax 0471/81 72 92
Beste Jahreszeit:	Fast das ganze Jahr möglich; sehr schön im Frühjahr und im Herbst
Ausrüstung:	Klettersteigausrüstung, Steinschlaghelm, Teleskopstöcke
Karte:	Mapgraphic Bozen 1:25 000, Blatt 14 »Unterland – Salurn«
Führer:	Eugen E. Hüsler »Klettersteige Gardasee«, Bruckmann Verlag, München
Hütten:	Keine, Einkehrmöglichkeit in Unterfennberg (1051 m) »Plattenhof« (gute Brotzeit!) und Gasthaus »Zur Kirche«

▲ Unterwegs am Fennberg-Klettersteig; besonders eindrucksvoll sind die Tiefblicke ins Etschtal.

Fennberg-Klettersteig: Der Aufstieg beginnt unmittelbar an der Straße (Wegzeiger). Zunächst auf einem Weglein, teilweise im Wald, über den Wandvorbau zu dem gut 20 Meter hohen, senkrechten Einstiegskamin mit soliden Sicherungen (Schlüsselstelle). Drahtseile, Eisenbügel und ein paar Leitern sichern den Anstieg (packende Tiefblicke), der nach knapp 1 Std. auf eine mächtige, bewachsene Rampe mündet. Die Wegspur leitet, nun ohne Sicherungen, über den Hang aufwärts; etschaufwärts reicht die Fernsicht bis zu den Sarntaler Alpen. Eine längere Linksquerung endet unter einem markanten Überhang (Steigbuch). Noch kurz bergan, dann auf einem Waldweg über den abgeflachten Rücken des Fennbergs (gut auf die Markierungen achten!). Bei einer Verzweigung links und fast eben zum Haslerhof (1121 m), dann auf dem Asphaltsträßchen nach Unterfennberg (1051 m), zuletzt über Weg 3 zum »Plattenhof«.

Abstiege: Den idealen Abstieg vom Fennberg gibt es leider nicht; die beiden markierten Wege durch die Fenner Schlucht nach Margreid bzw. durch das Höllental nach Roverè della Luna enden weit vom Einstieg. Unvermeidlich deshalb ein ¾-stündiger Straßenhatscher – oder Daumen raus und freundlich gucken ... Der östliche Abstieg (rot-weiß bez.), führt zunächst zu den Häusern von Putzwald (1058 m). Nun am Rand des Fennbergs nördlich hinab in die Fenner Schlucht, wo man auf eine Forstpiste stößt. Auf ihr aus der Klamm heraus und in einer weiten Schleife hinunter nach Margreid (243 m).
Nach Roverè zunächst der Straße nach Westen folgen, vorbei am Fenner See und an der Leonhardskirche bis zum Anwesen Tratt (1002 m). Hier links auf Weg 502 hinab in das Höllental. Drunten über den Bach und auf den breiten Fahrweg, der von Roverè della Luna (250 m) heraufkommt.

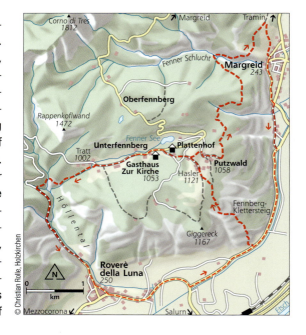

— 92 —

Tour 63: Etschtalberge

Burrone-Steig/Ferrata Rio Secco
Zwei Eisenwege hoch über dem Etschtal

Zwei Klammrouten im Trentiner Etschtal, unweit der Grenze zu Südtirol. Besonders eindrucksvoll ist die Kulisse des bereits 1906 eröffneten, wenig schwierigen »Burrone-Giovanelli-Steigs«; an der »Ferrata Rio Secco« dagegen faszinieren die knackigen Steilpassagen am straff gespannten Drahtseil. Und so ganz trocken sind die beiden originellen Wege nur ganz selten ...

Via attrezzata Burrone-Giovanelli: Vom Parkplatz im Wald kurz aufwärts zu einer Weggabelung. Hier links über den Bach, dann bergan zu einem alten, stillgelegten Waal und mit ihm flach in den Mündungsgraben. Über drei Leitern auf den gestuften Felsvorbau und rechts zum alten Zustieg. Im Zickzack steil zum eigentlichen Klammeingang (Gedenktafel), dann unter Überhängen (Geländer) in den Burrone. Leitern und Drahtseile helfen über eine Steilstufe hinweg, anschließend im gerölligen Grund der Klamm zwischen senkrechten Felswänden aufwärts. Nach ein paar Biegungen weitet sich die Schlucht zu einem mächtigen Kessel, über dessen Rand rechts ein Schleierfall herabstiebt. Oberhalb dieses stimmungsvollen (Rast-)Platzes wird der wilde Burrone zum grünen Engtal. Der markierte Weg führt weiter steil bergan, über einige Felsstufen hinweg (eine längere Leiter) und zuletzt im Wald zu der querführenden Straße. Hier rechts und vorbei an der Baita dei Manzi (858 m) flach nach Monte (891 m).
Abstieg: Mit der kleinen Seilbahn oder zu Fuß auf der alten, kunstvoll angelegten Mulattiera.

Via ferrata Rio Secco: Von Cadino (große Hinweistafel) auf dem rot-weiß markierten Weglein im Wald aufwärts zur Mündung der Klamm und, den ersten Steilaufschwung rechts umgehend, zum Einstieg (Bank). Nun am Drahtseil in die Schlucht und links senkrecht über trittarme Felsen aufwärts (Schlüsselstelle). In der Folge wechseln leichte Passagen mit Steilaufschwüngen, wobei man mehrfach die Klammseite wechselt. Bei der Grotta del Basalisch, nach gut halber Wegstrecke, links markierter Ausstieg. Die Ferrata endet noch etwa hundert Meter höher, nach einer letzten, recht kräfteraubenden Rampe am Fixseil (ca. 620 m).
Abstieg: Unter der bewaldeten Kuppe des Dosson (740 m) links und auf gut markierter Spur (eine Leiter) hinunter nach Cadino.

▲ Unterwegs an der »Ferrata Rio Secco«, einem anspruchsvollen Sportklettersteig.

Talort:	Mezzocorona (219 m), Autobahnausfahrt »San Michele all'Ádige«
Ausgangspunkt:	*Burrone:* An der Mündung der Klamm, schmale Zufahrt von der Straße Richtung Mezzolombardo. *Rio Secco:* Beim Ristorante »Cadino« (214 m) an der Staatsstraße Salurn – San Michele all'Ádige
Höhenunterschied:	am Burrone 650 m, am Rio Secco 400 m.
Gesamtdauer:	*Burrone* mit Abstieg über die Schotterpiste (Via delle Langhe, nicht lohnend) 3 1/2 Std., via Monte 4 1/2 Std. (bei Seilbahnbenützung 3 1/2 Std.). *Rio Secco* 2 1/2 Std.
Schwierigkeiten:	*Burrone-Steig* leicht; die beiden steilen Leitern können auf einem Zickzackweg umgangen werden. *Rio Secco* schwierig, recht anstrengend, nach heftigen Regenfällen keineswegs »secco«!
Öffentliche Verkehrsmittel:	Mezzocorona ist Station an der Brennerlinie; bei Cadino Bushalt (Strecke Salurn – San Michele all'Ádige)
Verkehrsamt:	APT Trento, Via Alfieri 4, I-38100 Trento; Tel. 0461/98 38 30, Fax 98 45 08
Beste Jahreszeit:	Das ganze Jahr über, im Sommer schweißtreibend.
Ausrüstung:	Komplette Klettersteigausrüstung, Steinschlaghelm.
Karte:	Mapgraphic 1:25 000, Blatt 14 »Unterland – Salurn«
Führer:	Eugen E. Hüsler »Klettersteigführer Gardasee«, Bruckmann Verlag, München
Einkehr:	Zwei Gasthöfe in Monte: »Tre Cime« und »Ai Spiazzi«.

Gardasee-Klettersteige

Klettersteige rund um den Gardasee

Pizza Ferrata

Drei Dinge braucht der Klettersteig-Fan: Sonne, Berge und ein ordentliches »eisernes« Angebot. All das findet er rund um das obere Ende des Gardasees, in dem berühmten, wetterverwöhnten Klettersteigparadies. Und spätestens wenn's rund um den Benacus zu blühen beginnt, sind sie da, die »Ferratisti« aus Bayern oder dem Norden der Republik …

▲ Das typische Gardasee-Ambiente an einem Frühlingstag – der Blick vom Colodri-Klettersteig gegen den Burghügel und das Schloss von Arco.

Es ist schon erstaunlich, dass es sie noch nicht gibt, die »Pizza Ferrata«, bei all den Klettersteigen, gerade rund um den Gardasee. Wie eh und je werden »Margherita« und »Calzone« bestellt, »Frutti di mare« und »con tutto« vom Teller geputzt, schwören manche auf Pizza mit Geräuchertem, mit Ananas (pfui!) oder Ruccola, auch Ausgefallenes wie »Diavolo« (phhh!) und »Atomica« steht manchmal auf der Karte. Nur keine »Ferrata«, zusätzlich garniert vielleicht mit etwas wildem Thymian, wie er an so mancher Route hier wuchert, und Spinatblättern – des Eisengehalts wegen. Servieren könnte man zu dezenten Klängen der »Internationale« – als Hommage an den schönsten Klettersteig der Region, die »Ferrata Che Guevara«.

Gardasee-Klettersteige

Ein Dutzend Eisenwege verzeichnet der »Klettersteigatlas Alpen« zwischen Dain Picol und Monte Spino, und wenn man die gesicherten Steige dazu rechnet, reicht's locker für einen Gardasee-Urlaub. Da bleibt sogar noch Zeit für einen Kulturtrip nach Verona und Sirmione oder für einen Besuch im Vittoriale degli Italiani, dem ausgeflippten Denkmal des Dichters, selbsternannten Kriegshelden und Erotomanen Gabriele d'Annunzio (1863–1938). Abends, im Caffè Trentino unter der Trutzburg von Arco, bei einem Glas Rotwein oder einer Cola, lässt man dann den Tag gemütlich ausklingen.

Wollen wir morgen auf die »Via dell'Amicizia«, an den Feuerwehrleitern hinauf zum Blechfähnchen auf der Cima SAT? In Verbindung mit einem Rückweg und Abstieg über den »Sentiero dei Camminamenti« und die »Ferrata Susatti« ergäbe das eine recht eisenhaltige, mit einzigartigen Tiefblicken garnierte Runde. Oder doch lieber auf die »Pisetta«, die schwierigste Ferrata hier und ein echtes Highlight?

Hildegard traut sich nicht so recht, gestern hat sie im Fernglas ein paar »Mehlsäcken« in der Wand zugeschaut, die kaum vorankamen. So was macht Mut ... Korbinian guckt auf sein Bierglas, greift sich ein paar Nüsschen und plädiert gleich für einen Ruhetag. Mir scheint, er ist nicht so ganz bei der Sache, aber das kann auch an dem Wesen liegen, das in rotem T-Shirt und schwarzem Mini gekonnt zwischen den Tischchen laviert und Be-

---
Wollen wir morgen die »Via dell'Amicizia« gehen, an den Leitern hinauf zum Blechfähnchen auf der Cima SAT?

---

stellungen entgegennimmt, als wären es Botschaften vom Heiligen Stuhl.

»Seit gestern, an dem ›Sega‹, spür ich's im rechten Knie, vor allem beim Bergabgehen«, erklärt er, »vielleicht sollten wir morgen, na ja, am See...« Der Satz geht unter im Knattern eines Mopeds, das gerade, bläuliche Abgase ausstoßend, über die Piazza zwischen Caffè und Chiesa saust. »Bei dem schönen Wetter?« frage zurück. Vier Tage sind wir bereits hier, Sonne pur und weit und breit kein Adriatief. Der Auftakt am Monte Albano war knackig – wie erwartet; der Fels ist von den zigtausend Begehungen allerdings schon so glattpoliert, dass man sich wohl irgendwann eine neue Routenführung wird überlegen müssen. Diese Gefahr droht am »Sentiero Gerardo Sega« nicht; der versteckt sich so gut hinterm Monte Baldo, dass man ihn erst einmal finden muss. Wer aber Sinn für

Pointen hat, dem wird der listig-verwegene Pfad bestimmt gut gefallen.

Überhaupt scheinen die Klettersteigbauer am Monte Baldo nach dem Motto »nur wer sucht, der findet« vorzugehen, denn auch die »Ferrata delle Taccole« an der Vetta delle Buse (2155 m) ist bestens vor zudringlichen Blicken geschützt. Und wenn da nicht das einmalige Panorama, die herrli-

▲ Viel Eisen wurde an der »Via dell'Amicizia« verbaut, die über lange Leitern hinaufzieht zur Cima SAT.

◄ Es sind zwar nicht die Dolomiten, aber die Ausgesetztheit auf den Lago-Klettersteigen ist mindestens genauso atemberaubend: unten der Blick vom Colodri-Steig auf das Sarcatal.

— 95 —

Gardasee-Klettersteige

▲ Der gewaltigste Klettersteig der Gardasee-Region führt durch die 1400 Meter hohen Ostabstürze des Monte Casale.

► Der Lieblingsklettersteig unseres Autors heißt »Via Che Guevara« – weniger wegen der Erinnerung an »gute, alte Zeiten«, sondern weil es einfach der großartigste Eisenweg am Benacus ist ...

den Monte Casale (1632 m) durch dessen 1400-Meter-Ostabsturz: nur mäßig schwierig, aber herrlich lang (etwa fünf Stunden zum Gipfel) – und knochentrocken. Das einzige Wasser in der Wand ist Schweiß, der tropft von der Stirn, verwandelt das Hemd in einen feuchten Lappen.

Dafür klebt die Zunge am Gaumen, und wer nicht zufällig an einem Wochenende unterwegs ist, schlägt sich jeden Gedanken an ein kühles Bier auf der Terrasse der Gipfelhütte besser rechtzeitig aus

---

Die Drei-Sterne-Route durch die Ostwand des Monte Casale darf man auf keinen Fall auslassen!

---

dem Kopf: geschlossen! Doch was ist das bisschen Durst bei solch einer Strecke, die geradewegs in den Klettersteighimmel führt!? Und hinterher sitzt man – leicht geschafft, aber in Hochstimmung – neben dem großen Gipfelreuz, lässt die Füße baumeln und genießt den Vogelschaublick auf das Sarcatal, die Seeaugen, Weinberge und Dörfer. Pietramurata liegt bereits im Schatten seiner Mauer, dafür badet der große See noch im Glanz des Nachmittags. Feiner Dunst schwebt über dem Wasser, alles atmet Frühlingswärme, und der Winter nistet nur noch in den Gipfeln und Gletschern des Adamello. »Ich komme mit«, sagt Hildegard, die Gedanken lesen kann und drückt sacht meinen Arm, »er ist doch mein Lieblingsklettersteig, der ›Che‹.« – meiner auch.

chen Blumenwiesen und die Tiefblicke zum See wären, müsste man sich fragen, ob sich der ganze Aufwand für weniger als hundert Klettermeter in senkrechten Kaminen überhaupt lohnt.

Diese Frage verbietet sich an der »Via ferrata Che Guevara« ganz von selbst. Wenn es einen Klettersteig gibt am Gardasee, den man keinesfalls auslassen darf, dann ist es die Drei-Sterne-Route auf

Tour 64: Gardaseeberge

Palòngrat (1910 m), Via ferrata Pero Degasperi
Auf einen der Hausberge von Trento

Hier ist der Zustieg einmal länger als die eigentliche Ferrata, was aber den Reiz der »Degasperi« keineswegs mindert. Denn die lange Querung in der steilen, von tiefen Gräben durchzogenen Ostflanke des Palònstocks bildet den stimmungsvollen Auftakt zum steilen, gut gesicherten Gang hinauf zum Grat. Packend die Tiefblicke in den dicht besiedelten Boden des Etschtals.

Zustieg: Vom Parkplatz bei der Baita Montesel über Wiesen in einen kleinen Sattel (ca. 1510 m) im Rücken des Monte Vasòn (1581 m). Nun quer durch steile Hänge, zunächst fast eben, dann leicht bergab und schließlich unter der mächtigen Ostwand des Cornetto di Mugon (1931 m) in ein paar Serpentinen ansteigend zum Beginn des Klettersteigs.

Ferrata Pero Degasperi: Drahtseile leiten zunächst über gestufte Felsen zu einem überdachten Band, das nach links ansteigend auf einen kleinen Latschensattel führt. Nun direkt in die Wand, erst über gestufte, harmlose Felsen, dann gewinnt die Route allmählich an Steilheit, die Exposition nimmt zu. Eine längere, trittarme Verschneidung mündet in die Schlüsselstelle, einen wulstigen Überhang, den man mit etwas Armkraft meistert. Anschließend leiten die Drahtseile luftig nach rechts zu einer Minileiter, über die man in leichteres Gelände gelangt. Der Rest ist, trotz einiger Drahtseilsicherungen, vergleichsweise gemütliches, mit schönen Tiefblicken garniertes Höhersteigen bis zum latschenbewachsenen Grat (ca. 1910 m).

Abstieg: Nördlich über die Skipisten hinunter zur Bondonestraße bzw. zur Baita Montesel.

Talort:	Trento (194 m)
Ausgangspunkt:	Baita Montesel (1480 m) an der Bondonestraße, etwa 17 km von Trento; großer Parkplatz
Höhenunterschied:	450 Hm
Gesamtdauer:	4½ Std.
Schwierigkeiten:	Schlüsselstelle schwierig, sonst nur mäßig schwierig. Lange Querung zum Einstieg, bei Nässe etwas heikel.
Öffentliche Verkehrsmittel:	Busverbindung Trento – Sardagna – Vaneze – Vasòn
Verkehrsamt:	APT Trento, Via Alfieri, 4, I-38100 Trento; Tel. 04 61/98 38 30, Fax 98 45 08
Beste Jahreszeit:	Mitte Mai bis Mitte Oktober
Ausrüstung:	Klettersteigausrüstung, Steinschlaghelm.
Karte:	»Trento, carta turistica e dei sentieri« (1:30 000), LAC Firenze; vor Ort erhältlich.
Führer:	Eugen E. Hüsler »Klettersteigführer Gardasee«, Bruckmann, München.
Hütten:	keine

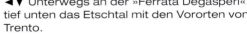

◄▼ Unterwegs an der »Ferrata Degasperi«, tief unten das Etschtal mit den Vororten von Trento.

— 97 —

Tour 65: Gardaseeberge

Doss d'Abramo (2140 m), Via attrezzata Segata
Hundert-Meter-Vertikale am Bondone

Der Monte Bondone ist »Hausberg« der Provinzhauptstadt. Das hat ihm eine Panoramastraße, Skipisten und ganze Retortensiedlungen, aber auch ein Naturschutzgebiet, einen Alpengarten – und zwei Klettersteige beschert, die »Ferrata Pero Degasperi« und die »Via Segata«. Letztere ist kürzer, aber knackiger und läßt sich zudem leicht mit einer Runde über die Tre Cime del Bondone verbinden: Cornetto (2180 m) – Doss d'Abramo (2140 m) – Col Verde (2102 m).

Talort:	Trento (194 m), Provinzhauptstadt
Ausgangspunkt:	Parkplatz (ca. 1560 m) an der Scheitelstrecke der »Bondone-Höhenstraße«, 26 km von Trento, 20 km von Lasino.
Höhenunterschied:	650 Hm; davon ca. 100 Hm gesichert.
Gesamtdauer:	4 Std. (↗ 2½ Std., ↘ 1½ Std.)
Schwierigkeiten:	Sehr anspruchsvoller, aber nur kurzer Klettersteig. Wer sich überfordert fühlt, kann vor der großen Verschneidung auf ein Felsband »auskneifen«.
Öffentliche Verkehrsmittel:	Busverbindung zwischen Trento, Sardagna, Vaneze und Vasòn.
Verkehrsamt:	APT Trento, Via Alfieri 4, I-38100 Trento, Tel. 04 61/98 38 30, Fax 98 45 08
Beste Jahreszeit:	Mitte Juni bis Mitte Oktober
Ausrüstung:	Klettersteigausrüstung, Steinschlaghelm.
Karte:	»Trento, carta turistica e dei sentieri« (1:30 000), LAC Firenze; vor Ort erhältlich.
Führer:	Eugen E. Hüsler »Klettersteigführer Gardasee«, »Hüslers Klettersteigatlas Alpen«, beide Bruckmann, München.
Hütten:	keine

▶ Geschafft! Ausstieg aus der senkrechten Verschneidung an der »Via Segata«.

Zugang: Vom Parkplatz (ca. 1560 m) an der Höhenstraße südwärts, mit 607 markiert, auf breitem Weg über den Höhenrücken der Costa dei Cavai bergan. Links das unter Naturschutz stehende Val Mana, darüber als massiger Kalkklotz der Doss d'Abramo, durch einen grünen Kamm mit der Cima Verde verbunden. Das Weglein steuert zunächst die höchste der drei »Cime«, den Cornetto (2180 m), an, quert aber knapp unter dem Gipfel (Abstecher, 10 Min.) links hinüber zum Doss d'Abramo. Auf schmaler Spur südseitig unter den Felsen zum Einstieg in einer Grotte.

Via attrezzata Giulio Segata: Spektakulär der Auftakt: am Fixseil oben aus der Höhle, dann über gestufte Felsen zu einem breiten Band (Fluchtweg). Hier setzt eine senkrechte 50-Meter-Verschneidung an, mit straff gespanntem Drahtseil und ganz wenigen künstlichen Tritten versehen. Schließlich steigt man durch einen engen Felsschlund nach oben auf die weite Gipfelwiese aus.

Rückweg: Vom Doss d'Abramo östlich durch eine Rinne (Drahtseil) hinab zum querführenden Weg, auf dem man rasch die Cima Verde (2102 m) mit packendem Tiefblick auf Trento erreicht. Nun nördlich, der Markierung 636 folgend, über einen Grasrücken hinab zur Mündung des Val Mana und zurück zum Ausgangspunkt.

Tour 66: Gardaseeberge

Dain Picol (971 m), Via attrezzata Rino Pisetta
Auf in die Vertikale!

Das Maß aller (Klettersteig-)Dinge der Gardaseee-Region! Seit ihrer Eröffnung vor zwanzig Jahren (1982) gilt die »Via attrezzata Rino Pisetta« als Prüfstein schlechthin für jene, die zu den »Esperti« der Zunft gehören möchten – man muss sie einfach gemacht haben! Sehr schöne, logisch angelegte Route mit einigen extrem ausgesetzten Passagen; entsprechend faszinierend die Tiefblicke auf das Sarcatal.

durch eine Rinne gewinnt man eine komfortable Terrasse (ca. 760 m). Nach kurzer Linkstraverse mit reichlich Luft unter den Schuhsohlen folgen an einem Pfeiler nochmals etwa 120 Meter nahe der Vertikalen, ehe man aufatmen darf. Eintrag ins Routenbuch, dann vergleichsweise gemütlich hinauf zum Gipfelgrat (Drahtseile) und über ihn zum Gipfel des Dain Picol (Monte Garzolè, 971 m).

Abstieg: Am breiten Nordrücken bergab gegen Ranzo (746 m). Vor dem Dorf links (Hinweis) zur Kapelle San Vigilio (719 m). Auf einer Mulattiera abwärts bis zu einer Rechtskehre, hier geradeaus und auf schmalem Pfad weiter hinunter zu einer Forststraße. Man folgt ihr ein Stück weit, verlässt sie nach rechts und erreicht schließlich den Pisetta-Zustieg (ca. 480 m). Auf ihm zurück nach Sarche.

◀ Steil und nur mit einem Drahtseil gesichert – die »Ferrata Pisetta«.

Zustieg: Vom Parkplatz vor einer Autowerkstatt (an der Straße Hinweisschild) auf einem schwach markierten Zickzackweg im Wald steil bergan, zuletzt über Geröll und leichte Felsen zum Einstieg (ca. 570 m).

Via attrezzata Rino Pisetta: Der Auftakt selektiert gleich: Wer nur mit Mühe über die ersten zehn Meter kommt, sollte das signalisierte Angebot zum Rückzug (»Rientro d'emergenza«) nicht ausschlagen, nehmen die Anforderungen im weiteren Verlauf doch eher noch zu. Für einen leichten Adrenalinschub sorgt eine extrem luftige Querung auf winzigen Tritten. Anstrengend und weiter sehr ausgesetzt die anschließenden 50 Höhenmeter im Steilfels, nur kurz unterbrochen von einer winzigen Kanzel; dann lehnt sich die Wand etwas zurück, und

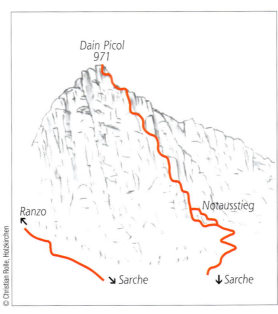

Talort:	Sarche (259 m), kleiner Ort an der Mündung der Sarcaschlucht, etwa auf halber Strecke zwischen Trento und Riva
Ausgangspunkt:	Straßenkreuzung mitten im Ort mit großer Infotafel »Dain Picol«
Höhenunterschied:	720 Hm
Gesamtdauer:	5 Std. (↗ 3 ½ Std., ↘ 1 ½ Std.)
Schwierigkeiten:	Die steile, extrem ausgesetzte Route ist nur mit einem durchlaufenden Drahtseil ausgestattet; es gibt keinerlei künstliche Tritte. Wer die Route nicht mit roher Gewalt (Armzug) angeht, sondern über eine gute Klettertechnik verfügt, tut sich leichter.
Öffentliche Verkehrsmittel:	Buslinie Trento – Sarche – Arco – Riva
Verkehrsamt:	APT del Garda trentino, Giardini di Porta Orientale, I-38066 Riva del Garda; Tel. 04 64/55 44 44, Fax 52 03 08
Beste Jahreszeit:	Frühling und Herbst, gelegentlich auch im Winter möglich
Ausrüstung:	Komplette Klettersteigausrüstung und Helm, Kletterschuhe angenehm.
Karte:	Kompass-Wanderkarte 1:50 000, Blatt 73 »Gruppo di Brenta«.
Führer:	Eugen E. Hüsler»Klettersteigführer Gardasee«, Bruckmann, München
Hütten:	keine

Tour 67: Gardaseeberge

Monte Casale (1632 m), Via ferrata Che Guevara
Durch die gewaltige Ostwand des Monte Casale

Auf einer gesicherten Route durch die gewaltige Ostwand des Monte Casale steigen – das ist ein einmaliges Erlebnis! Grandios die Felskulisse, dazu gibt's packende Tiefblicke, einige »kribbelige« Stellen mit genügend Adrenalinschüben und am Gipfel eine große Rundschau. Für mich persönlich eine der schönsten Vie ferrate in den Südalpen!!

Talort:	Pietramurata (254 m), zwischen Trento und Gardasee, 20 km von Riva
Ausgangspunkt:	Am nördlichen Ortsausgang, vor der Brücke über die Sarca; Hinweistafel nahe der Straße, Parkmöglichkeit
Höhenunterschied:	1380 Hm
Gesamtdauer:	8 Std. (↗5 Std., ↘3 Std.)
Schwierigkeiten:	Der Klettersteig ist zwar extrem lang, aber nur mäßig schwierig. Gute Kondition ist unerlässlich. Abstieg ebenfalls zum Teil gesichert, bei Nässe nicht ungefährlich, weil sehr steil! **Achtung!** Im Sommer 2001 war die Route in schlechtem Zustand; Einstieg über Steinbruch nur beschränkt möglich!
Öffentliche Verkehrsmittel:	Busverbindung Trento – Pietramurata – Arco – Riva
Verkehrsamt:	APT del Garda trentino, Giardini di Porta Orientale, I-38066 Riva del Garda; Tel. 04 64/55 44 44, Fax 52 03 08.
Beste Jahreszeit:	Frühling und Herbst
Ausrüstung:	Komplette Klettersteigausrüstung, Steinschlaghelm.
Karte:	Kompass-Wanderkarte 1:50000, Blatt 73 »Gruppo di Brenta«
Führer:	Eugen E. Hüsler »Klettersteige Gardasee«, Bruckmann, München
Hütten:	Capanna Don Zio (1610 m), bewirtschaftet Juni bis Mitte September durchgehend, sonst nur an Wochenenden

▲ Unterwegs an der »Ferrata Che Guevara«.

▶ Tiefblick aus der »Ferrata Che Guevara«.

Via ferrata Che Guevara: Von der Strada statale zunächst durch das Gelände des Steinbruchs zum Einstieg (420 m) an dem teilweise licht bewaldeten Geröllkegel. Den Sicherungen folgend über den gestuften Wandvorbau leicht zur Bait dei Pini (620 m). Weiter ansteigend in eine winzige Scharte, dann über die Wand aufwärts, bestens gesichert und Steilaufschwüngen ausweichend, bis zu dem markanten Band, das die Obergrenze des hellgrauen Kalkgesteins markiert. Hier nach links (Drahtseile), anschließend nahezu senkrecht über lange Bügelreihen hinauf – das Kernstück der Route. Nun in weniger steilem Gelände (Spur) auf ein Band (Routenbuch). Quer über eine breite Geröllrinne (Drahtseil) und im Unterholz aufwärts zu einer grasigen Terrasse mit packenden Tiefblicken. Mit Drahtseilhilfe über einen kurzen Felsaufschwung; eine weitere Rinne (II) ist dann nicht mehr gesichert. Über steile Wiesenhänge weiter bergan, schließlich durch einen grasigen Canalone (Drahtseil) auf den weiten Gipfelrücken des Monte Casale (1632 m) und rechts hinüber zu dem schon lange sichtbaren Kreuz.

Abstieg: Über Wiesen zum nahen Rifugio Don Zio (1610 m), dann links auf einem Karrenweg, Markierung 411, am breiten Rücken des Dain alt gemütlich abwärts bis in die Gratsenke des Busòn (1345 m) mit Wegzeiger »Pietramurata«. An den durchlaufenden, zwischen Buchen gespannten Drahtseilen der »Ferratina del Rampin« über den extrem steilen Hang bergab. Eine Eisenleiter führt schließlich in flacheres Gelände. Etwas tiefer stößt man auf eine Forstpiste, die hinunterzieht nach Pietramurata.

Tour 68: Gardaseeberge

Colodri – Anglone – Sallagoni
Ein Ferrata-Enchainement

Drei kurze gesicherte Steige von unterschiedlicher Schwierigkeit, die man an einem Tag begehen kann. Schöne Einblicke in das Kletterrevier von Arco bietet der »Sentiero Colodri«; viel Aussicht aufs Sarcatal genießt man von den Coste dell'Anglone. Beim »Sentiero Sallagoni« handelt es sich um eine nur kurze, aber anspruchsvolle Route, die als Gag mit einer wackeligen Dreiseilbrücke aufwartet.

Sentiero attrezzato del Colodri: Vom Parkplatz des Schwimmbades in Prabi über den Trimmpfad zunächst im Bergsturzgelände aufwärts, dann rechts gegen die Colodrimauer. Weiter nach links über plattige Felsen und zuletzt durch einen steilen, mit ein paar Eisenstiften gesicherten Kamin auf den abgeflachten Rücken des Colodri.
Abstieg: Über das verstrauchte Karrengelände hinunter zum Wallfahrtskirchlein Santa Maria di Làghel (220 m), dann auf einem Sträßchen durch den schönen Olivenhain von Arco hinunter ins Städtchen.

Coste dell'Anglone: Von der Sarcabrücke bei Dro auf dem »Sentiero dell'Anglone« über die gestuften Felsen der Lastoni (Drahtseile) hinauf zu den bewaldeten Coste dell'Anglone. An der Weggabelung links und in leichtem Auf und Ab quer über die Hangterrasse, Markierung 428bis. Schließlich stößt man auf den »Sentiero degli Scaloni«, der über die steile Wand hinunterleitet zur Sarca. Kernstück der originellen Route ist eine lange Treppe im Rücken eines abgespalteten Felsens. Drunten beim Maso Lizzone (122 m) links und auf einem Sträßchen zurück nach Dro.

Sentiero attrezzato Rio Sallagoni: Vom Picknickareal leicht abwärts zur Mündung des Rio Sallagoni und zum Beginn der kurzen Ferrata. Mit Hilfe solider Klammern und straff gespannnter Drahtseile in die Klamm, nach der ersten anstrengenden Querung Fluchtmöglichkeit. Weiter vorwiegend »auf Eisen«, dann unter einem Klemmblock hindurch und zum Ausstieg auf einen Fußweg. Der gabelt sich wenig später: rechts am Hang aufwärts, links zu der etwa 25 Meter langen Dreiseilbrücke. Nun in der romantischen Schlucht bergan zum Castel Drena (ca. 380 m).
Abstieg: Auf markiertem Weglein, die Straßenschleifen abkürzend, hinunter zum Ausgangspunkt.

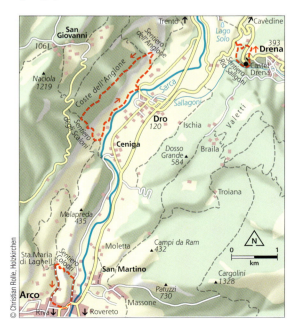

Talort:	Arco (91 m) bzw. Dro (123 m) im unteren Sarcatal
Ausgangspunkt:	*Colodri:* Prabi (92 m), Campingplatz 1 km nördlich von Arco. *Anglone:* Sarcabrücke bei Dro. *Sallagoni:* An der Straße von Dro nach Drena; Picknick- und Parkplatz etwas oberhalb der Schluchtmündung
Höhenunterschied:	200 bis 400 Hm
Gesamtdauer:	Colodri 2 Std., Anglone 3 Std., Sallagoni 1 Std.
Schwierigkeiten:	Der »Colodri-Steig« ist höchstens mäßig schwierig, die Runde über die Coste dell'Anglone leicht, schwierig dagegen der »Sentiero Rio Sallagoni«.
Öffentliche Verkehrsmittel:	Die Orte im unteren Sarcatal besitzen gute Busverbindungen.
Verkehrsamt:	APT del Garda trentino, Giardini di Porta Orientale, I-38066 Riva del Garda; Tel. 04 64/55 44 44, Fax 52 03 08
Beste Jahreszeit:	Frühling, Herbst; meistens auch im Winter möglich
Ausrüstung:	Klettersteigausrüstung, Steinschlaghelm
Karte:	Kompass-Wanderkarte 1:50 000, Blatt 101 »Rovereto – Monte Pasubio«
Führer:	Eugen E. Hüsler »Klettersteige Gardasee«, Bruckmann, München
Hütten:	keine

▲ Unterwegs an den Eisenbügeln der »Ferrata Rio Sallagoni«.

— 101 —

Tour 69: Gardaseeberge

Cima SAT (1246 m), Via dell'Amicizia
Die längste Eisenleiter am Gardasee

Berühmt geworden ist der »Freundschaftsweg« durch seine endlos langen, überaus luftigen Eisenleitern, doch bietet die Route noch mehr: hübsche Kraxelstellen, fantastische Tiefblicke auf Riva, den obersten Gardasee und ins Sarcatal. Die Route lässt sich gut mit den anderen gesicherten Steigen am Rocchetta-Massiv kombinieren (»Sentiero Susatti«, »Sentiero Foletti«, »Sentiero dei Camminamenti«.

Talort:	Riva (78 m), Städtchen am oberen Ende des Gardasees
Ausgangspunkt:	An der »Gardesana occidentale«, der Westuferstraße; hier Parkmöglichkeit, evtl. auch etwas weiter an der Abzweigung der alten Ponalestraße. Große Schautafel über die Steige an der Rocchetta
Höhenunterschied:	1200 Hm
Gesamtdauer:	6 Std. (↗ 3 ¾ Std., ↘ 2 ¼ Std.)
Schwierigkeiten:	Rund 1200 Höhenmeter (in der Morgensonne) verlangen eine ordentliche Kondition. Mittelschwieriger Klettersteig, noch wichtiger ist aber absolute Schwindelfreiheit!
Öffentliche Verkehrsmittel:	Riva besitzt gute Busverbindungen mit Rovereto (Brenner-Eisenbahnlinie) und mit den umliegenden Ortschaften
Verkehrsamt:	APT del Garda trentino, Giardini di Porta Orientale, I-38066 Riva del Garda; Tel. 04 64/55 44 44, Fax 52 03 08
Beste Jahreszeit:	Frühling und Herbst
Ausrüstung:	Komplette Klettersteigausrüstung, Steinschlaghelm.
Karte:	Kompass-Wanderkarte 1:25 000, Blatt 690 »Alto Garda e Ledro«
Führer:	Eugen E. Hüsler »Klettersteige Gardasee«, Bruckmann, München
Hütten:	Capanna Santa Barbara (560 m), nur an Wochenenden bewirtschaftet (keine Übernachtungsmöglichkeiten)

▲ Der Gipfel der Cima SAT.

▶ Tiefblick von der Cima SAT nach Riva.

Zugang: Von der Staatsstraße (Schautafel, Wegzeiger) auf gepflastertem, breitem Zickzackweg zum Rundturm der Bastione (211 m), dann mit der Markierung 404 am teilweise bewaldeten Steilhang hinauf zur Capanna Barbara (560 m). Unterhalb des Kirchleins Santa Barbara (625 m) zweigt rechts der Zugang zum Klettersteig ab (Tafel).

Via dell'Amicizia: Diagonal bergan zum Einstieg (ca. 700 m), dann an Drahtseilen über leichte Felsen zur ersten Leiter: 40 Meter in der Senkrechten, mit einer Plattform auf halber Höhe – absolut nichts für Ängstliche! Und wer hier eine zu schnelle Gangart anschlägt, kommt bald einmal außer Atem. Das gilt auch für die zweite, gegen 70 Meter lange (allerdings weniger steile) Leiter, deren Fuß man nach einem weniger anspruchsvollen Wegabschnitt erreicht. Der Rest ist mehr vergnügliche Zugabe, noch ein paar eiserne Sprossen und Fixseile, dann ist die Cima SAT gewonnen.

Abstieg: Vom felsigen Gipfelchen an Drahtseilen kurz abwärts und zum quer verlaufenden Weg 418. Hier rechts auf dem »Sentiero Crazidei« in vielen kurzen Kehren durch das Val Mera bergab. An seinem Ausgang stößt er auf den breiten Karrenweg, Markierung 402, der von Riva nach Campi führt. Vorbei an dem uralten Wehrturm San Giovanni, dann hinunter zur Kapelle Santa Maria Maddalena (256 m) und zurück nach Riva.

Tour 70: Gardaseeberge

Cima Rocca (1089 m)
Auf den alten Kriegssteigen hoch überm Gardasee

Die abwechslungsreiche, recht eisenhaltige Runde bietet nicht nur faszinierende Tiefblicke auf den Gardasee; man ist auf ehemaligen Frontsteigen des Alpenkriegs 1915/17 unterwegs. Und noch heute begegnen einem allenthalben Relikte dieser unseligen Zeit: Schützengräben, Unterstände, Stollen usw. Beeindruckend der wilde Graben des Val Sperone, den der Weg hoch auf schmalen Bändern quert.

Cima Capì (Sentiero Susatti): Den Ausgangspunkt des »Sentiero Susatti« erreicht man von Riva aus über die alte Ponalestraße. An der Mündung des Val Sperone rechts ab und auf schmalem Steig über eine grüne Rampe hinauf und links hinaus zum Südostgrat der Cima Capì (909 m). Hier beginnen die Drahtseilsicherungen, die über gestufte Felsen, vorbei an alten Stellungen, zum Gipfel leiten. Faszinierend die Tiefblicke auf den See.

Sentiero Foletti: Von der Cima Capì auf einem ehemaligen Kriegssteig kurz zu einer Verzweigung, hier links und an den Sicherungen des »Sentiero Foletti« über plattige Felsen ohne nenneswerte Höhenunterschiede zum Kirchlein San Giovanni (858 m).

Sentiero dei Camminamenti: Gleich dahinter beginnt der »Schützengräbensteig«. Er folgt dem verzweigten Stollen- und Grabensystem, ist abschnittweise ebenfalls mit Drahtseilsicherungen versehen. Im Aufstieg zur Cima Rocca verschwindet die Route zweimal kurz im Berginnern (Kopf einziehen!); dem ersten Loch entsteigt man über eine Eisenleiter. Der 10-Minuten-Abstecher zum Gipfel ist signalisiert; deutliche rot-weiße Markierungen leiten auch durch den Hauptstollen, der sich mehrfach verzweigt. »Irrwege« sind entsprechend signalisiert (»senza uscita, pericoloso!«).

Wieder am Tageslicht, steigt man über die Schützengräben hinunter zur Wegspinne an der Bocca Sperone (987 m). Hier rechts abwärts auf das markante Band, das den gesamten Felskessel des Val Sperone umzieht und auf ihm (Drahtseile) hinüber zu der kleinen Scharte (Hochspannungsmast) im Rücken des Monte di Riva (865 m). Dahinter im Zickzack weiter bergab, dann in flacher Hangquerung zur Bastione (214 m) und zurück nach Riva.

Talort:	Riva del Garda (70 m)
Ausgangspunkt:	Abzweigung der alten (für den Autoverkehr gesperrten) Ponalestraße
Höhenunterschied:	1000 Hm
Gesamtdauer:	6 ½ Std. (↗ 4 Std., ↘ 2 ½ Std.)
Schwierigkeiten:	Die drei Klettersteige an der Cima Capì und an der Cima Rocca sind als leicht einzustufen, alle Wege am Rocchetta-Massiv vorbildlich markiert; etwas Ausdauer erforderlich
Öffentliche Verkehrsmittel:	Riva ist von allen Ortschaften am oberen Gardasee per Bus erreichbar
Verkehrsamt:	APT del Garda trentino, Giardini di Porta Orientale, I-38066 Ri-va del Garda; Tel. 04 64/55 44 44, Fax 52 03 08
Beste Jahreszeit:	Frühling, Herbst bis Schneefall
Ausrüstung:	Klettersteigausrüstung, Steinschlaghelm, für den Kriegsstollen an der Cima Rocca Taschenlampe
Karte:	Kompass-Wanderkarte 1:25 000, Blatt 690 »Alto Garda e Ledro«
Führer:	Eugen E. Hüsler »Klettersteigführer Gardasee«, Bruckmann München
Hütten:	Baita San Giovanni (860 m), Selbstversorgerhütte, stets zugänglich.

▲ Teilweise auf alten Kriegspfaden und durch Schützengräben verlaufen die Steige an der Cima Rocca.

Tour 71: Bergamasker Alpen/Grigne

Zucco di Sileggio (1365 m), gesicherte Steige
Aus einer malerischen Klamm auf ein tolles Belvedere

Erst in, dann auf den Berg! Die Runde beginnt mit dem »Sentiero del Fiume« in der malerischen Klamm des Valle di Era – bei höherem Wasserstand ein lustig-feuchtes Vergnügen – und führt dann über zwei verwegene Leitern auf den Gipfel des Zucco di Sileggio. Und der gehört garantiert zu den besten Aussichtpunkten rund um den Comer See. Besonders schön der Blick auf die Halbinsel von Bellagio.

Talort:	Mandello del Lario (214 m), 10 km nördlich von Lecco am Ostufer des Sees
Ausgangspunkt:	Sonvico (386 m), Weiler über dem Eingang ins Meriatal und Fraktion von Mandello; Zufahrt 3 km vom Zentrum via Somano
Höhenunterschied:	1150 Hm
Gesamtdauer:	6 ¼ Std. (↗ 4 ¾ Std., ↘ 1 ½ Std.)
Schwierigkeiten:	Sowohl in der Schlucht als auch am Gipfelanstieg gesicherte Passagen (Ketten), am Zucco di Sileggio zudem zwei sehr luftige, senkrechte Leitern. Weniger Geübte mit Selbstsicherung. Klammsteig und Gipfelbesteigung können auch als eigenständige Touren durchgeführt werden; Gehzeit dann 3 ¼ bzw. 4 ½ Std.
Öffentliche Verkehrsmittel:	Mandello liegt an der Bahnlinie Mailand – Lecco – Sondrio. Stadtbus bis Somano
Verkehrsamt:	Pro Loco, Via Manzoni 57, I-23826 Mandello del Lario; Tel./Fax 03 41/73 29 12
Beste Jahreszeit:	Frühling und Herbst
Ausrüstung:	Klettersteigausrüstung für weniger Geübte, Steinschlaghelm.
Karte:	Kompass 1:50 000, Blatt 91 »Lago di Como–Lago di Lugano«
Führer:	E. Hüsler »Klettersteigatlas Alpen«, Eugen Hüsler »Wandern & Erleben Lago Maggiore, Comer See und Luganer See«, beide Bruckmann, München
Hütten:	keine

▲ Unterwegs im Valle di Era am »Sentiero del Fiume«.

Sentiero del Fiume: Von Sonvico (386 m; Wegzeiger) auf dem unteren der beiden Wege ins Valle Meria, vorbei an zwei Abzweigungen und hinunter zum Bach. Nun im üppig bewachsenen Klammgrund, mehrfach den Wasserlauf querend, taleinwärts. Steilstufen und kleinere Wasserfälle werden überklettert oder umgangen (Ketten); im Sommer wird man der Verführung kaum widerstehen können, zumindest die Schuhe auszuziehen... An einer Talgabelung quert man den Bach ein letztes Mal, um dann über den steilen Hang (Ketten) hinaufzusteigen zum alten Almweg nach Era, 2¼ Std. Man folgt ihm talabwärts (!) bis zum kleinen Hospiz von Santa Maria (664 m), wo der Anstieg zum

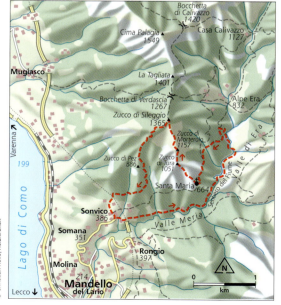

Zucco di Sileggio beginnt. Er führt oberhalb des Kirchleins bald in das leichte Felsgelände (Ketten) des Zucco di Tura (1051 m). Hinter dem grasigen Buckel des Zucco di Morterolo (1157 m) verläuft die Spur am Grat zum senkrechten Gipfelaufschwung des Zucco di Sileggio (1365 m). Zwei Leitern helfen über die etwa 25 Meter hohe Schlüsselstelle hinweg; anschließend leiten Ketten und Seilsicherungen zum großen Panorama.

Abstieg: Er ist mit 17A markiert und verläuft südwestlich über Grashänge ziemlich steil hinab zum Zuc di Pez (886 m) und weiter im Wald zurück nach Sonvico.

Tour 72: Bergamasker Alpen/Grigne

Sasso Cavallo (1920 m), Ferrata Val Cassina
Weiter Weg zu einem großen Kletter- und Aussichtsgipfel

Hinein ins steinerne Herz der Grigne, auf alten (Alm-)Wegen und einem (vergleichsweise) neuen Klettersteig. Dabei ist eine weitgespannte Palette von Eindrücken garantiert, von mediterran bis alpin, und dazu blüht es im Frühsommer rund um das Val Meria besonders schön. Wer im Rifugio Bietti übernachtet, kann anderntags den höchsten Gipfel des Massivs, den Grignone (2409 m) angehen – noch eine Via ferrata.

Aufstieg: Von Rongio (397 m) auf einem Fahrweg leicht steigend ins Valle Meria. An der Ponte del Ferro (490 m) über den Bach, dann im Zickzack am sonnseitigen Hang bergan, immer mit der Markierung 14. An der Costa rechts und unter der Südwand des Sasso Cavallo, mehrere Gräben querend, hinüber und hinauf zum Rifugio Elisa (1515 m). Hinter der Hütte kurz aufwärts, dann unter den Felsen des Sasso dei Carbonari (2157 m) zur Mündung der Cassina-Schlucht. Über lockeren Schutt und Blockwerk mühsam in dem Canalone aufwärts, ein senkrechter Aufschwung ist mit reichlich (verbeultem) Eisen gangbar gemacht. Schließlich leiten Drahtseile und Ketten aus dem wilden Schlund auf die Bocchetta di Val Cassina (Bocchetta di Sengg, 1823 m). Eine dünne Wegspur führt links über den teils felsigen, teils verstrauchten Rücken zum Gipfel des Sasso Cavallo (1920 m) mit fantastischem Rundblick.

Abstieg: Zunächst zurück in die Scharte, dann nördlich steil abwärts (etwas heikle Querung, Drahtseil) und quer über das innerste Val di Sasso Cavallo zur zweiten Hütte am Weg, dem Rifugio Bietti (1715 m). Mit dem höchsten Gipfel der Grigne, dem Grignone (2409 m), im Rücken abwärts durch das Tal des »Pferdesteins«, das sich nach unten hin zu einer Waldschlucht verengt. Bei der nächsten Verzweigung links und über steile Grashänge zu den Hütten von Gardata (1043 m). Schöner Rastplatz mit Aussicht auf das Val Meria und seine Bergkulisse. Weiter talauswärts und an einem steilen Hang über kunstvoll trassierte Kehren hinunter zum Anstiegsweg. Auf ihm zurück nach Rongio.

▲ Der Sasso Cavallo über dem Val Meria.

Talort:	Mandello del Lario (214 m), 10 km nördlich von Lecco am Ostufer des Sees
Ausgangspunkt:	Rongio (397 m), Weiler über der Mündung des Meriatals und Fraktion der Gemeinde Mandello; Zufahrt 3 km vom Zentrum, kleiner Parkplatz im Ort.
Höhenunterschied:	1500 m.
Gesamtdauer:	9 ½ Std. (↗ 5 ¾ Std., ↘ 3 ¾ Std.)
Schwierigkeiten:	Die Runde ist Hüttenwanderung, Klettersteig und Gipfeltour in einem, ziemlich lang dazu – also ist Ausdauer wichtig. Für die »Ferrata Val Cassina« braucht's einen Helm. Und noch ein Tipp: Früh aufstehen, sonst wird man an den steilen Grashängen und in der Cassina-Schlucht »abgekocht«…
Öffentliche Verkehrsmittel:	Mandello liegt an der Bahnlinie Mailand – Lecco – Sondrio. Stadtbus nach Rongio
Verkehrsamt:	Pro Loco, Via Manzoni 57, I-23826 Mandello del Lario; Tel./Fax 03 41/73 29 12
Beste Jahreszeit:	Juni bis Oktober
Ausrüstung:	Wanderausrüstung, Steinschlaghelm, weniger Geübte mit Klettersteigausrüstung.
Karte:	Kompass 1:50 000, Blatt 91 »Lago di Como–Lago di Lugano«
Führer:	Eugen Hüsler »Wandern & Erleben Lago Maggiore, Comer See und Luganer See«, »Hüslers Klettersteigatlas Alpen«, beide Bruckmann, München.
Hütten:	Rifugio Elisa (1518 m), Tel. 03 41/73 17 31. Rifugio Bietti (1715 m), Tel. 03 41/73 59 17

Tour 73: Bergamasker Alpen/Grigne

Grignetta (2177 m), Direttissima/Sentiero Cecilia
Unterwegs in den »Dolomiten des Comer Sees«

Dolomiten über dem Comer See – so könnte man die bizarre Felslandschaft rund um den Gipfel der Grignetta charakterisieren. Und damit ist auch bereits definiert, was einen auf der »Direttissima« (die das genaue Gegenteil eines direkten Weges ist) und dem »Sentiero Cecilia« erwartet – im Herbst eine Tour der Wunder; wenn der Nordföhn den Smog weit in die Poebene hinausbläst und ein tiefblauer Himmel sich über dem Comer See und seinen Bergen spannt.

Talort:	Ballabio (661 m), Dorf an der Straße in die Valsássina, 8 km von Lecco
Ausgangspunkt:	Piani Resinelli (1280 m), beliebtes Ausflugs- und Sportrevier nördlich von Lecco, 8 km ab Ballabio
Höhenunterschied:	ca. 1000 Hm
Gesamtdauer:	5 Std. (↗ 3½ Std, ↘ 1½ Std.)
Schwierigkeiten:	Wenig schwierige gesicherte Steige, vielbegangen und gut markiert. Selbstsicherung nicht notwendig.
Öffentliche Verkehrsmittel:	Regelmäßige Busverbindung zwischen Lecco, Ballabio und Piani Resinelli
Verkehrsamt:	APT del Lecchese, Via N. Sauro 6, I-23900 Lecco; Tel. 03 41/36 93 90, Fax 28 62 31
Beste Jahreszeit:	Frühjahr und Herbst
Ausrüstung:	normale Wanderausrüstung, Klettersteigausrüstung nicht notwendig
Karte:	Kompass-Wanderkarte 1:50 000, Blatt 91 »Lago di Como – Lago di Lugano«
Führer:	»Hüslers Klettersteigatlas Alpen«, Bruckmann Verlag, München
Hütten:	Rifugio Porta (1425 m), ganzjährig bewirtschaftet; Tel. 03 41/59 01 05

Zugang: Von den Piani Resinelli in einer halben Stunde auf harter Unterlage (Straße) zum Rifugio Porta (1425 m).

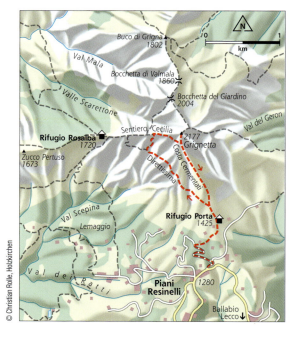

▲ Unterwegs an der »Direttissima«, am Horizont die Gipfel der Walliser Alpen.

Direttissima: Hinter der Hütte kurz bergan zu einer Weggabelung (Tafeln), dann links und über den baumlosen, von Erosionsfurchen gezeichneten »Wachtelhang« (Le Quaglie) schräg aufwärts in den Canalone del Caminetto. Mit Hilfe zweier Leitern steil hinauf in einen Engpass. Dahinter abwärts, um einen Felszacken herum und in die nächste Scharte. Anschließend führt das Weglein, an einigen Stellen mit Ketten gesichert, in einen von bizarren Türmen umstellten Karwinkel. Hier verlässt man die zum Rifugio Rosalba weiterführende »Direttissima« und kraxelt, von Markierungen geleitet, mit gelegentlicher Kettenhilfe durch eine gestufte Rinne aufwärts.

Sentiero Cecilia: Unweit vom Colle Valsecchi (1920 m) stößt man auf den »Sentiero Cecilia«, der – als Gegenstück zur »Direttissima« – die Südwestflanke gewissermaßen »ein Stockwerk höher« quert. Mit Hilfe einiger Sicherungen gewinnt die Route ein felsiges Eck, anschließend geht es über eine tiefe Rinne zum nächsten Buckel und schräg aufwärts zum Normalweg. Nun links am Cresta Cermenati durch eine Geröllrinne bergan, zuletzt über leichte Felsen zum Gipfel.

Abstieg: Über den Cermenati-Grat auf teils rauer Spur und zwei, drei leichte Felsstufen hinunter ins Grüne und zurück zum Rifugio Porta (1425 m).

Tour 74: Bergamasker Alpen/Grigne

Monte Coltignone (1473 m)
Wo alpines und mediterranes Flair zusammentreffen

Eine originelle Bergabwanderung über dem Leccheser Arm des Comer Sees, mit viel Aussicht sowie Tiefblicken auf die alte Eisenstadt Lecco am Abfluss der Adda und ein paar gesicherten Passagen. Im Frühling und Frühsommer gerät die Wanderung leicht zur botanischen Exkursion, blüht es an den Flanken des Coltignone doch besonders üppig, wobei man hier sowohl mediterranen als auch alpinen Gewächsen begegnet.

Aufstieg: Vom Bushalt auf den Piani Resinelli (1280 m) südlich zur großen Straßenschleife am Eingang in den »Parco Valentino«, dann auf einem breiten Fahrweg sanft im Wald bergan. Am Belvedere (1427 m) – nomen est omen! – gibt's die ersten Ausblicke, hinab auf den Seearm von Lecco und hinüber zu den felsigen Corni di Canzo. Auf deutlicher Spur am Rand des Abbruchs entlang zum Coltignone (1473 m) mit überraschend weit reichender Rundschau und Vogelschaublick auf die Dächer von Lecco.

Abstieg: Vom Gipfel zunächst im Zickzack über Wiesen abwärts, dann an einem Schrofenhang hinunter zu überhängenden Felsen. Mit Kettenhilfe etwas heikel in eine steile Rinne. Man steigt vorsichtig – keine Steine ablassen! – in dem engen Canalone ab, bis die Markierungspunkte rechts auf ein luftiges, seilgesichertes Band leiten. Bei der Verzweigung an einer winzigen Scharte nimmt man den rechts abgehenden Weg, der, mehrere Geländerippen querend, in die Westflanke des Berges führt. Im Zickzack zwischen Felsabbrüchen hinunter zum Kirchlein San Martino (772 m), das im 14. Jahrhundert von Benediktinern des Klosters Santa Maria Maddalena in Lecco begründet wurde. Nun links auf dem »Sentiero dei Pizzetti« mit schönen Tiefblicken zum See über die gestuften Sockelfelsen des Coltignone abwärts. So nebenbei kann man auch die »Pizzetti« – zwei markante Felszacken, nach denen der Steig benannt ist – besteigen (Sicherungen). Auf einer kleinen Terrasse (ca. 370 m) gabelt sich der Weg; hier rechts hinab in die laute Stadt.

Talort:	Lecco (214 m), Stadt am Abfluss der Adda aus dem Comer See
Ausgangspunkt:	Piani Resinelli (1280 m), Sport- und Erholungsgebiet in der Senke zwischen Grignetta (2177 m) und Coltignone. Zufahrt von Lecco via Ballabio 16 km
Höhenunterschied:	↗ 200 Hm, ↘ 1250 Hm
Gesamtdauer:	4 Std. (↗ 1 Std., ↘ 3 Std.)
Schwierigkeiten:	Gemütlicher und weitgehend schattiger Anstieg, Abstieg über die steile, felsige Südflanke des Monte Coltignone mit einigen gesicherten Passagen.
Öffentliche Verkehrsmittel:	Busverbindung zwischen Lecco, Ballabio und Piani Resinelli
Verkehrsamt:	APT del Lecchese, Via N. Sauro 6, I-23900 Lecco; Tel. 03 41/36 23 60, Fax 28 62 31
Beste Jahreszeit:	Frühling und Herbst, im Sommer zu heiß
Ausrüstung:	Wanderausrüstung, Teleskopstöcke, für weniger Geübte evtl. Klettersteigausrüstung
Karte:	Kompass-Wanderkarte 1:50 000, Blatt 91 »Lago di Como – Lago di Lugano«
Führer:	Eugen Hüsler »Wandern & Erleben Lago Maggiore, Comer See und Luganer See«, »Hüslers Klettersteigatlas Alpen«, beide Bruckmann, München
Hütten:	Rifugio Riccardo Piazzo (772 m) beim Kirchlein San Martino, nur an Wochenenden bewirtschaftet; Tel. 03 41/59 01 05

▲ Beim Abstieg vom Monte Coltignone.

Tour 75: Bergamasker Alpen

Resegone (1809 m), Via ferrata Gamma

Ein steiler Zahn, der Dente del Resegone

Zu den schwierigsten Klettersteigen der Comer-See-Region gehört die »Via ferrata Gamma«, vergleichbar mit der »Rebuzzini« am Campelli-Stock oberhalb der Valsássina: eine Route der Spitzenklasse, ausschließlich mit Ketten (!) sowie einigen Griffeisen gesichert. Übrigens: Weit weniger anspruchsvoll ist die Via ferrata gleichen Namens am Pizzo d'Erna – Alternative oder gleich Auftakt zur ganz großen »Eisentour«.

Talort:	Lecco (214 m) am Comer See
Ausgangspunkt:	Seilbahn zum Pizzo d'Erna (1362 m); Zufahrt von Lecco über den Vorort Malnago 6,5 km. Wer die Seilbahn benützt, spart sich die Hälfte des recht langen Zustiegs; Gesamtgehzeit dann etwa 5 ½ Std.
Höhenunterschied:	820 Hm
Gesamtdauer:	7 Std. (↗ 4 ½ Std., ↘ 2 ½ Std.)
Schwierigkeiten:	Sehr schwieriger Klettersteig, mit Ketten und Griffen ausgestattet. Nur bei sicherem Wetter gehen, Gewittergefahr im Sommer!
Öffentliche Verkehrsmittel:	Stadtbus zur Seilbahn; die »Funivia Pizzo d'Erna« ist an Wochenenden meistens in Betrieb, durchgehend nur im Hochsommer.
Verkehrsamt:	APT del Lecchese, Via N. Sauro, 6, I-22053 Lecco, Tel. 03 41/36 93 90
Beste Jahreszeit:	Sommer und Herbst
Ausrüstung:	Klettersteigausrüstung, Steinschlaghelm
Karte:	Kompaß-Wanderkarte 1:50 000, Blatt 105 »Lecco – Valle Brembana«
Führer:	»Hüslers Klettersteigatlas Alpen«, Bruckmann München
Hütten:	Rif. Stoppani (890 m), durchgehend bew., Tel. 03 41/25 00 76. Rif. Azzoni (1860 m) am Gipfel des Resegone, Juli/August durchgehend bew., Tel. 03 41/53 02 50.

▲ Kräftig zupacken heißt es auf der »Ferrata Gamma« am Südwestgrat des Dente del Resegone.

Zustieg: Vom Parkplatz der »Funivia Pizzo d'Erna« auf breitem Weg vorwiegend schattig zum Rif. Stoppani (890 m), dann im inneren Val Comera weiter aufwärts gegen den Resegonestock, Mark.1. Man kreuzt den Verbindungsweg Bocca d'Erna – Passo del Fò und steuert dann die mächtige, schräg nach rechts ansteigende Terrasse an, die in halber Höhe den Westabsturz des höchsten Resegonegipfels durchzieht.

Ferrata Gamma: Beim Crocifisso della Bedoletta (ca. 1280 m) verläßt man den Normalweg und folgt einem Steiglein, das links zum Wandfuß leitet (Tafel). Gleich sehr steil aufwärts, über Wandstufen und kleine Absätze, zunehmend luftig bis zu einem markanten Absatz, der bei einer stattlichen, weithin sichtbaren Birke er-

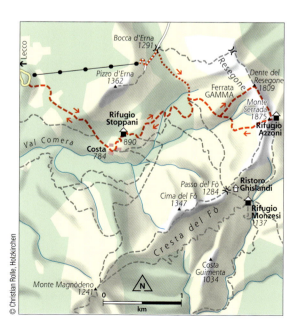

reicht wird. Hier kann man gleich Maß nehmen für den Weiterweg: An dem nur schwach gestuften Pfeiler über senkrechte Stufen, abschüssige Bänder und durch Kamine. Schlüsselstelle ist eine extrem ausgesetzte, praktisch trittlose Platte. Ein langes Band leitet zum Ausstiegskamin, durch den man sehr schwierig auf den grasigen Gipfel des Dente (1809 m) gelangt.

Rückweg/Abstieg: Über den Dente del Resegone zum Resegone-Kammweg. Hier rechts nurmehr leicht ansteigend zum Rif. Azzoni (1860 m) und zum Hauptgipfel des Resegone (1875 m). Für den Abstieg bietet sich die (vergleichsweise leichte) »Ferrata De Franco Silvano« an; direkt vom Gipfel durch steile Rinnen (Geröll, Vorsicht auf Steinschlag durch Nachkommende) hinunter zum Normalweg

Tour 76: Tessiner Voralpen

Monte Grona (1736 m), Via ferrata del Centenario
Sportliche Ferrata auf einen tollen Aussichtsberg

Aufgrund seiner Lage zwischen dem Luganer und dem Comer See gilt der Monte Grona als einer der schönsten Aussichtsgipfel der Region, mit faszinierenden Tiefblicken und Fernsicht bis zur Bernina. Die genießen Wanderer und Klettersteigler gleichermaßen; letztere nehmen ihren Weg über die knackige Via ferrata, die dem Südostgrat des Berges folgt – eine Route der Spitzenklasse, »solo per esperti«!

Zustieg: Von Breglia auf der Straße zur ehemaligen Maiensäß Monti di Breglia (996 m), dann links (Hinweis) an einem verstrauchten Rücken aufwärts. Die Abzweigung des »Sentiero basso« bleibt unbeachtet; man nimmt den »Sentiero alto«, der mit freier Sicht auf den See, die schmale Landzunge von Bellagio und die Grigne in einem weiten Bogen das Rifugio Menaggio (1380 m) ansteuert.

Via ferrata del Centenario: Von der Hütte über eine kleine Scharte zum Fuß der Denti di Grona (Tafel). Steil und ausgesetzt über die ersten beiden Türme, dann in leichterem Gelände am Südgrat zum Fuß des dritten Felszahns: knapp 15 Meter nahe der Senkrechten, trittarm und nur am straffen Drahtseil. Wer sich da überfordert fühlt, kann rechts in den Canalone aussteigen. Weiter über den letzten Turm, dahinter etwas abwärts und in gestuftem Fels zum höchsten Punkt.

Abstieg: Für den Abstieg zum Rifugio Menaggio hat man die Wahl zwischen drei markierten Wegen. Am kürzesten ist die »Direttissima« durch den Canalone, etwas weiter der Weg über die Forcoletta (1611 m), am schönsten der »Sentiero Panoramico«, der in einem Bogen westseitig um den Bergstock herumläuft und herrliche Aussicht auf die beiden Seen und ihre Kulisse bietet. Von der Hütte auf dem Anstiegsweg hinunter nach Breglia.

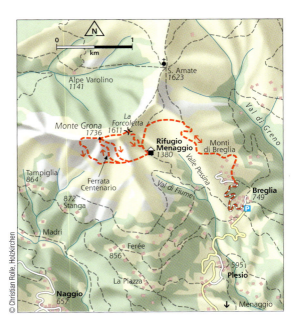

Talort:	Menaggio (203 m) am Westufer des Comer Sees
Ausgangspunkt:	Breglia (749 m), kleines Bergdorf oberhalb von Menaggio, Zufahrt 7 km. Parkplatz vor dem Ort; Weiterfahrt zu den Monti di Breglia (996 m) nicht ratsam (kaum Parkmöglichkeit).
Höhenunterschied:	1000 Hm, am Klettersteig etwa 350 Hm
Gesamtdauer:	6¼ Std. (↗ 4¼ Std., ↘ 2 Std.)
Schwierigkeiten:	Sehr anspruchsvolle, nur mit einem in kurzen Abständen fixierten Drahtseil gesicherte Route. Zwischen den vier Grattürmen flachere Abschnitte; Zwischenausstiege zur parallel verlaufenden »Direttissima« möglich.
Öffentliche Verkehrsmittel:	Busverbindung mit Menaggio
Verkehrsamt:	I-22017 Menaggio, Piazza Garibaldi 8; Tel./Fax 03 44/3 29 24
Beste Jahreszeit:	Mai/Juni und vor allem Herbst, der Fernsicht wegen
Ausrüstung:	Klettersteigausrüstung, Steinschlaghelm
Karte:	Kompass-Wanderkarte 1:50000, Blatt 91 »Lago di Como – Lago di Lugano«
Führer:	»Hüslers Klettersteigführer Westalpen«, Bruckmann Verlag, München
Hütten:	Rifugio Menaggio (1380 m), bew. 20. Juni bis 15. September, sonst nur an Wochenenden; Tel. 03 44/3 72 82

▲ Auch die schwierigen Stellen an der »Centenario« sind nur mit einem Drahtseil gesichert.

Keine typische Westalpen-Ferrata, sondern ein gesicherter Hüttenzustieg, der in die Wunderwelt der Viertausender führt: der Weg zur Schreckhornhütte in den Berner Alpen

Klettersteige in den Westalpen

Fondue oder Röschti ...

Über Geschmack lässt sich bekanntlich nicht streiten – also ist die Frage rein theoretischer Natur. Ähnlich verhält es sich mit den Klettersteigen – man kann sie mögen, oder auch nicht. Dass es zwischen Klettersteig und Klettersteig große Unterschiede gibt, vor allem zwischen deutschen und welschen (französischen), sollte dabei nicht übersehen werden. Woher die Differenzen? Ist Berg nicht Berg? Darüber kann man trefflich diskutieren ...

▲ Ein Eisenweg vor großer Westalpenkulisse: Der »Baltschieder Klettersteig« belohnt mit grandiosen Blicken auf die Berner Alpen und über das Rhonetal gegen die Walliser Viertausender!

Schmeckt gut, dein Fondue!« sagt Arthur, und ich glaube es ihm. Die Mischung ist ausgewogen, auch geographisch: etwa ein Drittel Appenzeller, ein Drittel Emmentaler und nochmals gleich viel Gruyère. Dazu ein süffig-fruchtiger Fendant aus dem Wallis, goldschimmernd im Glas, angenehm auf dem Weg durch die Kehle, und draußen das passende Schmuddelwetter: Schneeregen, Graupelschauer aus ein paar atmosphärischen Tiefs mit so erotischen Namen wie Gunda und Hellwiga. Bei uns dagegen herrscht ein Stimmungshoch, die Mona tunkt ihr Brot am Spieß in den flüssigen Käse, Kater Einstein streicht um unsere Füße und versteht nicht, warum aus knapp einem Kilo Käse samt Zutaten, ein paar helvetischen Beschwörungsformeln und viel Hitze keine Wurst wird: einfach unmöglich! Wir vermissen gar nichts, parlieren im Kreis herum, tauschen Erinnerungen aus und phantasieren über den nächsten Frühling und Sommer. Das geht ganz leicht, ich bin schon eine ganze Weile auf Entzug, sehe Berge bloß vor meinem geistigen Auge. Der Arthur geht gerne auf Skitour, hat's da also leichter: ein Tag mit viel Sonne, guten Schneeverhältnissen, und schon zieht es ihn hinaus-hinauf. Allerdings nur, wenn ihm sein Stundenplan nicht dazwischen kommt – Arthur ist Lehrer, unter anderem für Französisch.

Das trifft sich gut, der große westalpine Klettersteig-Boom findet zwischen Savoyen, dem Briançonnais und den Seealpen, zwischen Avoriaz und Monte Carlo statt. Hier regiert Monsieur Chirac, löscht man den Durst hinterher mit einem »Kronen-

---

Der Klettersteig ist Teil des »Funparks« Alpen, die Felsmauer dient als Gerüst fürs Spektakel, und die Natur wird zur Kulisse

---

bourg«, und da haben »notres chers amis français« in den 90er Jahren die Via ferrata neu erfunden – fast zumindest.

Während in den Ostalpen der Trend noch vor kurzem zu immer sparsamer gesicherten, »naturbelassenen« Routen ging, das fest gespannte Drahtseil im Steilfels als finale Herausforderung für Klettersteigfreaks galt, hält man es im Westen mit der Devise: Spaß muss sein, Nervenkitzel auch – und dazu optimale Sicherheit. Felsberührung ist weniger gefragt, was einer gewissen Logik entspricht, handelt es sich beim angepeilten Publikum doch weder um Kletterer noch um Alpinisten. Der Klettersteig ist Teil des »Funparks« Alpen, die Felsmauer dient als Gerüst fürs Spektakel, und die Natur wird zur Kulisse. Da turnst du an Eisenbügeln an einer vertikalen Pfeilerkante hinauf, Tritt- und Griffeisen leiten maximal ausgesetzt quer durch eine nach außen hängende Wand, zwischen Felszacken sind schwankende Hängebrücken gespannt, gelegentlich auch bloß zwei oder drei Drahtseile (Ponts de singe). Gesteigerten Kitzel versprechen die »Tyroli-

Klettersteige in den Westalpen

ennes« – mittels Seilrolle am Draht über den Abgrund. Und wer's ganz artistisch mag, kann an der »Ferrata Escale de la Peille« im Hinterland von Nizza in einem Stahlnetz krabbelnd ganz neue Steilwandgefühle erleben ...

Und der Berg? Nebensache, da stört auch die Straße nicht, die vielleicht quer durchs »Kletter«-Revier verläuft. Über den Dächern von Grenoble, am Bastille-Felsen, sind seit jüngstem Drahtseile gespannt, Eisen verankert, sogar der Abstieg ist am Drahtseil (der Gondelbahn) möglich, und hinterher setzt man sich auf der Place de la Grenette in ein Straßencafé mit Blick aufs gotische Rathaus und viele jeunes filles ... Das gefällt der Mona weniger, aber Arthur hält die Aussichten durchaus für vielversprechend. Sein bevorzugtes Revier sind die winterlichen Berge, und da gibt's zwar herrliche Abfahrten, aber keine Klettersteige. (Für Griffelspitzer: bei St. Anton wurde letztes Jahr tatsächlich eine »Winter-Ferrata« eröffnet.)

»Warum nicht?« sagt Arthur und meint damit meinen Vorschlag, es auch einmal mit Eisen statt Eis zu probieren. Ich schenke ihm vom Walliser Weißen nach, und Hildegard lässt das Körbchen mit dem Brot kreisen.

»Wisst ihr eigentlich«, frage ich, den Gedanken rückwärts weiter spinnend, »wer den Klettersteig erfunden hat?«

»Eine Fangfrage...« mutmaßt Arthur, ganz Lehrer; Hildegard weiss natürlich, worauf ich hinaus will, schließlich waren wir schon am Mont Aiguille.

»Du meinst diesen Franzosen, wie hieß er doch...?«

»Genau, Antoine de Ville, war's, der vor mehr als fünf Jahrhunderten den Mont Aiguille bestieg, auf Geheiß seines Königs, Charles VIII. – mit Hilfe von Sturmleitern!«

Der Berg als Festung – eine beliebte Metapher, weshalb in diesem Zusammenhang auch immer wieder »Eroberungen« fällig waren. Die Mannen um De Ville (samt Priester und Notar) hatten auch nichts anderes im Sinn, und wer den Mont Aiguille einmal zu Gesicht bekommen hat, versteht sofort, dass diesem unglaublichen Zacken nur schwer beizukommen ist. Der wackere Söldnerhauptmann schaffte es, brachte die gesamte Gesellschaft auf den Gipfel, der sich als ausgedehnte Wiese entpuppte. Die Leitern nahmen sie beim Abstieg wieder mit – ein mobiler Klettersteig. Datum der epochalen Tat: der 28. Juni 1492 – Columbus war gerade unterwegs nach Indien, pardon: Amerika.

Genau 500 Jahre später, 1992, hat man übrigens eine richtige Via ferrata auf eben diesen Mont Aiguille (2097 m) gebaut, doch das »Geschenk« ist nicht gut angekommen. Der Klettersteig musste nach Protesten von Kletterern und Naturschützern wieder abgebaut werden.

Den großen Boom hielt das aber trotzdem nicht mehr auf; es wurde (und wird) genagelt, gebohrt und verdrahtet zwischen dem Chablais und der Côte d'Azur, zwischen Grenoble und Briançon. Das (vor-

▲ Steil, steiler, am steilsten und mit übermäßig vielen Sicherungen ausgestattet: die »Via ferrata Roc du Vent« in der Nähe von Albertville.

▼ Ganze 40 (!) Meter misst die längste Hängebrücke an der »Via ferrata de la Tovière«.

> Der Weg ist das Ziel – bei den Vie ferrate stimmt das ganz besonders, dazu gehören aber auch Zustieg und Rückweg

läufige) Resultat: über fünfzig Klettersteige. Und es werden immer mehr.

»Magst du Röschti?« frage ich die Mona, die gerade am Boden des Caquelons herumkratzt (Fondueliebhaber wissen, wonach sie schürft). »Klar.«

Den »Röschtigraben« kennt sie natürlich nicht – verständlich, sie ist EU-Bürgerin und hat kein Konto bei der UBS. Arthur, der viel besser französisch kann als ich, aber halt auch keinen Schweizer Pass besitzt, wackelt mit dem Kopf. Ich versuch' die Sache mit der Kulturgrenze – eben diesem imaginären Graben – zu erklären. Verweise auf Geschichte, auf unterschiedliche Lebensart dies- und jenseits der Saane/Sarine, auf Ängste der kleineren Welschschweiz vor wirtschaftlicher Dominanz usw. »Also eine Art Weißwurst-Äquator?« kehrt Arthur, ein anderes Nationalgericht ansprechend, zum Kulinarischen zurück.

»So ähnlich«, gebe ich recht, »niemand hat ihn je gesehen und dennoch gibt's ihn.«

Klettersteige in den Westalpen

▲ Ganz im Bann der Eiger-Nordwand: der Rotstock-Klettersteig.

▼ Balanceakt über den Dächern: an der »Via ferrata St-Pierre« einem Sportklettersteig unter dem Col de Galibier.

Sogar bei den Klettersteigen. Und das ist schon ziemlich erstaunlich, spiegelt aber irgendwie treffend die unterschiedlichen Lebensarten wieder: eher spielerisch-locker gibt man sich in der Welschschweiz, während man Zürchern & Co. immer wieder der Eigenschaften wie nüchtern, fleißig oder langweilig unterstellt – zu Recht?

Die Klettersteige dies- und jenseits des »Röschtigrabens« sehen jedenfalls entsprechend aus: alpine Routen bei Braunwald und Engelberg, große Touren in den (Ober-)Walliser Bergen wie der »Baltschieder« und das »Jägihorn«, kurze, knackige Sportklettersteige dagegen im französischsprachigen Unterwallis (»Belvedere«, »Tière«) und in den Waadtländer Alpen. Die »Ferrata de la Tête aux Chamois« würde bestens in die Maurienne passen, der »Tälli« könnte auch in Tirol liegen, und am »Rotstock-Klettersteig« wirkt die Nähe der übergroßen Eiger-Nordwand fast schon einschüchternd. Große Kulissen, weite Wege – viel Natur halt, auch ein Gipfelerlebnis, das mögen die Bündner, Zuger und Berner.

Ich auch – zugegeben – da bin ich irgendwie altmodisch. So sehr ich Klettersteige liebe, sie sind mir (nur) Mittel zum Zweck: hinaus, hinein und hinauf zu kommen – in die Natur, durch die Wand und zum Gipfel. Der Weg ist das Ziel – bei den Vie ferrate stimmt das ganz besonders, aber dazu gehören natürlich auch Zustieg und Rückweg, und wenn die Tour recht lang, anstrengend war, ist das Glück hinterher umso größer.

Die Frage ist schon oft gestellt worden, vor ein paar Jahrzehnten füllte sie zahllose Spalten in den einschlägigen Magazinen. Und die Antworten? Unbefriedigend, weil vielfach emotional oder ideologisch geprägt, auch zwischen fortschreitender Erschließung (Zerstörung?) des Alpenraums und einer Art »Bewahrungstheologie« gefangen. Wie kann man gegen Klettersteige, aber für den Massenskilauf sein? AV-Hotels in hochsensiblen Bergregionen, aber keine Via ferrata am Hüttenmugel?

Man kann's auch anders sehen, die Verhältnisse etwas zurechtrücken: bei tausend Klettersteigen in den Alpen kommt gerade eine Via ferrata auf 220 Quadratkilometer – das entspricht etwa der Fläche des Kantons Zug.

»Wann fahren wir?« fragt der Arthur. Im Frühsommer vielleicht, da haben Lehrer Urlaub, und wenn das Wetter passt. Und ich könnte mir die jüngsten »Kreationen« der Firmen Prisme, RocEnterprise und Sisiphe anschauen. Schließlich muss man als Klettersteig-Führerautor auf der Höhe der Zeit bleiben – up to date.

Und – ehrlich – ich mag Fondue halt auch ...

▶ Auf den Rubli (2284 m), einen markanten Felsgipfel an der Grenze zwischen Berner Oberland und Waadtland, führt die »Via ferrata de Rougemont«, eine interessante Route mit zwei unterschiedlich schwierigen Teilstücken.

Tour 77: Alpstein

Säntis (2502 m), Nasenlöcher-Route und Lisengrat
Auf steilen Pfaden über den »Rigi der Ostschweiz«

Der Säntis gilt zu Recht als einer der lohnendsten Aussichtsgipfel in den Nordalpen. Mit einem Anstieg über die »Nasenlöcher-Route« und dem Abstieg über den Lisengrat ergibt sich eine besonders schöne, sehr alpine Überschreitung. Faszinierende Tiefblicke ins grün-wellige Appenzeller Voralpenland, grandios das Panorama vom (arg verbauten) Gipfel.

Talort:	Urnäsch (832 m), 15 km südlich von St. Gallen im Appenzellerland
Ausgangspunkt:	Schwägalp (1352 m), Talstation der großen Säntis-Seilbahn, 11 km von Urnäsch, 12 km von St. Johann im Toggenburg.
Höhenunterschied:	↗ 1200 Hm, ↘ 1500 Hm
Gesamtdauer:	8 ¾ Std. (↗ 4 ½ Std., ↘ 4 ¼ Std.)
Schwierigkeiten:	Die Überschreitung verlangt neben einem sicheren Tritt auch Ausdauer. Am Anstieg leichte Kletterstellen (I), unter dem Girensattel Firnfeld (Blau Schnee).
Öffentliche Verkehrsmittel:	Regelmäßige Busverbindungen zwischen Urnäsch, der Schwägalp und Unterwasser im Toggenburg.
Verkehrsamt:	Tourist-Info, Dorfplatz, CH-9475 Unterwasser; Tel. 071/9 99 19 23, Fax 99 97 85 47
Beste Jahreszeit:	Ende Juni bis Mitte Oktober
Ausrüstung:	Normale Wanderausrüstung, dazu Teleskopstöcke.
Karte:	Landeskarte der Schweiz 1:50 000, Blatt 227T »Appenzell« mit Wanderwegeaufdruck.
Führer:	Eugen E. Hüsler »Klettersteigführer Westalpen«, Bruckmann, München
Hütten:	Berghaus Säntis (2501 m), bew. Anfang Mai bis Ende Oktober, Tel. 071/7 99 11 60. Gasthaus Rotsteinpass (2124 m), bew. Juni bis Ende Oktober; Tel. 071/7 99 11 41.

▲ Knapp unter dem Säntisgipfel führt der Anstieg über die enge Blau-Schnee-Scharte.

Zustieg: Von der Schwägalp auf Güterwegen hinüber zur Chammhaldenhütte (1394 m). Hier rechts mit leichtem Höhenverlust über die Potersalp, an den Dreihütten vorbei und auf Fahrweg leicht aufwärts zu einem grasigen Rücken (ca. 1400 m; Wegzeiger).

Aufstieg: Zunächst gerade, dann im Zickzack über saftige Wiesen bergan zu den Felsen. Erste Aufschwünge werden von der weiß-blau-weiß markierten Spur umgangen; rechts oberhalb entdeckt man die beiden großen »Nasenlöcher«, von denen die Route ihren Namen hat.

Mit Drahtseilhilfe über eine Steilstufe, dann links zur Mündung der Öhrligrueb. Über plattige Felsen (Drahtseil, ein paar Eisenstifte) gelangt man in das geräumige Kar. Den Markierungen folgend in die innere Öhrligrueb und rechts über eine Felsbarriere (Drahtseil) in den Höch-Nideri-Sattel (2121 m). Dahinter stößt man auf den vom Schäfler kommenden Steig. Er führt über ausgedehnte Karrenfelder ansteigend zum Blau Schnee. Unter dem Girenspitz rechts über gestufte Felsen (Sicherungen) auf den Grat, dann links in die enge Blau-Schnee-Scharte (2397 m) und an einer gesicherten Verschneidung zum Eingang des Gipfelstollens.

Abstieg: Von dem total verbauten Gipfel auf markiertem Steig über einen Schrofenhang bergab und am Kamm zum Chalbersäntis (2377 m). Dahinter beginnt die gut gesicherte, sehr reizvolle Überschreitung des Lisengrats. Zuletzt steil hinunter in den Rotsteinpass (2120 m). Hier rechts und auf viel begangenem Weg über den Schafboden talabwärts nach Thurwis (1207 m) und auf der Straße hinaus nach Unterwasser (906 m).

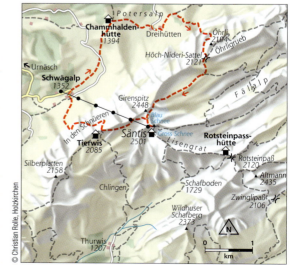

Tour 78: Glarner Alpen

Eggstöcke (2449 m), Braunwalder Klettersteig
Eine Genuss-Ferrata im hinteren Glarnerland

Seit kurzem ist Braunwald auch eine gute Adresse für Klettersteigler. An Schönwetter-Wochenenden herrscht oben in den Felsen der Eggstöcke reger Betrieb, kann man winzige bunte Punkte beobachten: Ferratisti. Sie sind auf der tollen neuen Genussroute unterwegs, und die soll im Frühsommer 2002 noch über den Hinter Eggstock verlängert werden!

◄ Der erste Abschnitt der Ferrata läuft am Leiteregg aus; rechts die »Edelweißbank« mit Tödiblick.

Zustieg: Vom Restaurant Gumen (Hinweisschild) auf markiertem Weg schräg aufwärts zu den Paraglider-Startplätzen und links neben dem Weidezaun zum Einstieg (2120 m).

Klettersteig Braunwald: Bestens gesichert über den felsigen Vorbau des Leitereggs, dann am Grat zunehmend steiler aufwärts und durch einen kurzen Kamin. Nach einer Linksquerung über einen tiefen Spalt und gleich danach an Eisenbügeln über eine Platte zu einer steilen Verschneidung unter Überhängen. An Krampen über einen senkrechten Aufschwung und leicht zum Leiteregg (2310 m) mit der »Edelweißbank«. Am grasigen Rücken zum Fuß des Vorder Eggstocks, wo sich die Route gabelt: links teilweise gesichert hinab zum Felsfuß, rechts diagonal aufwärts und luftig auf einen Absatz. Eine senkrechte Leiter hilft auf ein Horizontalband. Man folgt ihm kurz nach links zu einem steilen Kamin. An soliden Sicherungen anstrengend in leichteres Gelände. Ein letzter Aufschwung leitet zum Gipfel des Vorder Eggstocks (2449 m). Dahinter an der Nordseite schräg abwärts, dann auf der 16 Meter langen Hängebrücke spektakulär über eine Scharte. Nach kurzer Querung in den Südabstürzen folgt die Route, durchgehend mit Drahtseilsicherung, dem schmalen Grat hinüber zur großen Blumenwiese am Mittler Eggstock (2420 m), 2 ¼ Std. vom Einstieg.

Abstieg: Den Pfahlmarkierungen nach über den grasigen Rücken zu einem Schild, das den Beginn des Abstiegs markiert. Mit Drahtseilsicherung auf der Südseite steil (bei Nässe heikel!) abwärts (Abzweigung zum Hinter Eggstock), zuletzt sehr spektakulär an einer langen Strickleiter zum Wandfuß. Auf guter Spur hinunter zu dem Wanderweg, der vom Gumen zum Bützi führt und auf ihm links zurück zur Liftstation.

Talort:	Braunwald (1256 m), autofreier Ferienort im Glarnerland
Ausgangspunkt:	Gumen (1901 m), Bergstation des Sessellifts
Höhenunterschied:	300 Hm bis 550 Hm
Gesamtdauer:	2 ¾ Std. bis 6 Std.
Schwierigkeiten:	Eine Genussroute mittlerer Schwierigkeit, optimal gesichert, teilweise auch sehr ausgesetzt. Vom Leiteregg und vom Mittler Eggstock gesicherte Abstiege.
Öffentliche Verkehrsmittel:	Braunwald erreicht man von Linthal (Bahnhof SBB) mit der Standseilbahn. Der Sessellift Braunwald–Gumen ist vom 23. Juni bis Ende Oktober täglich von 8 bis 12.30 und 13.30 bis 17 Uhr in Betrieb.
Verkehrsamt:	Braunwald Tourismus, CH-8784 Braunwald; Tel. 0 55/6 53 65 85, Fax 6 53 65 86. Internet www.braunwald.ch
Beste Jahreszeit:	Juni bis zum ersten Schneefall
Ausrüstung:	komplette Klettersteigausrüstung, Steinschlaghelm.
Karte:	Landeskarte der Schweiz 1:50 000, Blatt 246T »Klausenpass« mit Wanderwegeaufdruck. Landeskarte der Schweiz 1:25 000, Blatt 1173 »Linthal«
Führer:	Eugen E. Hüsler »Klettersteigführer Westalpen«, Bruckmann, München
Hütten:	Berghaus Gumen (1901 m), bew. während der Betriebszeit des Lifts.

— 117 —

Tour 79: Vierwaldstätter Alpen

Rigidalstock-Klettersteig (2593 m)
Die Panorama-Ferrata über Engelberg

In der Hitliste der Engelberger Gipfelziele ist der Rigidalstock seit dem Sommer 2000 schlagartig nach oben gerückt. Mit der Ferrata besitzt er nun einen interessanten Anstieg mit ein paar originellen Passagen und prächtigen Hochgebirgsmotiven. Die Route eignet sich bestens für Einsteiger. Einziger Schönheitsfehler: Man muss auf dem gleichen Weg absteigen.

Talort:	Engelberg (1000 m), bekannter Innerschweizer Ferienort
Ausgangspunkt:	Bergstation des Brunni-Sessellifts (1860 m). Talstation ist Engelberg. Gebührenpflichtige Parkplätze bei der Seilbahn
Höhenunterschied:	730 Hm
Gesamtdauer:	3½ Std. (↗ 2¼ Std., ↘ 1¼ Std.)
Schwierigkeiten	Der neue Rigidalstock-Klettersteig gehört in die Kategorie der Genussklettersteige; nennenswerte technische Schwierigkeiten gibt's nicht. Die einzige etwas knifflige Passage befindet sich im unteren Abschnitt der Route.
Öffentliche Verkehrsmittel:	Engelberg erreicht man von Luzern per Bahn. Brunni-Luftseilbahn und Sessellift sind täglich von 8 bis 18 Uhr in Betrieb
Verkehrsamt:	Tourist Center, Klosterstraße 3, CH-6390 Engelberg; Tel. 0 41/6 39 77 77, Fax 6 39 77 66.
Beste Jahreszeit:	Ende Mai bis Mitte Oktober
Ausrüstung:	komplette Klettersteigausrüstung, Helm
Karte:	Landeskarte der Schweiz 1:25 000, Blatt 1191 »Engelberg«
Führer:	»Hüslers Klettersteigführer Westalpen«, Bruckmann Verlag, München
Hütten:	Brunnihütte (1860 m), ganzjährig bew.; Tel. 0 41/6 37 37 32

▲ Es ist geschafft! In den Gipfelfelsen des Rigidalstocks, hinten der Gross-Spannort.

▶ Hochbetrieb am Gipfelkreuz des Rigidalstocks – nicht zuletzt wegen des neuen Klettersteigs.

Zustieg: Von der Bergstation des Sessellifts (Hinweistafel »Klettersteig«) bzw. von der Brunnihütte (1860 m) auf dem weiß-blau-weiß markierten Weglein über einen steinigen Hang in die Mulde unter dem Schonegg. Nun rechts auf den Wiesenrücken, an ihm bergan und über den Buckel mit dem schönen Namen »Uf den Stucklenen« (2188 m) hinweg. Die Farbtupfer leiten durch Blockwerk auf den schrofigen Hang unter dem Südgrat des Rigidalstocks; eine deutliche Spur führt im Zickzack zum Einstieg (Tafel; ca. 2380 m).

Rigidalstock-Klettersteig: Drahtseile leiten über ein gutmütiges Band rechts hinaus zum Gratansatz. Hier steil über eine Felsstufe, dann durch eine Rinne mit der Schlüsselstelle gleich zum Auftakt wieder zurück zur Gratschneide. Direkt auf ihr zur eigentlichen Gipfelwand. Nun über gestufte Felsen mit Drahtseilsicherung aufwärts zu einer kompakten, etwa 30 Meter hohen und ziemlich steilen Platte, die man an Eisenbügeln leicht überwindet. Anschließend am Drahtseil links hinaus auf einen Geröllrücken (Vorsicht, keine Steine lostreten!), über ihn auf einer Wegspur in kurzen Kehren zum Südwestgrat und, nochmals mit Drahtseilsicherung, leicht zum Gipfelkreuz.

Abstieg: Nur über den Klettersteig!

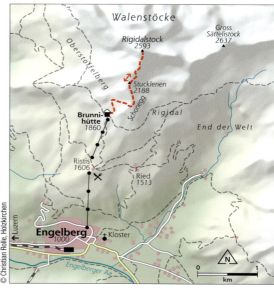

Tour 80: Vierwaldstätter Alpen

Fürenwand – Klettersteig
Die jüngste Ferrata der Schweiz – aber bestimmt nicht die letzte!

Sportliche Ferrata in Talnähe. Der steile südseitige Anstieg bietet packende Aus- und Tiefblicke über das Tal der Engelberger Aa. Kurzer Zustieg, »Abstieg« am dicken Drahtseil der Seilbahn. Die Route wurde im Sommer 2001 eröffnet; vorgesehen ist eine Verlängerung ab dem »Jägerband« bis zum oberen Rand der Fürenwand mit eher noch zunehmenden Schwierigkeiten.

Zustieg: Von der Seilbahnstation (1080 m) zunächst auf der asphaltierten Straße taleinwärts bis zur signalisierten Abzweigung. Links mit weiß-blau-weißen Markierungen steil in Serpentinen zum Wandfuß.

Fürenwand-Klettersteig:
Zunächst am Drahtseil kurz nach rechts, dann fast senkrecht über eine erste Wandstufe, die mit künstlichen Tritten gangbar gemacht ist. In der Folge wechseln luftige Querungen mit weiteren Steilpassagen ab, alles bestens gesichert (Drahtseile, Eisenbügel und -stifte). Dabei wird viel Luft unter den Schuhsohlen geboten; faszinierend die Tiefblicke in den Talboden der Engelberger Aa. Zwischen den griffarmen Felsplatten liegen kleinere und größere Grasflecken – bei Nässe nicht unbedingt ein Vorteil. Und dann heisst es: nicht erschrecken (keine Angst, das Viech ist längst tot)! Etwa auf halber Wandhöhe erreicht man das (vorläufige) Ende der Via ferrata. Nun rechts, zunächst kurz noch gesichert, hinaus in die teilweise bewaldete Bergflanke und auf dünner Spur mit weiß-blau-weißen Markierungen hinauf zur Bergstation der Seilbahn (1840 m) auf der Fürenalp.

Abstieg: Mit der Seilbahn. Alternativ kann man auch auf dem weiß-rot-weiß bezeichneten Weglein in knapp 1 1/2 Std. ins Tal absteigen.

Talort:	Engelberg (1000 m), Innerschweizer Ferienort
Ausgangspunkt:	Talstation der Fürenwand-Seilbahn (1080 m)
Höhenunterschied:	760 Hm
Gesamtdauer:	3 Std. (↗ 3/4 Std., Klettersteig 2 1/4 Std.)
Schwierigkeiten:	Hervorragend gesicherte, anspruchsvolle Route im Steilfels. Teilweise sehr luftige Querungen. Nur bei trockener Witterung gehen (Gras).
Öffentliche Verkehrsmittel:	Engelberg erreicht man von Luzern per Bahn. Die Fürenalp-Seilbahn ist Januar bis Oktober 8.30 bis 17.30 Uhr in Betrieb (Bus bis zur Talstation).
Verkehrsamt:	Tourist Center, Klosterstraße 3, CH-6390 Engelberg; Tel. 041/6 39 77 77, Fax 6 39 77 66, E-Mail tourist-center@engelberg.ch, Internet www.engelberg.ch. Bergführerbüro Engelberg, Tel. 041/6 37 27 60
Beste Jahreszeit:	Kann schon recht früh im Jahr begangen werden - die Fürenwand muss aber auf jeden Fall schneefrei sein. Sehr schön auch im Herbst.
Ausrüstung:	Klettersteigausrüstung, Steinschlaghelm.
Karte:	Landeskarte der Schweiz 1:50 000, Blatt 245T »Stans« mit Wanderwegeaufdruck. Landeskarte der Schweiz 1:25 000, Blatt 1191 »Engelberg«
Führer:	—
Hütten:	keine

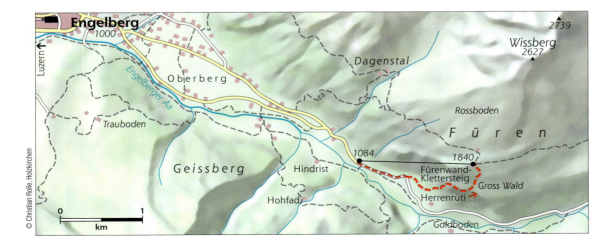

▲ Im Einstiegsbereich des Fürenwand-Klettersteigs.

Tour 81: Urner Alpen

Via ferrata Diavolo
Die »Teufelsferrata« über der Schöllenenschlucht

Urner Granit, hautnah erlebt! Der steile Gang aus der Schöllenen hinauf zum Tüfelstalboden bietet ein packendes Landschaftserlebnis; besonders hervorzuheben sind die Tiefblicke in die wilde Klamm, auf die (alten und neuen) Gotthardwege. Über die Geschichte des berühmten Passes kann man sich übrigens im Gotthardmuseum informieren – es lohnt sich!

Talort:	Andermatt (1447 m), bekannter Ferienort an der Gotthardstrecke
Ausgangspunkt:	Bahnhof Andermatt; großer Parkplatz
Höhenunterschied:	450 Hm
Gesamtdauer:	2 ¾ Std.
Schwierigkeitenen	Bei der »Ferrata Diavolo« handelt es sich um eine nur mäßig anspruchsvolle, sehr üppig gesicherte Route. Ideal für Einsteiger.
Öffentliche Verkehrsmittel:	Andermatt liegt an der Furka-Oberalp-Bahn, ist von Göschenen (Gotthardstrecke) aus mit dem Postbus oder mit der Zahnradbahn erreichbar.
Verkehrsamt:	Gotthardstraße 2, CH-6490 Andermatt; Tel. 041/8871454, Fax 8 87 01 85
Beste Jahreszeit:	Frühsommer bis zum ersten Schnee
Ausrüstung:	Klettersteigset, Steinschlaghelm.
Karte:	Landeskarte der Schweiz 1:25000, Blatt 1231 »Urseren«.
Führer:	»Hüslers Klettersteigführer Westalpen«, Bruckmann Verlag, München
Hütten:	keine

▲ Über steile Granitplatten führt die »Ferrata Diavolo«; hinten die Wände der Schöllenenschlucht.

▶ Atemberaubend! Der Tiefblick vom Ausstieg der »Ferrata Diavolo« auf die Schöllenenstraße.

Zugang: Vom Bahnhof Andermatt auf und an der Hauptstraße (gelbe Wegzeiger) – vorbei an der großen Kaserne – zum Parkplatz bei der Teufelsbrücke. Rechts kurz hinab zum Suworow-Denkmal (1405 m).

Via ferrata Diavolo: Die Ferrata startet links neben dem Denkmal. Über das Mäuerchen und auf schmaler Spur (Seil) flach zum Fuß einer markanten, steilen Felsrippe. Mit Hilfe aufwändiger Sicherungen (Drahtseile, Haken, Eisenbügel) luftig bergan. Packend bereits hier die Tiefblicke in die Schöllenenschlucht. Nach dem recht spektakulären Auftakt wechseln in der Folge Grasbänder und plattige Felsen, alles gut gesichert. Nach dem Routenbuch, das sich in einem Esstapf versteckt, folgt das Finale: eine etwas abdrängende Linksquerung, auf die eine senkrechte Leiter anschließt, und zuletzt noch eine mit Haken gangbar gemachte Rinne zum Ausstieg. Wenig höher flattert die Urner Fahne (1860 m) über einem schönen Rastplatz mit freier Sicht zum Salbitschijen und den anderen Gipfeln über dem Göschener Tal.

Abstieg: Am Tüfelstalboden im Gras auf deutlicher, weiß-blau markierter Spur noch etwas bergan, dann über Blockwerk zu einer Verzweigung: geradeaus weiter ansteigend zu einer Militärstraße und auf ihr hinunter zur Bahnstation Nätschen (1842 m), 30 Min., rechts zwischen den Lawinenverbauungen im Zickzack abwärts in den Talboden. An der Kaserne vorbei zurück zum Bahnhof von Andermatt.

Tour 82: Urner Alpen

Salbitschijen – Kettenweg (2400 m)
Im Granitreich der Extremkletterer

Der Salbitschijen (2981 m) gilt als der Urner Kletterberg schlechthin, und der Aufstieg aus dem Horefelli-Couloir zum Salbit-Biwak sowie die Querung durch die Salbitschijen-Südflanke bietet starke Eindrücke dieser Hochgebirgsregion über dem Göschener Tal. Erfahrene Allround-Bergsteiger werden ihre Freude an dieser Runde mit ausgeprägt abenteuerlichem Touch haben!

Zustieg: Ein guter, weiß-rot-weiß markierter Alpweg führt von der Straßenkehre (1404 m) ins malerische Voralptal. Bei der Alphütte Horefelli (1786 m) weist ein Schildchen rechts zum Biwak. Auf deutlicher Spur über den bewachsenen Geröllkegel zur Mündung der markanten, vom Salbitschijen herabziehenden Schlucht. Mühsam in der verblockten Klamm, die sich allmählich zur Rinne verengt, aufwärts, bis rechts ein (altersschwaches) Drahtseil aus dem steinschlaggefährdeten Graben in eine winzige Scharte leitet (ca. 2190 m). Dahinter in weitem Bogen über die wilde Schlucht von Spicherribichelen und auf ausgesetzten Bändern (Drahtseile) auf eine Anhöhe. Nach links in ansteigender Querung zum winzigen Salbitschijen-Biwak (2400 m).

Kettenweg: Von dem Biwak zunächst in unübersichtlichem Blockgelände (Steinmänner) westlich hinüber zum markanten Mittwaldcouloir. Hinab in den Graben, dann an Ketten etwa 50 Meter sehr steil und anstrengend auf ein Band. Teilweise gesichert rechts hinaus zum Grat. Jenseits absteigen (einige Sicherungen) und dann flach hinüber zu einer grasigen Kuppe, wo die Salbithütte ins Blickfeld kommt. Wegspuren leiten abwärts zu den steinigen Böden von Salbiten und zuletzt kurz ansteigend zum Schutzhaus.

Abstieg: Auf dem alten Plattenweg über den Hang unterhalb der Hütte bergab in eine Wiesenmulde, dann schattig im Zickzack weiter abwärts zur Sommerwirtschaft Regliberg (1680 m). Hier rechts und steil hinab ins Göschener Tal. Beim Bushalt Ulmi (1195 m) zur Straße.

Talort:	Göschenen (1101 m) am Nordeingang zu den Gotthard-Tunnels.
Ausgangspunkt:	Bushalt Voralp (1404 m) im Göschener Tal an der Straße zum Göscheneralpsee (1792 m), 5,5 km von Göschenen.
Höhenunterschied:	rund 1000 Hm
Gesamtdauer:	7 ½ Std. (↗ 4 Std., Kettenweg 2 Std., ↘ 1 ½ Std.)
Schwierigkeiten:	Keine Ferrata im klassischen Sinn! Einige leichte bis mäßig schwierige Kletterstellen (I, II). Kurze gesicherte Passagen am Aufstieg; beim »Kettenweg« handelt es sich im wesentlichen um einen 50-Meter-Kraftakt in steilem Felsgelände. Selbstsicherung nur beschränkt möglich, Helm wichtig (Steinschlaggefahr!).
Öffentliche Verkehrsmittel:	Göschenen hat Bahnanschluss (ab Zürich/Luzern); ins Göscheneralptal fährt ein Postbus.
Verkehrsamt:	CH-6487 Göschenen; Tel. 041/8851180
Beste Jahreszeit:	Hochsommer und Herbst
Ausrüstung:	Steinschlaghelm, evtl. Teleskopstöcke.
Karte:	Landeskarte der Schweiz 1:25000, Blätter 1211 »Meiental« und 1231 »Urseren«
Führer:	»Hüslers Klettersteigführer Westalpen«, Bruckmann Verlag, München
Hütten:	Salbithütte (2105 m), bewirtschaftet Mitte Juni bis Mitte Oktober; Tel. 041/8851431

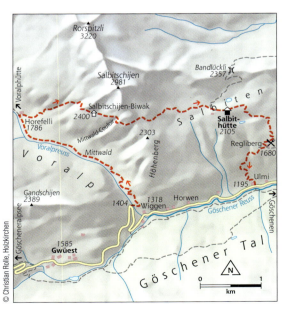

◀ Hinein ins Granitland des Salbitschijens – unterwegs am Kettenweg.

Tour 83: Tessiner Voralpen

Monte Generoso (1701 m), Klettersteig
Kleine Ferrata zum großen Alpenpanorama

Zu den großen Klettersteigen der Südalpen wird man die kurze Ferrata am Nordgrat des Generoso gewiß nicht zählen, doch der recht luftige Gang über die Türme des Baraghetto (1694 m) ist nicht ohne Reiz. Packend sind vor allem die Tiefblicke auf den Luganer See. Noch ein Hinweis: Natürlich kann man die Via ferrata auch gleich von der Bergstation der Zahnradbahn aus machen (etwa eine Stunde).

Talort:	Casasco (822 m), 10 km von Argegno
Ausgangspunkt:	An der Straße in Richtung Bocca d'Orimento (Parkmöglichkeit). Weiterfahrt zur Bocca d'Orimento nicht gestattet!
Höhenunterschied:	knapp 900 m.
Gesamtdauer:	5 Std. (↗ 3 Std., ↘ 2 Std.)
Schwierigkeiten:	Kurzer, aber mit seinen senkrechten Leitern doch recht knackiger Klettersteig; insgesamt allerdings eher Zugabe zur dankbaren Gipfelwanderung.
Öffentliche Verkehrsmittel:	Busverbindungen zwischen Argegno und den Dörfern des Intelvi
Verkehrsamt:	Via Angelo Maspoli 15, CH-6850 Mendrisio, Tel. 091/6 46 57 61
Beste Jahreszeit:	April/Mai bis Mitte November
Ausrüstung:	Klettersteigausrüstung, Steinschlaghelm.
Karte:	Kompass-Wanderkarte 1:50 000, Blatt 91 »Lago di Como – Lago di Lugano«
Führer:	»Hüslers Klettersteigatlas Alpen«, Eugen E. Hüsler »Erlebnis Wandern – Lago Maggiore und Comer See«, beide Bruckmann, München.
Hütten:	Mehrere Einkehrmöglichkeiten am Weg von Bissone zur Bocca d'Orimento. Ristorante-Albergo »Vetta« (1601 m) an der Bergstation der Zahnradbahn, geöffnet bei Bahnbetrieb; Tel. 091/6 48 77 22.

▲ Die Brücke an der Via ferrata auf den Monte Generoso mit Blick zum Monte Rosa am Horizont.

Via ferrata: Vom »Sentiero alto« schräg aufwärts zum Einstieg. An senkrechten Leitern über die auffallend geschichteten Türme, dann über eine solide Brücke zu den Gipfelfelsen und an Drahtseilen leicht zum höchsten Punkt.

Abstieg: Vom Gipfel zunächst auf breitem Pfad hinunter zur Bahnstation (1601 m), dann links hinaus zum Ostgrat des Generoso. Hier stößt man auf den »Sentiero basso«, der, die Gräben an der Ostflanke des Bergstocks querend, hinabläuft zur Bocca d'Orimento (1275 m). Zurück nach Casasco auf dem Hinweg.

Zustieg: Von Casasco (822 m) entweder auf der alten, asphaltierten Militärstraße (Bike sehr praktisch!) oder, die Schleife in die Vallaccia abkürzend, auf einem Teilstück der »Via dei Monti Lariani« (rot-weiße Markierung mit Nr. 1) in die Bocca d'Orimento (1275 m). Aus dem Sattel zunächst eben talein, dann aber nicht auf den breiten, am gegenüberliegenden Hang sanft ansteigenden Weg (»Sentiero basso«) einschwenken, sondern über einen licht bewaldeten Hang, der dünnen Wegspur folgend, aufwärts zum langgestreckten Nordgrat des Generoso. Man erreicht ihn an einer kleinen, namenlosen Senke (1353 m). Nun links, stets in Kammnähe aufwärts gegen die Cima della Piancaccia (1610 m), wo der Weg von Arogno herauf mündet, und flach hinüber zum Fuß des Baraghetto (1694 m).

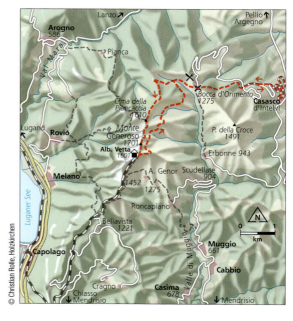

— 122 —

Tour 84: Urner Alpen

Tällistock (2540 m), Tälli-Klettersteig
Unterwegs am ersten Klettersteig in der Schweiz

Ein landschaftlich außergewöhnlich interessanter Klettersteig, der erste in der Schweiz (1993 eröffnet) durch die steilen Südabstürze der Gadmer Fluh. Fast könnte man sich in die Dolomiten versetzt fühlen – wenn da nicht die vergletscherten Dreitausender der Urner und Berner Alpen wären. Beim Rückweg lohnt es sich, auch einmal in die Wiesen rund ums Sätteli zu gucken: Blumen, Blumen…

◄ Die Einstiegspassage am »Tälli-Klettersteig«, der 1993 eröffnet wurde.

Zustieg: Vom Parkplatz auf gutem Weg zur Tällihütte (1717 m), weiter mit weiß-blau-weißer Markierung schräg bergan zum Einstieg der Ferrata beim Alpligerstock (2079 m), zuletzt über leichte Felsen (Drahtseil).

Tälli-Klettersteig: Eine Zehn-Meter-Eisenleiter macht den Auftakt; sie leitet auf ein luftiges Horizontalband, das man nach rechts verfolgt, bis die Sicherungen wieder steil nach oben weisen. Über Felsstufen, grasige Absätze und schmale Bänder gewinnt die Route zügig an Höhe; nach etwa einem Steigdrittel lädt eine Holzbank zum Rasten und Schauen ein. Es folgt eine luftige Querung; anschließend peilt die Route das markante Terrassenband im oberen Wandteil an. Eine steile Verschneidung meistert man mit Hilfe dreier versetzt angeordneter Leitern; die letzte Eisenleiter mündet schließlich auf ein schräg ansteigendes Grasband. Zuletzt über Schutt und harmlose Felsen zum Grat (2540 m).

Rückweg/Abstieg: Den deutlichen weiß-blau-weißen Markierungen folgend über Geröll (im Frühsommer meist noch Altschnee) und Wiesenbuckel hinunter zum Querweg Engstlensee – Sätteli (2119 m). Mit schöner Aussicht auf das Gental und seine Seen ansteigend in die kleine Scharte; dahinter steil über üppige Blumenwiesen bergab zu einer Weggabelung: links zur Tällihütte, rechts direkt zum Parkplatz Lägerrain.

Talort:	Gadmen (1205 m) an der Sustenpassstraße
Ausgangspunkt:	Parkplatz Lägerrain (1590 m); mautpflichtige Zufahrt von der Sustenpass-Westrampe (4 km), Abzweigung zwischen Furen und Gadmen. Ticket in Furen (Restaurant) oder auf der Alp
Höhenunterschied:	ca. 1000 Hm
Gesamtdauer:	7 Std. (↗ 4 Std., ↘ 3 Std.)
Schwierigkeiten:	Verhältnismäßig langer (500 Höhenmeter), aber nur mäßig schwieriger Klettersteig. Bestens gesichert; einige sehr ausgesetzte Passagen. Nur bei sicherem Wetter gehen – kein Zwischenabstieg möglich! Im Frühsommer oft noch Altschnee am Einstieg und auf den höher gelegenen Bändern (Steigeisen).
Öffentliche Verkehrsmittel:	Postbus Meiringen – Innertkirchen – Gadmen – Sustenpass
Verkehrsamt:	Tourist Information, Bahnhofstraße 22, CH-3860 Meiringen; Tel. 033/9 72 50 50, Fax 9 72 50 55
Beste Jahreszeit:	Juli bis zum ersten Schnee
Ausrüstung:	Klettersteigausrüstung, Helm
Karte:	Landeskarte der Schweiz 1:25 000, Blatt 1210 »Innertkirchen«
Führer:	»Hüslers Klettersteigführer Westalpen«, Bruckmann München
Hütten:	Tällihütte (1717 m), bewirtschaftet Mitte Juni bis Mitte Oktober; Tel. 0 33/9 75 14 10

Tour 85: Berner Alpen

Rotstock (2663 m), Rotstock-Klettersteig
Ferrata-Feeling mit Eiger-Nordwandblick

Nordwand-Feeling am Eiger. Das bietet der »Rotstock-Klettersteig«, den die Grindelwalder Bergführer anlegten. Sie benützten dabei im obersten Teil eine »antike« Steiganlage, die von der (heute nicht mehr existierenden) Station »Rothstock« der Jungfraujochbahn auf den Rotstock führte. Vom Gipfel bietet sich ein fantastischer Blick in die Fels- und Eiswelt um Eiger, Mönch und Jungfrau!

Talort:	Grindelwald (1034 m) im Berner Oberland, 20 km von Interlaken
Ausgangspunkt:	Station Eigergletscher (2320 m) der Jungfraujochbahn
Höhenunterschied:	420 Hm
Gesamtdauer:	2 ½ Std.
Schwierigkeiten:	Nur mäßig schwieriger, bestens gesicherter Klettersteig. An den Steilpassagen solide Leitern, sonst Drahtseile. In der Schlucht unterhalb des Rotstocksattels Steinschlaggefahr!
Öffentliche Verkehrsmittel:	Die Wengernalpbahn verbindet Grindelwald über die Kleine Scheidegg (2061 m) mit Wengen und dem Lauterbrunnental. Von der Kleinen Scheidegg weiter mit der Jungfraujochbahn zur Station Eigergletscher (2320 m).
Verkehrsamt:	Tourist Center, CH-3818 Grindelwald; Tel. 033/8541212, Fax 8541210, E-mail info@grindelwald.ch, Internet www.grindelwald.ch
Beste Jahreszeit:	Ende Juni bis zum ersten Schneefall im Herbst. Die nordseitige Rotstockschlucht sollte weitgehend schneefrei sein.
Ausrüstung:	Klettersteigausrüstung, Steinschlaghelm
Karte:	Landeskarte der Schweiz 1:25 000, Blatt 1229 »Grindelwald«. Landeskarte der Schweiz 1:50 000, Blatt 254 T »Interlaken«
Führer:	»Hüslers Klettersteigführer Westalpen«, Bruckmann Verlag, München
Hütten:	keine; Einkehrmöglichkeiten an den Bahnstationen

▶ Beim Abstieg aus der Rotstockscharte zur Station Eigergletscher.

Zustieg: Von der Station Eigergletscher (2320 m) auf dem »Eiger-Trail« hinab in die Karmulde unter dem Rotstock und in kurzem Gegenanstieg auf die Grasschulter Wart (ca. 2300 m) mit packendem Nordwandblick.

Rotstock-Klettersteig: Am Wiesenrücken, der Wegspur folgend, hinauf zum Einstieg (ca. 2410 m). Eine Serie von Leitern hilft erst einmal luftig über den Felsaufschwung am Eingang zur Rotstockschlucht. Weiter in der von himmelhoch ragenden Mauern umschlossenen Klamm bergan, teilweise mit Seilsicherung. Aus dem Rotstocksattel rechts, gut gesichert, auf den abgeplatteten Gipfel des Rotstocks (2663 m) mit winzigem Kreuz und ganz großem Panorama. Faszinierend dabei der Kontrast zwischen der eis- und felsstarrenden Hochgebirgswelt um das weltberühmte Berner Oberländer Gipfeltrio und der grünen Talmulde von Grindelwald. Genau über dem Ferienort erhebt sich das Schwarzhorn (2927 m) – auch mit einem (leichten) Klettersteig.

Abstieg: Zurück in den Rotstocksattel, dann südwestlich über Geröll (Steinmänner) und ein paar Felsstufen (Fixseile) hinab zur Station Eigergletscher (2320 m).

▲ Faszinierend der Blick vom Rotstock-Klettersteig auf die Jungfrau-Nordwand

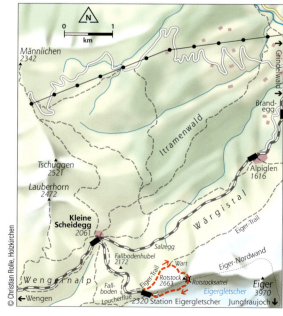

Tour 86: Waadtländer Alpen

Tour d'Aï (2331 m), Via ferrata
Steil und luftig: der Klettersteig am Klettergipfel

Es gibt zwei gute Gründe für die Besteigung der Tour d'Aï: den knackigen, wenn auch ziemlich kurzen Klettersteig (Länge 320 Meter, Wandhöhe 120 Meter) und das grandiose Gipfelpanorama, das sich von den Juraketten über den Lac Léman zum Montblanc spannt. Weniger angetan sind Naturfreunde von den ganzen Liften und Skipisten zwischen Leysin, der Berneuse und Chaux d'Aï.

Zustieg: Von der Liftstation an der Berneuse auf markiertem Weg hinab in die Wiesensenke (1905 m). Rechts der kleine Lac d'Aï (1892 m), darüber setzt die langgestreckte, durchgehend senkrechte Westwand der Tour d'Aï an. Nun durch die Chaux d'Aï aufwärts, zunächst über einen Wiesenhang, dann zunehmend geröllig, mehr oder weniger parallel zu einem Schlepplift. Knapp unterhalb der winzigen Senke zwischen Chaux de Mont (2205 m) und Tour d'Aï rechts zum Einstieg (Tafel).

Via ferrata de la Tour d'Aï: Knackig gleich der Auftakt: ein paar Meter an Eisenbügeln vertikal hinauf. Anschließend über drahtseilgesicherte Bänder nach rechts und leicht bergab zu einem Risssystem. Nun steil aufwärts und durch einen Felsspalt in die leicht überhängende Wand. An Bügeln anstrengend und extrem ausgesetzt zu einem Grasband. Hier nach links, dann nochmals steil zum Ausstieg knapp unter dem Gipfel.

Abstieg: An dem langgestreckten Südgrat auf markiertem Bergweg abwärts, kurze drahtseilgesicherte Passagen und eine Leiter. Zuletzt in Kehren hinunter zu einem geteerten Fahrweg. Auf ihm abwärts zum kleinen Lac de Mayen und durch die Ostflanke der Berneuse mit hübschen Ausblicken auf die Dents du Midi (3257 m) zurück nach Leysin.

Talort:	Leysin (1253 m), Kur- und Ferienort unweit vom Genfer See
Ausgangspunkt:	Berneuse (2048 m), Bergstation der Gondelbahn Leysin – Berneuse
Höhenunterschied:	↗ 430 Hm, ↘ 1100 Hm
Gesamtdauer:	4 1/2 Std. (↗ 2 1/4 Std., ↘ 2 1/4 Std.)
Schwierigkeiten:	Sehr luftig angelegte, aber mit Drahtseilen und Eisenbügeln bestens gesicherte Route à la française. Bei Neuschnee oder Eis ist der (an sich harmlose) Abstiegsweg gefährlich!
Öffentliche Verkehrsmittel:	Leysin erreicht man von Aigle (Station an der Bahnlinie Lausanne – Sion – Brig) mit der Zahnradbahn (verkehrt im Stundentakt).
Verkehrsamt:	Leysin Tourisme, Place Large, CH-1854 Leysin; Tel. 0 24/4 94 22 44, Fax 4 94 16 16
Beste Jahreszeit:	Anfang Juni bis Mitte Oktober
Ausrüstung:	Klettersteigausrüstung, Steinschlaghelm
Karte:	Landeskarte der Schweiz 1:25 000, Blätter 1264 »Montreux« und 1284 »Monthey«
Führer:	»Hüslers Klettersteigführer Westalpen«, Bruckmann Verlag, München
Hütten:	keine

◀ Im Eisenweg auf die Tour d'Aï geht's ordentlich zur »Ferrata«-Sache.

Tour 87: Walliser Alpen

Jägihorn (3206 m), Panorama-Klettersteig
Vis-à-vis der Mischabelgruppe

Dass der »höchste« Klettersteig der Westalpen im Wallis liegt, verwundert nicht – bei den Bergen. Entsprechend hochalpin ist die Route, auch wenn sich das Jägihorn zwischen all den Viertausendern rundum recht bescheiden ausnimmt. Spätestens am Gipfel – nach einem spannenden Aufstieg – ist dann klar, was es mit der Bezeichnung »Panorama« auf sich hat. In der einmaligen Rundschau dominiert das riesige Gegenüber des Jägihorns, die Mischabel mit dem höchsten ganz auf Schweizer Boden stehenden Gipfel, dem Dom (4545 m).

Talort:	Saas Grund (1559 m), Ferienort im Walliser Saastal, 24 km von Visp
Ausgangspunkt:	Station Kreuzboden (2400 m) der Hohsaas-Gondelbahn
Höhenunterschied:	950 Hm
Gesamtdauer:	6 Std. (↗ 4 ½ Std., ↘ 1 ½ Std.)
Schwierigkeiten:	Ziemlich schwierige Ferrata, mit fünf Leitern, 400 Haken und etwa einem Kilometer Drahtseil aber optimal gesichert. Für den ungesicherten Abstieg ist ein sicherer Tritt unerlässlich (Geröll, leichte Felsen).
Öffentliche Verkehrsmittel:	Saas Grund erreicht man von Visp (SBB-Station) mit dem Postbus. Die Hohsaas-Gondelbahn ist von Mitte Juni bis Mitte Oktober von 8.00 bis 16.45 Uhr in Betrieb (Anfang Juli bis Mitte September ab 7.30 Uhr).
Verkehrsamt:	Tourist Office, CH-3910 Saas Grund; Tel. 027/9581157, Fax 9581159, E-mail to@saas-grund.ch, Internet www.saas-grund.ch
Beste Jahreszeit:	Mitte Juli bis September
Ausrüstung:	Steinschlaghelm, Klettersteigset, evtl. Teleskopstöcke
Karte:	Landeskarte der Schweiz 1:50 000, Blatt 284 T »Mischabel« mit Wanderwegeaufdruck. Landeskarte der Schweiz 1:25 000, Blatt 1309 »Simplon«.
Führer:	»Hüslers Klettersteigführer Westalpen«, Bruckmann Verlag, München
Hütten:	Weissmieshütten (2726 m), bew. von 20. Juni bis Ende September; Tel. 027/9 57 24 54

Zustieg: Von der Seilbahnstation Kreuzboden (2400 m) auf viel begangenem Weg recht steil bergan zu den Weissmieshütten (2726 m) in schöner Terrassenlage. Nun links über den Gletscherbach ins Tälli zu einer Verzweigung und mit weiß-blau-weißer Markierung an einem Moränenrücken mühsam aufwärts, dann kurz querend zum Einstieg (ca. 2820 m).

Klettersteig Jägihorn: Die Route startet rechts einer markanten Rinne. Solide Sicherungen leiten durch ein System von Rinnen und über mächtige Blöcke steil nach oben. Eisenleitern helfen über trittarme Aufschwünge hinweg; einmal muss man sich durch einen engen Felsspalt zwängen. Über den recht luftigen Südostgrat erreicht man schließlich den Vorgipfel (3150 m). Mit faszinierenden Tiefblicken auf die Weissmieshütten am Kamm abwärts (Leiter), zuletzt in ausgesetzter Querung zu der Lücke (3096 m) vor dem Jägihorn. Das Drahtseil läuft hier unmittelbar auf dem scharfen Grat (stemmen!). Jenseits der Scharte an guten Sicherungen (Tritte, Klammern) steil hinauf zum Gipfel.

Abstieg: Am Westgrat, den deutlichen Markierungen folgend, abwärts in einen Sattel, dann links über leichte Felsen, teilweise recht ausgesetzt, weiter hinunter, zuletzt im groben Schotter zum »Leiternweg«. Auf ihm links zurück zu den Weissmieshütten und auf dem Zustiegsweg zurück zur Seilbahn.

▼ Typisch für Schweizer Klettersteige: bestens gesichert mit solidem Material – der Panorama-Klettersteig am Jägihorn.

— 126 —

Tour 88: Berner Alpen

Daubenhorn (2942 m), Leukerbadner Klettersteig
Der schönste Klettersteig der Schweiz?

Wer durch das Dalatal nach Leukerbad fährt und hinaufschaut in den riesigen, zerklüfteten Südabsturz des Daubenhorns, ahnt es bereits: Beim »Leukerbadner« handelt es sich um eine Klasse-Ferrata, und sehr lang ist sie auch: fast 900 Höhenmeter bis zum Gipfel, und das bei zunehmenden Schwierigkeiten. Also eher etwas für »Experten«, weshalb die Erbauer eine kleinere Alternative eingerichtet haben – kürzer, weniger anspruchsvoll, aber auch sehr lohnend.

Kleiner Klettersteig: Vom Gemmipass (Bergstation der Seilbahn) zunächst auf dem alten Gemmipfad etwa 20 Min. abwärts bis zur Unteren Schmitte (2070 m, großer Strommast), wo rechts die Ferrata abzweigt. Sie quert (gelb markiert) mit Drahtseilsicherungen auf Bändern die Daubenhornwand zur Unteren Freiheit. Nun spektakulär und steil über eine Serie von Leitern (insgesamt 116 m) hinauf zur Oberen Freiheit (2303 m), einer grasigen Kanzel hoch über Leukerbad mit herrlich freier Aussicht. Hier gabelt sich der Steig; wer nicht weiter zum Daubenhorn will, kann über Mielsäss, mit kurzen gesicherten Stellen, absteigen zum »Geissweg«, der zurückleitet nach Leukerbad.

Grosser Klettersteig: Von der Großen Freiheit aufwärts zur Wand und in die gut 100 Meter lange Höhle. Anschließend durchwegs steil, von nur einem größeren Absatz unterbrochen, teilweise atemberaubend luftig durch die Daubenhornwand. Man entsteigt ihr zum Westgrat; nun rechts, rot markiert, zum Gipfel mit großem Panorama.

Abstieg: Vom Gipfel hinunter zum (spaltenfreien) Daubenhorngletscher. Über ihn zu einem auffallenden Markierungsblock, dann über die Geröllflanke weiter bergab zum Lämmerenboden und fast eben zurück zum Gemmipass.

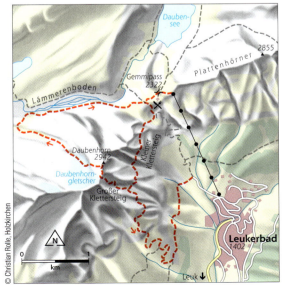

Talort:	Leukerbad (1402 m)
Ausgangspunkt:	Gemmipass (2322 m), von Leukerbad mit der Seilbahn bequem erreichbar (zu Fuß 2 Std.).
Höhenunterschied:	350 Hm (kleiner Steig), 900 Hm (großer Steig)
Gesamtdauer:	4 – 5 Std. (kleiner Steig), 8 Std. (großer Steig),
Schwierigkeiten:	*Kleiner Klettersteig* mäßig schwierig, mit exponierten Passagen; *großer Klettersteig* schwierig, teilweise sehr luftig, vorbildlich gesichert, gute Kondition!
Öffentliche Verkehrsmittel:	Busverbindung Susten – Leuk – Leukerbad
Verkehrsamt:	Leukerbad Tourismus, CH-3954 Leukerbad, Tel. 027/4 72 71 71
Beste Jahreszeit:	Ende Juni bis Anfang Oktober
Ausrüstung:	Klettersteigausrüstung, Steinschlaghelm
Karte:	Wanderkarte Leukerbad 1:25 000 (beim Tourismusverband erhältlich)
Führer:	»Hüslers Klettersteigführer Westalpen«, Bruckmann München
Hütten:	Berghotel Wildstrubel, Gemmipass, bew. Juni bis November; Tel. 027/4 70 12 01

▲ Beim »Leukerbadner Klettersteig« verbinden sich hochalpines Landschaftserlebnis und herrliche Felspassagen in idealer Weise zum großen Ferrata-Erlebnis – und alles natürlich bestens gesichert!

Tour 89: Walliser Alpen

Via ferrata de Tière
Ein Sportklettersteig à la française in der (West-)Schweiz

Längst hat das »eiserne« Virus auch die Westschweiz erreicht; hier steht man allerdings mehr auf jene von Frankreich her bekannte Klettersteigvariante: talnah, mit kurzem Zustieg also, spektakulär, aber üppigst mit künstlichen Tritten und Griffen ausgestattet. Mit klassischem Bergsteigen hat das nur mehr wenig zu tun, aber Spaß macht es halt trotzdem – der Nervenkitzel bringt's. Ein echter Gag sind die beiden Hängebrücken, extrem ausgesetzt dann eine Querung hoch in der Wand.

Talort:	Champéry (1053 m) im Val d'Illiez
Ausgangspunkt:	Champéry (1053 m) im Val d'Illiez
Höhenunterschied:	420 Hm inklusive Gegensteigungen, Klettersteig 125 Hm
Gesamtdauer:	2 Std.
Schwierigkeiten:	Knapp 500 Meter langer, recht knackiger Sportklettersteig; die bestens gesicherte Route läuft im Wechsel über schmale Bänder und steile Felsaufschwünge.
Öffentliche Verkehrsmittel:	Bahnverbindung Monthey (Rhonetal) – Champéry
Verkehrsamt:	CH-1874 Champéry; Tel. 0 24/4 79 20 20, Fax 4 79 20 21
Beste Jahreszeit:	Mai bis zum ersten Schneefall
Ausrüstung:	komplette Klettersteigausrüstung, Steinschlaghelm.
Karte:	Landeskarte der Schweiz 1:25 000, Blatt 1304 »Val d'Illiez«
Führer:	Eugen E. Hüsler »Klettersteigführer Westalpen«, Bruckmann, München
Hütten:	keine

Zustieg: Von der Ortsmitte, den Hinweisen und Markierungen folgend, über den »Chemin du Tavis« hinunter zum Pont de Sous Scex. Über den Bach und links (Tafel) im Wald hinauf zum Einstieg (ca. 1000 m).

Via ferrata de Tière: Der Klettersteig beginnt eher gemütlich, führt über ein grünes Band zu den beiden Hängebrücken, der »Passerelle du Bourthiö« und der längeren »Passerelle des Grandes Cascades«, die kühn über das stiebende Wasser gespannt ist. Nach einer Linksquerung geht die Route erstmals in die Vertikale; oberhalb der markanten Terrasse des »Vire de la Bêkette« folgt die Schlüsselstelle, eine leicht überhängende Wandstelle, mit Eisenbügeln aber bestens gesichert. Die anschließende, sehr luftige Traverse verursacht bei weniger Geübten leicht eine Gänsehaut; dann muss man erneut kräftig zupacken. Auf die Wiese von Tière (1126 m) läuft die Ferrata aus.

Abstieg: Kurz hinüber zu dem Sträßchen, das die Höfe an der linken Flanke des Val d'Illiez miteinander verbindet. Man folgt ihm taleinwärts, bis rechts ein Schild zur »Galerie Défago« weist. Kurz abwärts und dann auf dem hübsch angelegten Pfad quer durch den felsigen Abbruch. In einem Bogen über den Bach und zurück in den Ort.

▲ Die »Ferrata Tière«, ein knackiger Sportklettersteig über Champéry.

▶ Solch marode Sicherungen gibt es an den Westalpen-Klettersteigen nicht!

— 128 —

Tour 90: Grajische Alpen

Becca de l'Aouille (2607 m), Ferrata Béthaz-Bovard
Eine Route für echte Eisen-Freaks!

Hier hat man wirklich nicht an Eisen gespart: über 1500 solide Krampen entschärfen den langen Aufstieg zur Becca de l'Aouille! Da mögen manche die Nase rümpfen, doch ändern die zahllosen künstlichen Tritte nichts an der großen Kulisse zwischen Gran Paradiso und Grajischen Alpen. Mit zunehmender Höhe treten immer mehr Zacken, Grate und Gletscher ins hochalpine Bild, und schwindelerregende Tiefblicke sorgen für leichtes Nervenkribbeln. Weniger schön ist allerdings der halbleere Stausee

Zustieg: Von Valgrisenche (1664 m) auf einem Sträßchen über ein paar Schleifen aufwärts zu einer Käserei (ca. 1690 m).

Via ferrata Béthaz-Bovard: Der Klettersteig beginnt hinter dem Lagerhaus der Käserei, führt gleich in steile Felsen. Bestens gesichert überwindet er die Sockelfelsen der Becca de l'Aouille. Nach gut einer halben Stunde mündet die Ferrata in den alten, mit der Nummer 17 markierten Militärweg (ca. 1830 m). Ein paar Meter weiter links geht's dann sehr eisenhaltig weiter: Lange Klammerreihen führen fast in der Falllinie über den Felsaufschwung. Schließlich mündet die Route auf eine grasige Kuppe (2111 m) mit herrlich freier Sicht auf das Tal und seinen Gipfelkranz. Dahinter leicht abwärts (Drahtseile) und hinüber zum nächsten Wandaufschwung. An Eisenbügeln gut hundert Höhenmeter gerade aufwärts, teilweise fast senkrecht und entsprechend luftig. Dann wendet sich die Route in die Nordostflanke des Bergstocks; über ein langes Band gewinnt sie den Grat. An ihm, teilweise sehr luftig, zum

Gipfel der Becca de l'Aouille (2607 m) mit großem SIP-Reflektor und herrlichem Hochalpenpanorama bis zum Walliser Grand Combin (4314 m). Weiter am felsdurchsetzten Rücken (Drahtseile) entlang, knapp unter einer namenlosen Kuppe mit der Höhenkote 2688 Meter vorbei und nach leichtem Zwischenabstieg hinauf zur »Alta via No. 4« (ca. 2650 m).

Abstieg: Auf der alten, gut markierten Mulattiera nördlich in vielen Kehren hinunter zum Weiler La Béthaz (1615 m), wo man auf die Talstraße stößt. Alternativ ist auch ein Abstieg über den Lago di Morion (2804 m) und durch den Vallone dell'Arp Vieille möglich; er ist zwar etwas weiter, mündet dafür aber direkt in den Ort Valgrisenche.

Talort:	Valgrisenche (1664 m), 16 km vom Aostatal
Ausgangspunkt:	Valgrisenche (1664 m) im gleichnamigen Tal
Höhenunterschied:	1020 Hm
Gesamtdauer:	6 ¼ Std. (↗ 3 ¾ Std., ↘ 2 ½ Std.)
Schwierigkeiten:	Eine Via ferrata mit Betonung auf »ferrata«, ist die Route doch mit über 1500 (!) Eisenklammern ausgestattet, dazu sichern Drahtseile die abschnittsweise sehr luftige Route. Die technischen Schwierigkeiten halten sich entsprechend in Grenzen, eine gute Kondition ist allerdings unerlässlich. Ausstiegsmöglichkeit nur nach dem ersten Teilstück auf Weg 17.
Öffentliche Verkehrsmittel:	Buslinie vom Aostatal nach Valgrisenche, 16 km
Verkehrsamt:	Pro Loco, I-11010 Valgrisenche; Tel. 01 65/9 71 93
Beste Jahreszeit:	Ende Juni bis Anfang Oktober
Ausrüstung:	Klettersteigausrüstung, Steinschlaghelm
Karte:	Istituto Geografico Centrale 1:25 000, Blatt 102 »Val Savaranche–Val di Rhêmes–Val Grisenche«
Führer:	»Hüslers Klettersteigführer Westalpen«, Bruckmann Verlag, München
Hütten:	keine

▲ 1500 Eisenklammern – ein Eisenweg im wahrsten Sinn des Wortes: die »Ferrata Béthaz-Bovard«.

Französische Klettersteige

Französische Sportklettersteige

À la française

Jetzt ist Schluss mit »lustig«! Bei den französischen Klettersteigen geht's zur Sache: steil, luftig, anstrengend – aber stets hervorragend gesichert, ohne alpines – sprich schwer kalkulierbares – Risiko. Eisenwege à la française – das ist höchster Klettersteig-Genuss für die, die's können. Und wer's (noch) nicht kann, muss halt trainieren…

▲ Hängebrücken sind Spezialitäten der französischen Ferrate; die erste Hängebrücke an der »Ferrata St-Pierre«. Kleines Bild: Es gibt auch »Einsteiger«-Ferratas, etwa die »Ferrata Poingt Ravier«.

Gäste in ostalpinen Gefilden, gewinnt diese Arte des alpinen Vergnügens zunehmend Anhänger. Klettern im VI. oder VII. Schwierigkeitsgrad, aber halt für jedermann/-frau. Ohne all diese Eisenteile wäre das erwähnte Eck selbst für Glowacz, Huber & Co. nur mit Mühe zu schaffen, wenn überhaupt – und jetzt turnen Chantal und Korbinian auf solidem Eisen drüber, ihr Adrenalinspiegel erreicht Spitzenwerte, sie sind high, und er schreit sich seine Freude aus dem Leib: wouwwwh!

In Frankreich gibt's – im Gegensatz zu den Ostalpen – keine »Histoire du fer alpin«, kaum eine Klettersteig-Tradition. Sieht man von ein paar Eisenwegen am Salève ab, die von Genfer (Schweizer!) Alpinisten Ende des vorletzten Jahrhunderts angelegt wurden, sind gesicherte Routen neu in den französischen Alpen. Das mag einerseits Ursache für ihre Popularität sein, erklärt aber vielleicht auch, wes-

---
Im Gegensatz zu den Ostalpen
gibt es in Frankreich
keine »Histoire du fer alpin« …

---

halb sich die gallischen »Vie ferrate« (wo bleiben die französischen Sprachwächter?) so grundsätzlich von ostalpinen Klettersteigen unterscheiden. Im Arbeitsgebiet des DuÖAV, also zwischen Bodensee und Wienerwald, wurde seit jeher viel gründlicher »erschlossen«, Wandern und Bergsteigen entwickelte sich bald zu einer Massenbewegung – und die Massen wollten auch auf die Gipfel, denn oben sein war ja schon immer etwas Besonderes. Also versuchte man, ihnen auch den Zugang zu erleichtern, verständlicherweise, und so sind sie dann entstanden, die ersten »Klettersteige« der Alpen, am Glockner, am Dachstein und an vielen weiteren mehr oder weniger bekannten Gipfeln.

Die Passage heißt »plein gaz« und schaut auch ganz so aus. Eisenbügel leiten aus dem schattigen Eck diagonal hinaus auf eine Felsnase, stark überhängend, und dann senkrecht nach oben. Wer da nicht »Vollgas« gibt, hängt bald in den Seilen – buchstäblich. Zwischen deinen Füßen gähnt Tiefe, fünfzig Meter oder mehr, in den Armen brennt's schon ziemlich – Klettersteigeln à la française. Manche mögen es, die Gallier sowieso, aber auch unter Alemannen und Bayern, sonst eher

Eine vergleichbare Entwicklung ist westlich des Bodensees nicht festzustellen; die Sicht auf die Berge war eine ganz andere (in der Schweiz) oder sie

Französische Klettersteige

fehlte weitgehend (Frankreich). In den Ostalpen sorgte dann bizarrerweise der Krieg anfangs des 20. Jahrhunderts für einen innovativen Schub beim Wegbau, und da der Mensch bekanntlich keinen Aufwand scheut, wenn es darum geht, Artgenossen aus dem Weg zu räumen, wurden in den Felsen der Alpenfront zahllose gesicherte, oft extreme Steige angelegt. Jahrzehnte später entdeckte der (Sommer-)Tourismus diesen Balanceakte zwischen Tal und Gipfel; in den 60er und 70er Jahren dürften zigtausende bloß für das kribbelnde Erleben im Steilfels, am sichernden Drahtseil, nach Cortina oder Sexten gefahren sein – Geburtsstunde des »Fun-Zeitalters«?

> Da verlustieren sich ganze Familien auf Seilbrücken, krabbeln Kids über Bügelreihen, schreit Mama auf dem »Schwebebalken« nach Papas helfender Hand.

Und im Westen der Alpen? Da müßte man sich wie zu Saussures und Grohmanns Zeiten auf die Gipfel, meistens am Seil eines Bergführer; der »Guide alpin« sorgte zuverlässig dafür, dass Madame zum Gipfel des Viertausenders kam und auch heil wieder herunter. Ein paar Hanfseile am Matterhorn, an der Aiguille du Dru, handgeschmiedete Eisenstifte am Säntis, sonst nichts.

Mit Revolutionen ist es wie mit dem Wetter: Signale hier und dort, es gärt im Volk, der Himmel setzt Zeichen – man muss bloß hingucken. In den Alpen Frankreichs gab's ein frühes Signal für den späteren Erdrutsch: die »Via ferrata de Freissinières«, 1968 angelegt, später dann verlängert. Das war immerhin ein Vierteljahrhundert, bevor die Welle überschwappte, die Grande Nation plötzlich den (Massen-)Spaß in der alpinen Vertikale entdeckte, der Berg zum Spielplatz für jene wurde, die ihm nicht zu nahe rücken mochten. Zwei oder drei Stunden »Fun« zwischen Ein- und Ausstieg, zwischen der letzten Gauloise und dem Bière – à la pression, s'il vous plaît! –, zwischen Lethargie und Anspannung; typisch für uns, unsere Art zu leben? Den Schnellkurs, gut gemeint, gibt's manchmal gleich vor dem Ernstfall: eine kleine Übungsroute für Anfänger neben der »Via ferrata«. Sogar richtige Trainingsklettersteige haben die Franzosen inzwischen angelegt, da verlustieren sich ganze Familien auf Seilbrücken, krabbeln Kids über Bügelreihen, schreit Mama auf dem »Schwebebalken« nach Papas helfender Hand.

Ich schau von der »Ferrata St-Pierre« hinunter auf die ehemalige N 202, auf die Galibier-Strecke,

denke unwillkürlich ans Radeln. Pardon – aber da bin ich halt auch schon hinaufgefahren; die erste Rampe am Col du Télégraphe hast du in Valloire bereits hinter dir, und auch die angenehme Abfahrt in den Ort, aber noch gut 1200 Höhenmeter vor dem Vorderrad: Wem fällt da als »altem« Radler nicht die »Grande Boucle«, die große Schleife ein, ich seh' sie vor mir, Sieger wie Verlierer: Anquetil und »Poupou«, Pantani und Ullrich, und auch all die Namenlosen, sie müssen über den Pass, das »Dach« der Tour, 2642 Meter hoch und zu hoch für manche.

Ich hab' bloß noch etwa zwanzig Meter vor – nein, über mir, die sind zwar senkrecht; aber das schaff' ich schon. Auf dem abgeflachten Rücken des Rocher St-Pierre kannst du rasten, dann ab- oder halt wieder einsteigen, in die lang-luftige Querung an dem Kletterfelsen: auf Bändern hinaus zu einem Abgrundeck, dann an der glatten Wand, Tritt um Tritt hinunter auf eine schwankende Hängebrücke; weiter auf schmalen Absätzen, Eisen hilft verlässlich weiter, eine Seilbrücke lädt zum Tanz über dem Abgrund ein, du hangelst dich quer über einen senkrechten Abbruch, krabbelst hinunter zur finalen Prüfung, vierzig Meter hinüber zum Ausstieg, vierzigtausend Millimeter auf einer schwankenden Hängebrücke. Geht ganz leicht, drüben warten die letzten »crampons«, ein Kamin noch und dann stehst du auf der Wiese, vor der Chapelle de St-Pierre. Die ist, im Gegensatz zur Via ferrata, schon drei oder mehr Jahrhunderte alt, der Putz blättert und die Tür ist abgesperrt. Keine Gemeinsamkeit zwischen jenen, die früher einmal hier um eine gute Ernte oder für ihre Kinder beteten und denen, die am Wochenende, zwischen Stress und Stau, hergefahren sind, um auf ihre Art glücklich zu werden?

▲ Ohne Stahl wäre es der VI. oder VII. Schwierigkeitsgrad – so ist's »plaisir« für den, der es kann (und mag); an der »Ferrata St-Pierre«.

▼ Die Schlüsselstelle der »Ferrata Poingt Ravier« bei Valloire.

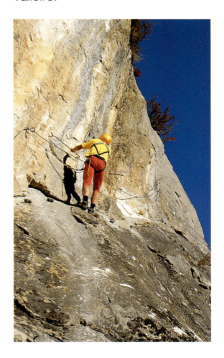

Tour 91: Savoyer Alpen

Via ferrata de la Tour de Jalouvre
Viel Eisen und noch mehr Luft unter den Sohlen

Im Gegensatz zu so mancher anderer Ferrata in den Französischen Alpen handelt es sich hier um keinen typischen Sportklettersteig, sondern um eine eher alpine Route. Kernstück der Route ist der Jalouvre-Pfeiler, gut 50 Meter in der Vertikale, mit spektakulärem Zustieg über eine schwankende Hängebrücke. Der Abstieg, ebenfalls noch mit einer gesicherten Passage, führt teilweise über abschüssiges Schrofengelände. Keinesfalls bei unsicherem Wetter oder Nässe einsteigen!

Talort:	Grand Bornand (950 m)
Ausgangspunkt:	Chalets de Cuillery (1410 m) an der Straße zum Col de la Colombière, 8 km, Parkplatz, große Schautafel.
Höhenunterschied:	600 m.
Gesamtdauer:	5 Std.
Schwierigkeiten:	Sehr anspruchsvoller Klettersteig, bestens gesichert, aber mit einigen atemberaubend exponierten Passagen (»Jalouvre-Pfeiler«).
Öffentliche Verkehrsmittel:	Busverbindung zwischen Grand Bornand und Le Chinaillon (1280 m), etwa 30 Min. unterhalb der Chalets de Cuillery.
Verkehrsamt:	Office du Tourisme, F-77450 Grand Bornand; Tel. 04 50 02 78 00
Beste Jahreszeit:	Juni bis Oktober
Ausrüstung:	Klettersteigausrüstung, Steinschlaghelm.
Karte:	Überflüssig, zur Orientierung Didier Richard 1:50 000, Blatt 3 »Chablais – Faucigny – Genevois«
Führer:	»Hüslers Klettersteigführer Westalpen«, Bruckmann, München.
Hütten:	keine

Via ferrata de la Tour de Jalouvre: Vom Klettersteig-Parkplatz kurz abwärts und über eine Brücke; dahinter in einem Rechtsbogen zum Einstieg. Hier gleich recht steil aufwärts, dann links auf einem überdachten Felsband zu einem mit reichlich Eisen bestückten Überhang. Anschließend Gehgelände (Drahtseil) und kurzer Zwischenabstieg zu einem Notabstieg (»sortie à Fred«). Hinauf zu der schwankenden Passerelle und hinüber zum Tour de Jalouvre. Hier in extremer Ausgesetztheit an Bügeln über den kompakten, senkrechten Pfeiler, dann links am Felsabbruch entlang mit packenden Tiefblicken. Luftig über eine Holzbrücke, anschließend weiter über einen Vorgipfel zum Grat und an ihm entlang, zunächst noch gesichert.

Abstieg: Weiter am Grat entlang bis zu einem senkrechten Abbruch (Drahtseil, unten locker). Hinab in den düsteren Winkel. Hier nicht über die Schuttreise »abfahren«, sondern den deutlichen Weg nehmen, der in steilen Serpentinen hinabführt zur Colombière-Route. Nun rechts, teilweise abseits der Passstraße, zurück zu den Chalets de Cuillery und zum Parkplatz.

▲▶ Gäbe es hier keine Bügel und Drahtseile, so wäre »La Tour de Jalouvre« eine extreme Sportkletterroute im VIII. oder IX. Schwierigkeitsgrad – so ist's halt »nur« ein extremer Sportklettersteig...

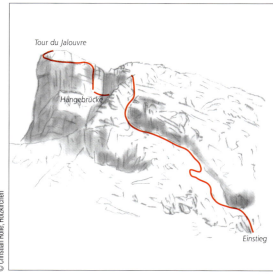

Tour 92: Savoyer Alpen

Via ferrata Yves Pollet-Villard
Sportklettersteig am Col des Aravis

Diese Ferrata läuft an dem breiten, schräg ansteigenden Felsriegel im Westgrat der Pointe des Aravis entlang, dadurch kommen viele (luftige) Querungen zustande, und es gibt weniger vertikale Passagen. Der Gag: eine über den Abgrund gespannte Hängebrücke. Der Klettersteig wurde nach dem französischen Bergführer Yves Pollet-Villard benannt, der 1981 am Montblanc in einer Lawine ums Leben kam.

Talort:	La Giettaz (1100 m), La Clusaz (1040 m)
Ausgangspunkt:	2 km nördlich unterhalb der Scheitelhöhe des Col des Aravis (1498 m); große Tafel an der Straße, Parkplatz.
Höhenunterschied:	300 Hm
Gesamtdauer:	3 bis 4 Std.
Schwierigkeiten:	Schwieriger Sportklettersteig mit kurzem Zustieg, eine überhängende Stelle am Ausstieg (sehr schwierig) kann umgangen werden.
Öffentliche Verkehrsmittel:	Bus bis La Giettaz bzw. La Clusaz
Verkehrsamt:	Office de Tourisme, F-73590 La Giettaz, Tel. 04 79 32 91 90
Beste Jahreszeit:	Mai bis Anfang Oktober
Ausrüstung:	Klettersteigausrüstung, Steinschlaghelm
Karte:	Überflüssig, zur Orientierung Didier Richard 1:50 000, Blatt 8 »Pays du Mont Blanc«
Führer:	»Hüslers Klettersteigführer Westalpen«, Bruckmann München
Hütten:	keine

Via ferrata Yves Pollet-Villard: Von der Aravis-Straße auf gutem Weglein (Hinweistafeln) zum Einstieg, 20 Min. Nun durchgehend gesichert, in anregendem Wechsel von (kurzen) Steilstücken und (längeren) Querungen an dem breiten Felsriegel entlang, teilweise luftig, aber nicht extrem schwierig; beste Sicherungen. Originell die solide verankerte, frei über der Tiefe hängende Passerelle (Hängebrücke). Finale Herausforderung ist ein überhängender Felsaufschwung, den man aber rechts leicht umgehen kann.

Abstieg: Auf gutem, ebenfalls bestens markiertem Weglein gemütlich hinunter zum Zustieg und zurück zum Parkplatz.

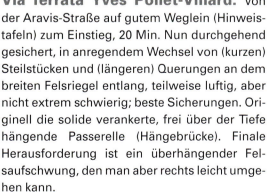

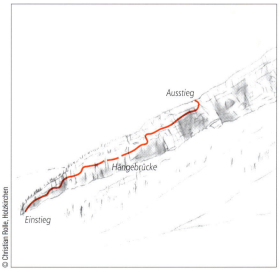

◄◄ Luftige Traverse über dem Abgrund: die Hängebrücke (= La Passerelle) an der »Ferrata Yves Pollet-Villard«.

◄ In den Einstiegsfelsen zur »Ferrata Yves Pollet-Villard« geht's gleich richtig zur Sache.

Tour 93: Massif du Beaufortain

Via ferrata du Roc du Vent (2360 m)
Luftig-origineller Kletterspaß am »Fels der Winde«

Der Roc du Vent, ein mächtiger, ziemlich isoliert stehender Felsstock in den Bergen des Beaufortain, steckt voller Überraschungen. Da gibt es einen stockdunklen Tunnel an seiner Südflanke; seine Gipfelwiese, so groß und flach wie ein Fußballfeld, wird von tiefen Gräben gespalten, und bei schönem Wetter hat man oben eine herrliche Rundschau, die nach Norden bis zum Montblanc-Massiv reicht.

Talort:	Beaufort-sur-Doron (741 m), kleiner Ferienort im gleichnamigen Tal.
Ausgangspunkt:	Refuge du Plan de la Laie (1818 m) an der Straße zum Pass Cormet de Roselend (1967 m), 36 km von Albertville via Beaufort und den Stausee von Roselend (1557 m).
Höhenunterschied:	600 Hm
Gesamtdauer:	4 ½ Std.
Schwierigkeiten:	Auf- und Abstieg am Roc du Vent nur mäßig schwierig, Turmüberstieg mit langer Drei-Seile-Brücke sehr luftig, aber bestens gesichert.
Öffentliche Verkehrsmittel:	Busverbindung Albertville – Beaufort
Verkehrsamt:	Office du Tourisme, F-73270 Beaufort-sur-Doron; Tel. 04 79 38 37 57, Fax 04 79 38 16 70
Beste Jahreszeit:	Mitte Juni bis zum ersten Schnee
Ausrüstung:	Klettersteig-Ausrüstung, Steinschlaghelm
Karte:	Didier Richard 1:50 000, Blatt 8 »Mont Blanc«
Führer:	»Hüslers Klettersteigführer Westalpen«, Bruckmann Verlag, München
Hütten:	Refuge du Plan de la Laie (1818 m), bew. von Mitte Juni bis Mitte September; Tel. 04 79 38 38 38

Zustieg: Vom Parkplatz beim Refuge (Schautafel), die weite Schleife des holperigen Fahrweges abkürzend, über den Dou-Bach und zu den Hütten von La Plate. Dahinter auf einem deutlichen Pfad kurz bergan zu einer Verzweigung. Nun links über den steinigen Rücken in eine breite Rinne und durch sie aufwärts zum Einstieg (ca. 2090 m).

Via ferrata du Roc du Vent: Die üppigen Sicherungen leiten am linken Rand der riesigen Felsrampe aufwärts. Kurze Passagen sind ziemlich ausgesetzt; auf halber Höhe mündet etwa 50 Meter rechts der Route jener Tunnel, der den Rückweg vermittelt. Nach kurzen Steilaufschwüngen über einen grasigen Rücken auf die Kammhöhe des Roc du Vent (2360 m). Eine dünne Spur führt über den Grat nach rechts; mit Hilfe einiger Sicherungen steigt man ab zum Nordeingang des »Canyon«, der das Gipfelplateau spaltet. Am Felsfuß gabelt sich die Route: links in die von senkrechten Felsen gebildete Klamm und durch den »Kamin« zum Nordgipfel, rechts sehr steil, aber vorzüglich gesichert an einem isoliert stehenden Felsturm hoch und anschließend auf schwankendem Seil 19 Meter

Steile Passage an der großen, südseitigen Rampe des Roc du Vent.

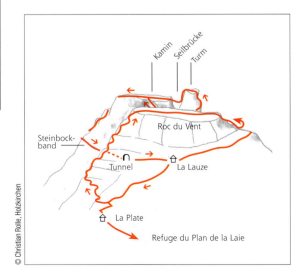

weit über einen tiefen Einschnitt ebenfalls zum Nordgipfel.

Abstieg: Von der Gipfelwiese (2329 m) durch eine steile Rinne (Sicherungen) hinab zum »Steinbockband« (Vire des Bouquetins), das aussichtsreich die Westflanke des Berges quert. Durch den etwa 200 Meter langen Tunnel (Lampe!) gelangt man anschließend wieder auf die Südseite des Roc du Vent. Auf deutlicher Spur unter den Felsen hinüber zu der Alphütte von La Lauze (2145 m). Hier rechts und an dem grasigen Hang diagonal abwärts zu den Chalets de la Plate. Auf dem Hinweg zurück zum Refuge du Plan de la Laie.

Tour 94: Savoyische Voralpen

Via ferrata de la Roche à l'Agathe
Über den Dächern von Thônes

Ein typisch französischer Sportklettersteig! Der Einstieg liegt fast »vor der Haustüre«, sein Verlauf verspricht jede Menge Nervenkitzel, ist dabei aber mit Drahtseilen, vielen Eisenbügeln und -griffen bestens gesichert. Den Auftakt macht eine Dreiseilbrücke, und beim »Dessert« hat man dann die Wahl zwischen einem Bügel-Überhang (nur mit starkem Bizeps!) und einer zwölf Meter hohen Leiter.

Ferrata de la Roche à l'Agathe: Vom Parkplatz im Ortszentrum (Hinweis) durch eine Unterführung zum »Sentier du Calvaire«, über den man in wenigen Minuten den Einstieg (ca. 670 m) erreicht. Nach den ersten Sicherungen folgt gleich eine etwa zehn Meter lange Dreiseilbrücke. Anschließend steil und ausgesetzt im festen Fels aufwärts; Eisenbügel leiten über den »Rocher du Grand Rappel« und die »Rampe aux Chamois«. Da wird man allerdings kaum eine Gämse antreffen (chamois), so wenig wie an der glatten »Rampe r'tournes y pas«. Die bietet dafür einen packenden Vogelschaublick auf die Dächer von Thônes, und wer genug hat, kann gleich oberhalb der »Mauer« (le mur), etwa auf halber Wandhöhe, rechts über den »Sortie du Pin Sec« aussteigen.

Der Weiterweg erweist sich als noch etwas steiler, auch luftiger. Ein senkrechter Aufschwung leitet auf das »Vire d'la Sieste«, das sich für eine kleine Verschnaufpause anbietet. Weiter steil zum »Überhang des Eremiten« mit den Ruinen einer Einsiedelei (Ausstiegsmöglichkeit). Unerschrockene wagen sich hier an den mit Eisenbü-

Ausgesetzt über den Dächern von Thônes an der »Ferrata Agathe«.

geln versehenen »Surplomb de l'Eremite«; weniger anstrengend, aber ebenfalls sehr luftig ist die Alternative über eine 12 Meter hohe Leiter, die man mit dem Rücken zur Wand (!) besteigt. Die letzten Eisen führen dann zum Ausstieg (895 m).

Abstieg: Teilweise gesichert über den bewaldeten Rücken abwärts zum Kalvarienberg (Kapelle) und auf bequemem Weg zurück nach Thônes.

Sicherheit steht bei den modernen französischen Klettersteigen an erster Stelle.

Talort:	Thônes (627 m), 20 km östlich von Annecy
Ausgangspunkt:	Thônes (627 m), Ortsmitte
Höhenunterschied:	270 Hm
Gesamtdauer:	3 Std. (↗ 2 ¼ Std., ↘ ¾ Std.)
Schwierigkeiten:	Sehr ausgesetzte Route; erster Teil schwierig, zweiter Abschnitt noch anspruchsvoller mit extremer Ausstiegsvariante – nur für Leute mit starkem Bizeps!
Öffentliche Verkehrsmittel:	Busverbindung Annecy (Bahnhof) – Thônes
Verkehrsamt:	F-74230 Thônes; Tel. 04 50 02 00 26, Fax 04 50 02 11 87
Beste Jahreszeit:	Praktisch das ganze Jahr über begehbar
Ausrüstung:	Klettersteigausrüstung, Steinschlaghelm
Karte:	Für die Anreise Michelin 1:200 000, Blatt 244 »Rhône-Alpes«
Führer:	»Hüslers Klettersteigführer Westalpen«, Bruckmann Verlag, München
Hütten:	keine

Tour 95: Savoyische Voralpen

Via ferrata de la Tête de Cheval
Über der »Calanque savoyarde«

Wer früher zum Lac d'Aiguebelette fuhr, hatte wohl eher die Badehose als ein Klettersteigset dabei. Seit neuestem geht beides: erst auf die zwar recht kurze, aber ziemlich sportlich angelegte Ferrata, dann zur Abkühlung ins Wasser. Wie wär's mit einem Triathlon der besonderen Art: radeln – klettern – schwimmen?

Talort:	Aiguebelette-le-Lac (379 m) am SO-Ufer des gleichnamigen Voralpensees. Anfahrt von Chambéry über die Autobahn A 43 Richtung Lyon bis zur Ausfahrt »Lac d'Aiguebelette«.
Ausgangspunkt:	Ostuferstraße am Lac d'Aiguebelette, Parkplatz und große Schautafel.
Höhenunterschied:	200 Hm
Gesamtdauer:	2 ½ Std.
Schwierigkeiten	Teilweise recht luftige Route an der »Calanque savoyarde«, nach französischer Art üppig gesichert.
Öffentliche Verkehrsmittel:	Regionale Busverbindungen im Bereich des Lac d'Aiguebelette.
Verkehrsamt:	Office du Tourisme, F-73610 Lépin-le-Lac; Tel./Fax 04 79 36 00 02
Beste Jahreszeit:	Fast das ganze Jahr über möglich
Ausrüstung:	Komplette Klettersteigausrüstung, Steinschlaghelm
Karte:	Zur Orientierung und für die Anreise Michelin 1:200 000, Blatt 244 »Rhône-Alpes«
Führer:	»Hüslers Klettersteigführer Westalpen«, Bruckmann Verlag, München
Hütten:	keine

◀ Spektakulärster Abschnitt im unteren Teil der Route ist eine senkrechte, mit Eisenbügeln versehene Wandstufe.

Zustieg: Vom Parkplatz an der Uferstraße (Schautafel) auf einem schmalen Weg im Laubwald steil zum Einstieg (ca. 450 m).

Via ferrata de la Tête de Cheval: Gleich zum Auftakt wird man möglicherweise mit Sand berieselt; ein Stahlnetz, in den Felsen über der Route angebracht, stoppt verlässlich gröberen »Beschuss« – sehr beruhigend. Über gestufte Felsen kurz hinauf zu einer markanten, nach rechts ansteigenden Verschneidung. An ihrem Ende an Eisenbügeln senkrecht über eine Wandstufe zu einem Felskopf, dann folgt eine längere Linksquerung in leichterem Gelände. Weiter durch eine Rinne und an trittarmen Platten, immer gut gesichert, schräg hinaus zu einem markanten Pfeiler. Nun luftig, mit packenden Tiefblicken auf den Lac d'Aiguebelette, über ihn und am Grat zum Ausstieg (ca. 650 m).

Abstieg: Kurz im Wald zu einer Weggabelung (Tafel »Les Balcons du Lac – retour«). Hier links auf gelb markiertem Weglein mit einigen hübschen Ausblicken hinunter zur Uferstraße. Am See entlang zurück zum Ausgangspunkt.

▶ An den Westalpen-Klettersteigen verdienen die allermeisten Sicherungen ihren Namen …

Via ferrata Tête de Cheval

Tour 96: Massif de la Vanoise

Via ferrata du Plan du Bouc
Eine Einsteiger-Ferrata mit alpinem Ambiente

Neben all den großen Wintersportrevieren gibt es im Vanoise-Massiv auch einige »weiße« Flecken, fast ohne Straßen und Lifte. Viel Natur, aber keine Lifte bietet beispielsweise das Hochtal von Champagny; die einzigen Drahtseile hängen hier an der neuen Via ferrata, und die stören wirklich nicht.

Wenig höher mündet rechts die Zustiegsvariante, die ihren Ausgangspunkt weiter rechts am Wandfuß hat und über Bänder, kleine Wandstufen und eine Rinne verläuft. Nun in Gehgelände, teilweise angenehm schattig, zu einem letzten Steilaufschwung im oberen Wandteil, über den eine senkrechte Leiter hinweg hilft. Bequeme Bänder, teilweise noch mit Drahtseilsicherung, führen rechtshaltend aufwärts zum Plan du Bouc (1920 m), wo die Route ausläuft.

Abstieg: Auf gutem Weglein rechts an den felsdurchsetzten Hängen abwärts und auf solider Brücke über einen stiebenden Bach. Bei der folgenden Verzweigung rechts und in ein paar Kehren hinunter nach La Chiserette (1457 m). Auf der Straße zurück zum Ausgangspunkt.

Zustieg: Ein paar Meter von der Straße steht in der steinigen Wiese ein Wegzeiger: rechts zum Klettergarten bzw. zum Wandeinstieg (Variante), links schräg hinauf zum Grat (ca. 1520 m; große Tafel).

Via ferrata du Plan du Bouc: Der im Sommer 2000 eröffnete Klettersteig folgt dem markanten, aus der breiten Felsflucht vorspringenden Gratrücken. Er erweist sich zunächst als recht zahm, gewinnt dann aber allmählich an Steilheit. Schlüsselstelle ist eine fast senkrechte, ausgesetzte Passage, die man an einer Klammerreihe übersteigt. Weiter an der Gratschneide aufwärts, dann in luftiger Querung in eine winzige Scharte, der man gleich wieder über Eisenbügel entsteigt.

Talort:	Champagny-la-Vanoise (1250 m), Anfahrt von Albertville via Moûtiers
Ausgangspunkt:	Kapelle Notre-Dame de la Compassion (1445 m) am Eingang zum flachen Talboden von Champagny-le-Haut, 4 km von Champagny.
Höhenunterschied:	520 Hm
Gesamtdauer:	3 Std. (↗ 2¼ Std., ↘ ¾ Std.)
Schwierigkeiten	Mäßig schwierige, mit viel Eisen gesicherte Ferrata; ideal für Einsteiger. Im Anstieg zwei Varianten, lohnender, aber etwas anspruchsvoller ist die Gratroute.
Öffentliche Verkehrsmittel:	Busverbindung von Moûtiers bis Champagny-la-Vanoise
Verkehrsamt:	F-73350 Champagny-en-Vanoise; Tel. 04 79 55 06 55, Fax 04 79 55 04 66
Beste Jahreszeit:	Juni bis Oktober (im Winter ist die Ferrata offiziell gesperrt)
Ausrüstung:	Komplette Klettersteigausrüstung
Karte:	Didier Richard 1:50 000, Blatt 11 »Vanoise«
Führer:	»Hüslers Klettersteigführer Westalpen«, Bruckmann Verlag, München
Hütten:	keine

◄ Die Ferrata Plan du Bouc ist eine ideale Route für Eisenweg-Einsteiger – nur mäßig schwierig und mit sehr viel Eisen gesichert.

Tour 97: Massif de la Vanoise

Mont Vernier (775 m), Via ferrata de l'Adret
Klettersteig oder »heavy metal«?

Wer vom Einstieg hinaufguckt zu der großen Hängebrücke und dabei die irrwitzige Eisenkonstruktion am Zustieg samt freischwebender Leiterkonstruktion erblickt, wird wohl kurz den Atem anhalten und sich dann fragen: Quo vadis, Klettersteige? Eine mögliche Antwort liefert gleich der zweite Routenabschnitt an der Bastion: senkrecht bis überhängend, etwas für Unerschrockene mit starken Oberarmen.

Talort:	Pontamafrey (476 m), etwa 5 km nördlich von St-Jean-de-Maurienne
Ausgangspunkt:	An der Straße nach Montvernier, Parkplatz und Schautafel am Beginn der Serpentinenstrecke.
Höhenunterschied:	1. Sektion etwa 100 Hm, 2. Sektion knapp 200 Hm
Gesamtdauer:	2 bis 3 Std., für die 1. Sektion etwa 1 Std.
Schwierigkeiten:	1. Sektion (La Passerelle) mittel bis schwierig, teilweise sehr luftig, aber üppig gesichert (Hängebrücke, freischwebende Leiterkonstruktion). 2. Sektion sehr schwierig und anstrengend, mit drei längeren leicht überhängenden Passagen. Mit Eisenbügeln und Fixseilen bestens gesichert.
Öffentliche Verkehrsmittel:	Buslinie St-Jean-de-Maurienne – Pontamafrey.
Verkehrsamt:	Office du Tourisme, F-73300 St-Jean-de-Maurienne, Tel. 0479640312, Fax 0479834210.
Beste Jahreszeit:	Praktisch das ganze Jahr über möglich.
Ausrüstung:	komplette Klettersteigausrüstung, Steinschlaghelm.
Karte:	Wanderkarte Didier Richard 1:50 000, Blatt 4 »Chartreuse – Belledonne – Maurienne«
Führer:	»Hüslers Klettersteigführer Westalpen«, Bruckmann Verlag, München. Gérard Papandréou »107 Via Ferrata«, Didier Richard.
Hütten:	keine

La Passerelle: Vom Parkplatz am Ortsrand von Pontamafrey auf schmalem Weg in eine grüne Klamm, über die ein Schleierfall herabzischt. Bergan zu den ersten Sicherungen, dann auf Eisenbügeln und an Seilen aufgehängten, freischwebenden Leitern (!), teilweise senkrecht und sehr luftig, zu der etwa 30 m langen Hängebrücke (680 m). Auf ihr über die Schlucht, dann an Eisenbügeln hinab auf ein Band und zum Beginn der Bastion-Route bzw. zum Ausstieg.

Le Bastion: An der Verzweigung (610 m) zunächst in einer leicht ansteigenden Querung, teilweise drahtseilgesichert, zur Bastion. Nun sehr steil, teilweise auch leicht überhängend, an Bügelreihen aufwärts. Insgesamt sind drei längere, kraftraubende Vertikalpassagen zu bewältigen; vor der letzten bietet ein größerer Absatz Gelegenheit zum Verschnaufen. Schließlich läuft die Route auf dem flachen Wiesenrücken des Mont Vernier (775 m) aus.

Abstieg: Über die Serpentinenstraße hinunter nach Pontamafrey.

Die »Ferrata d'Adret« ist ein typisch französischer Sportklettersteig, hier die Hängebrücke (»Passarelle«).

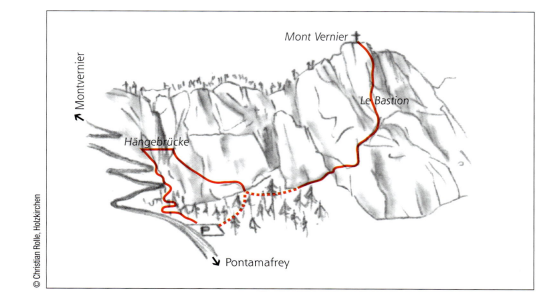

— 138 —

Tour 98: Chaîne de Belledonne

Mont Rond (1470 m), Via ferrata de la Chal
Sportklettersteig in alpiner Kulisse

Dass »quer« manchmal mindestens so reizvoll ist wie »hinauf«, beweist der Sportklettersteig von St-Colomban-des-Villards: schwankende Brücken, mit oder ohne Boden, ausgesetzte Traversen und viel Luft unter den Sohlen wird da geboten. Zum Üben gibt's eine Trainingsstrecke – 40 Meter hoch – gleich nebenan am Rocher de Capaillan mit allem, was zu einer richtigen Ferrata gehört.

che Knie bekommt, tut gut daran, nach rechts auszusteigen (»Sortie de La Choix«), denn für die beiden folgenden Dreiseilbrücken – sieben und 15 Meter lang – braucht's erst recht gute Nerven. Die »Pont des Sarrazins« mündet auf ein schmales Band; ein kleiner Zwischenabstieg bringt einen dann auf die extrem ausgesetzte »Traversée de 66«. Kaum weniger spektakulär ist die »Fissure en oblique« mit winzigen, für einmal natürlichen Tritten in der schrägen Verschneidung. Zum Festhalten gibt es aber solide Eisenschienen auf Brusthöhe – und das mitlaufende Sicherungsseil fehlt auch nicht. Über den steilen Aufschwung »La Renfougne« und ein finales Band läuft die abwechslungsreiche Route zum abgeflachten Rücken des Mont Rond aus.

Abstieg: Vor dem Abstieg (»Descente du Réposeu«) empfiehlt sich der kleine Abstecher zum höchsten Punkt des Mont Rond (1522 m; Aussicht); am Weg ins Tal sollte man dann die kleinen bunten Sehenswürdigkeiten nicht übersehen: Blumenpracht.

Talort:	St-Colomban-des-Villards (1099 m), 13 km von La Chambre
Ausgangspunkt:	La Chal (1208 m), Ortsteil von St-Colomban-des-Villards an der Straße zum Col du Glandon.
Höhenunterschied:	260 Hm
Gesamtdauer:	3 Std. (↗ 2 ½ Std., ↘ ½ Std.)
Schwierigkeiten	Bestens gesicherte, anspruchsvolle Route mit längeren, extrem ausgesetzten Querungen, einer Hängebrücke und zwei Dreiseilbrücken.
Öffentliche Verkehrsmittel:	Bus von La Chambre (Maurienne) nach St-Colomban-des-Villards
Verkehrsamt:	F-73130 St-Colomban-des-Villards; Tel. 04 79 56 24 53
Beste Jahreszeit:	Mai bis Oktober
Ausrüstung:	Komplette Klettersteigausrüstung
Karte:	Zur Orientierung Michelin 1:200 000, Blatt 244 »Rhône-Alpes«
Führer:	»Hüslers Klettersteigführer Westalpen«, Bruckmann Verlag, München
Hütten:	keine

Zustieg: Von der großen Infotafel bei La Chal (1208 m) auf ordentlichem Weglein aufwärts zum Einstieg (ca. 1310 m).

Via ferrata de la Chal: Den rasanten Auftakt zum luftigen Gang macht der »Pilier Jaune«, ein senkrechter Zehn-Meter-Pfeiler mit Eisenbügeln. Anschließend leichter schräg bergan zur »Passerelle des Chèvres«: solide konstruiert, aber mit immerhin zwanzig Metern Spannweite. Wer hier wei-

▲ Die »Via ferrata de la Chal« wartet mit einigen sehr ausgesetzten Traversen auf.

Tour 99: Maurienne-Alpen

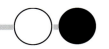

Via ferrata Poingt Ravier – Via ferrata St-Pierre
Leicht oder schwierig? Die beiden Sportklettersteige von Valloire

Valloire, Ferienort an der Nordrampe des Col du Galibier und deshalb allen Radsportfans bestens bekannt (»allez Pantani!«), hat auch für die Klettersteigler etwas übrig. Hier gibt es zwei ganz unterschiedliche Routen, eine für Einsteiger und eine knackige Sport-Ferrata. Beides zusammen ergibt einen garantiert sehr eisenhaltigen Tag, bei dem weniger Erfahrenen leicht schwindlig werden kann.

Talort:	Valloire (1401 m), Ferienort an der Nordrampe der Galibier-Passstraße
Ausgangspunkt:	Parkplatz mit Infotafeln an der Brücke über die Valloirette
Höhenunterschied:	280 Hm bzw. 200 Hm
Gesamtdauer:	Poingt Ravier 2 Std., St-Pierre 3 ½ Std.
Schwierigkeiten:	*Ferrata Poingt Ravier* idealer Steig für Einsteiger, bestens gesichert und nur wenig ausgesetzt. Die *Ferrata St-Pierre*, im Sommer 2000 verlängert, ist etwas für »Experten«: erster Abschnitt sehr anstrengend und exponiert, mit leicht überhängenden Passagen, zweiter Abschnitt weniger schwierig mit vielen extrem luftigen Querungen und mehreren Brücken. Alles optimal gesichert.
Öffentliche Verkehrsmittel:	Bahn ab Chambéry bis St-Michel-de-Maurienne, dann Bus nach Valloire
Verkehrsamt:	F-73450 Valloire; Tel. 04 79 59 03 96, Fax 79 59 09 66. Internet: www.valloire.net; E-Mail: info@valloire.net
Beste Jahreszeit:	Mai bis Anfang November
Ausrüstung:	Komplette Klettersteigausrüstung, Steinschlaghelm.
Karte:	IGN-Karte Top 1:25000, Blatt 3435ET »Valloire«
Führer:	Eugen E. Hüsler »Klettersteigführer Westalpen«, Bruckmann, München
Hütten:	keine

▲ Es kann gar nicht luftig genug zugehen auf den französischen Eisenwegen – Nervenkitzel ist auf der »Ferrata St-Pierre« garantiert!

Via ferrata Poingt Ravier: Vom Parkplatz auf der Straße neben der Valloirette kurz talauswärts, dann links (Hinweis) zum Wandfuß. Den Sicherungen folgend über gestufte Felsen aufwärts. Ein Steilaufschwung, mit Eisenbügeln versehen, leitet auf eine abschüssige, glatte Rampe. Auf künstlichen Tritten unter Überhängen nach rechts, dann um ein luftiges Eck herum in leichteres Gelände. Etwas höher, auf einem Grasrücken, gabelt sich die Ferrata: links geht's durch eine felsige Rinne auf die Gipfelwiese (1696 m), geradeaus über Klammerreihen direkt hinauf zum großen Kreuz.

Abstieg: Hinunter zu den wenigen Häusern von Poingt Ravier (1644 m), im Ort links und auf hübschem Weg abwärts nach Valloire.

Via ferrata St-Pierre: Über die Straßenbrücke und dem Hinweis »St-Pierre« folgen auf einem guten Weg zum Einstieg. Anfangs gemütlich, bei »Passage plein gaz« geht's zur Sache: an Eisenbügeln erst um eine überhängende Felsnase herum und senkrecht auf einen Absatz mit Zwischenausstieg. Rechts leicht abwärts zum Fuß der Gipfelwand und an Sicherungen (Bügel, Leiter) sehr steil auf den abgeflachten Rücken (Rocher St-Pierre, 1582 m). Hier rechts und an Eisenbügeln zur ersten Hängebrücke, dahinter an einem Pfeiler senkrecht hinab und gleich durch einen Kamin zurück zum Grat, die Rinne vor dem Ausstieg noch zweimal querend. Gut 50 Meter weiter südlich in der Westwand auf Bändern zu Pfeilereck. Senkrecht hinab und auf einer Hängebrücke über Einschnitt. Weiter querend durch die Felsmauer, eine Seilbrücke verlangt gute Balance. An einem Grat hinab zur 40-Meter-Passerelle; jenseits durch Kamin zum Ausstieg.

Abstieg: Auf Wiesenwegen zurück nach Valloire.

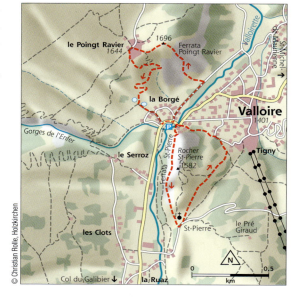

— 140 —

Tour 100: Maurienne-Alpen

Via ferrata du Télégraphe
Zum Col du Télégraphe - aber nicht mit dem Rennradl!

Im Gegensatz zu den Routen bei Pontamafrey und Aussois ist die Ferrata du Télégraphe kein typischer Sportklettersteig. Verhältnismäßig langer Zustieg, kurze, aber knackige Schlüsselstelle. Mehrere Infotafeln vermitteln Wissenswertes über die Maurienne, seine Geschichte und Kultur, über Flora und Fauna. Faszinierend die Aussicht auf den wilden Bergstock des Croix des Têtes (2492 m), weniger schön der weitgehend verbaute Talboden – Dauerbeschallung von der Autobahn inklusive.

Zugang: Von dem kleinen Parkplatz beim Picknickareal kurz aufwärts zum Sportplatz, dahinter in den Wald (große Infotafel zur Ferrata) und auf einem Zickzackweglein zum Einstieg (Tafel, ca. 960 m).

Via ferrata du Télégraphe: Drahtseile und Eisenbügel leiten über die nur mäßig steile Felsflanke hinauf in den winzigen Sattel des Col des Pylônes (1120 m), über den eine Hochspannungsleitung geht. Tafeln informieren hier u.a. über die Energiegewinnung im Tal (das erste Wasserkraftwerk datiert aus dem Jahr 1893), den Bau der Autobahn und die Industrieansiedlungen; westlich (gesicherte) Abstiegsmöglichkeit zum Kraftwerk Calypso (688 m); sie vermittelt den Zugang zur Ferrata für jene, die oben am Col du Télégraphe starten. Unmittelbar über dem Col des Pylônes setzt der etwa 70 Meter hohe Gratpfeiler an – das Herzstück der Route, mit leicht überhängendem Auftakt und atemberaubend luftiger Querung an der »Nase«. Anschließend legt sich der Grat mehr und mehr zurück (Infotafel zur Flora), in mäßig steilem Anstieg erreicht man das Vorwerk des mächtigen Fort du Télégraphe (Infotafel zur Fauna). Weiter über den lärchenbestandenen Hang bergan, dann links, wieder mit guten Sicherungen, in längerer Querung unter der Festung (Infotafel) hindurch und zuletzt flach hinüber zum Col du Télégraphe (1566 m).

Abstieg: Zunächst auf der Passstraße bis zu den Häusern von Le Sapey (1488 m), dann links (Hinweistafel) ab und auf gutem Weg, die weiten Schleifen der »Route des Grandes Alpes« abkürzend, über Les Petites Seignères (936 m) hinunter nach St-Martin-d'Arc. Hier links auf dem schmalen Sträßchen zurück nach Les Culées.

Talort:	St-Michel-de-Maurienne (707 m)
Ausgangspunkt:	Les Culées (698 m), Zufahrt von St-Michel-de-Maurienne über St-Martin-d'Arc, 2 km. Man kann die Tour alternativ auch am Col du Télégraphe starten; Gesamtgehzeit dann etwa 4 1/2 Std.
Höhenunterschied:	900 Hm
Gesamtdauer:	6 Std. (↗ 4 Std., ↘ 2 Std.)
Schwierigkeiten:	Schlüsselstelle ist ein 70-Meter-Pfeiler, senkrecht bis leicht überhängend, schwierig, aber hervorragend gesichert; Rest leicht bis mäßig schwierig.
Öffentliche Verkehrsmittel:	St-Michel-de-Maurienne ist Station an der Bahnlinie Chambéry – St-Jean-de-Maurienne – Modane. Regelmäßige Busverbindung zum Col du Télégraphe (– Valloire).
Verkehrsamt:	Office du Tourisme, F-73300 St-Jean-de-Maurienne, Tel. 04 79 64 03 12
Beste Jahreszeit:	Frühling und Herbst
Ausrüstung:	Klettersteigausrüstung, Steinschlaghelm.
Karte:	TOP 1:25 000er Serie des IGN, Blatt 3435 ET »Valloire – Aiguilles d'Arves – Col du Galibier«
Führer:	»Hüslers Klettersteigführer Westalpen«, Bruckmann, München
Hütten:	keine

▲ Senkrecht bis überhängend: am Pfeiler oberhalb des Col des Pylônes.

Register

Adamello-Klettersteige 37
Adret, Via ferrata de l' 138
Aferer Geisler 76
Ágordo 69
Aiguebelette-le-Lac 136
Aiguille, Mont 113
Aletsch-Klettersteig 37
Alimonta, Rif. 89
Alleghesi, Via ferrata degli 68
Allmaier-Toni-Weg 37
Alpini, Rif. 7° 70
Alpinisteig 58, 61
Alpspitz-Ferrata 34
Alpspitze 34, 35
Alta via Federspiel 81
Amalia, Via 55
Ambros Corrado, Sentiero
    attrezzato 57
Amici della Montagna, Biv. 91
Amicizia, Via dell' 95, 102
Andermatt 120
Angelo Pojesi, Sentiero 87
Angelo Viali, Via ferrata 88
Anita Goitan, Sentiero attrezzato
    54
Arco 101
Arlberger Klettersteig 42
Arzignano 88
Auronzo 62f.
Auronzo, Rif. 64
Azzoni, Rif. 108

Ballabio 106
Battaglion Cadore, Biv. 62
Beaufort-sur-Doron 134
Becca de l'Aouille 129
Bedin, Biv. 82
Belluno 70
Berchtesgaden 29
Bergführerweg 56
Berghaus Gumen 117
Berghaus Säntis 116
Berghotel Wildstrubel 127
Bergkastlboden-Gondelbahn
    41
Bergkastlspitze 41
Bernardina, Biv. 70
Berneuse 125
Bert-Rinesch-Klettersteig 20
Bertagnoli, Rif. 88
Berti, Via ferrata 70
Béthaz-Bovard, Via ferrata 129
Bianchi, Via ferrata 65
Bietti, Rif. 105
Birgkar 28
Bocchetta Campiglia 86
Bocchetta di Val Cassina 105
Bocchette, Via delle 15, 89
Boè, Rif. 74
Boèseekofel-Klettersteig 71
Bolver-Lugli, Via ferrata 84
Bonacossa, Sentiero 64
Bondone, Monte 98
Bonvecchio, Biv. 90
Braunwald 117
Braunwalder Klettersteig 117

Brazzà, Rif. 55
Breglia 109
Brentei, Rif. 89
Brunni 118
Brunnihütte 118
Brunnsteinhütte 33
Burrone-Steig 93
Buzzati, Sentiero 85

Cacciatore, Sentiero del 85
Camminamenti, Sentiero dei
    95, 103
Campalani, Ferrata 87
Capanna Don Zio 100
Capanna Piz Fassa 73
Carducci, Rif. 62
Carestiato, Rif. 69
Casale, Monte 16, 96, 100
Casasco 122
Cascade de l'Oule, Via ferrata
    37
Cecilia, Sentiero 106
Cellon 56
Cengia Gabriella, Via ferrata 62
Centenario, Via ferrata del 109
Ceria Merlone, Sentiero
    attrezzato 55
Cesco Tomaselli, Via ferrata 15,
    58, 67
Chal, Via ferrata de la 139
Champagny-la-Vanoise 137
Champéry 128
Che Guevara, Via ferrata 16, 94,
    96, 100
Cima Capì 103
Cima Carega 87
Cima della Stanga 85
Cima di Mezzo (Cristallo) 65
Cima Moiazza Sud 60, 69
Cima Rocca 103
Cima SAT 95, 102
Cinque Cime, Sentiero delle 86
Cirspitze V 75
Civetta 68
Claudio Costanzi, Sentiero 90
Coburger Hütte 38
Col de Varda 64
Col Ombert 80
Col Raiser 77
Col Verde 84
Coldai, Rif. 68
Colodri, Sent. attrezzato del
    101
Coltignone, Monte 107
Corno di Lago Scuro 91
Corsi, Rifugio 54
Cortina d'Ampezzo 65ff.
Corvara 71, 73
Costantini, Via ferrata 15, 69
Costanzi, Biv. 90
Coste dell'Anglone 101
Cristallo, Monte 65
Croda Granda 83
Croix de Chamrousse 37

Dachstein-Südwand 24ff.

Dachstein-Südwandhütte 27
Dachsteinwarte 27
Dain Picol 99
Daubenhorn 127
De Franco Silvano, Via ferrata
    108
Della Chiesa, Biv. 67
Demoiselles du Castagnet, Via
    ferrata 37
Dente del Resegone 14, 108
Diavolo, Via ferrata 120
Dibona, Rif. 66
Dibona, Sentiero attrezzato 65
Dientner Sattel 28
Direttissima 106
Donnerkogel-Klettersteig 37
Doss d'Abramo 98
Drei-Schwstern-Steig 47
Drena, Castel 101
Dro 101
Duràn, Passo 69

Eggstöcke 117
Ehrwald 38
Ehrwalder Alm 38
Ehrwalder Sonnenspitze 38
Eibsee 35
Eiger-Trail 124
Elisa, Rif. 105
Ellmau 31
Ellmauer Halt 31
Engelberg 118f.
Erichhütte 28
Escale de la Peille, Ferrata 113
Eselstein 22, 26

Falzárego, Passo 67
Fanisstollen 67
Fennberg-Klettersteig 92
Ferrata 'Eigenname
Fiamme Gialle, Biv. 84
Fiderepasshütte 44
Fiera di Primiero 83, 85
Fiori, Sentiero dei 91
Fiume, Sentiero del 104
Foletti, Sentiero 103
Fonda Savio, Rif. 64
Forcella d'Álleghe 68
Forcella del Marmor 83
Forcella del Vanedel 63
Forni Alti, Monte 86
Forno di Zoldo 69
Fraccaroli, Rif. 87
Franz-Kostner-Hütte 71, 73
Froneben 39
Fulpmes 39
Fürenwand-Klettersteig 119
Fürstensteig 47
Fusine in Valromana 53

Gadmen 123
Gafadurahütte 47
Gaflei 47
Gamma, Via ferrata 108
Gampenalm 76
Garmisch-Partenkirchen 34

Garsellikopf 47
Gemmipass 127
Generoso, Monte 122
Gerardo Sega, Sentiero 95
Ghedini, Biv. 69
Giazza/Ljetzan 87
Giovanni Lipella, Via ferrata 58,
    66
Giralba 62
Giulia Segata, Via attrezzata 98
Giussani, Rif. 66
Goldweg 41
Göschenen 121
Gramolon, Monte 88
Grand Bornand 132
Grignetta 106
Grindelwald 124
Grödner Joch 72, 75
Grona, Monte 109
Große Cirspitze 16
Große Kinigat 57
Große Ochsenwand 39
Großer Koppenkarstein 26
Großer Priel 20
Groste, Passo del 90
Gruttenhütte 31
Gumen 117
Günther-Messner-Steig 76
Guttenberghaus 22f.

Hafelekar 32
Hafelekarhaus 32
Hanzasteig 52
Hinterstoder 20f.
Hocheck 29
Hochkönig 28
Hohe Gamsfeldspitze 23
Hohe Gänge 38
Hohe Rams 23
Hoher Dachstein 25f., 58
Höllentalspitzen 35
Hunerkogel 23

Imst 43
Imster Klettersteig 43
Innsbruck 32
Innsbrucker Klettersteig 32
Italiana, Via 53

Jägihorn-Klettersteig 126
Jôf di Montasio 15, 55
Jôf Fuart 54
Johann, Der 27
Jubiläums-Klettersteig 22, 40
Jubiläumsgrat 35
Jubiläumsweg (Prisojnik) 50f.

Kaiserjägersteig 80
Karerpass 79
Karhorn-Klettersteig 45
Karwendel-Seilbahn 33
Kemacher 32
Kleiner Lagazuoi 67
Knoppenjochspitze 42
Kolfuschg 72
Königsjodler-Klettersteig 28

Register

Königssee 29
Kötschach-Mauthen 56
Kranjska gora 51f.
Kreuzboden 126
Kreuzjoch 39
Kuhgrat 47

La Chal 139
La Clusaz 133
La Giettaz 133
Lac du Sautet, Via ferrata 37
Laghi di Fusine 53
Längenfeld 40
Lecco 107f.
Lehn 40
Leitersteig 33
Leukerbad 127
Leukerbadner Klettersteig 16f., 127
Leysin 125
Lichtenfelser Steig 73
Liechtensteiner Weg 46
Lisengrat 116
Lorenzi, Rif. 65

Madonna di Campiglio 89f.
Maldonkopf 43
Malè 91
Malga Canali 83
Malga Crocifisso 81
Malga Saisera 55
Mandello del Lario 104f.
Mangart, slowenischer Klettersteig 53
Mannheimer Hütte 46
Margreid 92
Marmol, Biv. 70
Marmol, Via ferrata 70
Marmolada 58
Marmoladascharte 59
Martinswand 18
Masarè, Via ferrata 79
Matrashaus 28
Menaggio 109
Menaggio, Rif. 109
Mezzocorona 93
Mihov dom 52
Mindelheimer Hütte 44
Mindelheimer Klettersteig 44
Miola, Sentiero 82
Misurina 64
Mittelberg 44
Mittenwald
Mittenwalder Klettersteig 33
Mödlinger Klettersteig 37
Monte 93
Monte Albano, Via attrezzata 95
Monte Pietravecchia, Vie ferrate del 37
Monte-Generoso-Klettersteig 122
Mühlbach am Hochkönig 28
Musatti, Biv. 63
Muttekopfhütte 43

Nasenlöcher-Route 116

Naturfreundesteig 37
Nauders 41
Nenzing 46
Nenzinger Himmel 46
Nogara, Biv. 53
Nordwand-Klettersteig (Prisojnik) 51
Nordwandsteig (Alpspitze) 34

Obertilliach 57
Oronaye, Monte 37
Osterfelder-Seilbahn 34, 35

Palòngrat 97
Panüeler Kopf 46
Paolinahütte 79
Papa, Rif. 86
Passo 'Eigenname
Passo delle Selle, Rif. 81
Passo di San Nicolò, Rif. 80
Passo Pértica, Rif. 87
Pecol 68
Pederiva, Rif. 79
Pedrotti, Rif. 89
Pero Degasperi, Via ferrata 97
Persailhorn 30
Pian dei Fiacconi 60
Piani Resinelli 106f.
Pietramurata 100
Pisciadù, Rif. 72
Pisciadù-Klettersteig 36, 72
Piz Boè 73
Piz Selva 74
Pizz d'Erna 108
Plamorder Spitze 41
Plan de la Laie, Ref. 134
Plan du Bouc, Via ferrata 137
Plöckenpass 56
Poingt Ravier, Via ferrata 140
Pointe des Neyzets, Via ferrata 37
Pontamafrey 138
Porta, Rif. 106
Porze 57
Porzehütte 57
Pößnecker Klettersteig 74
Postarski dom 51
Pozza di Fassa 80f.
Prielschutzhaus 20f.
Prisojnik 50ff.

Ramsau 22ff., 29
Ramsauer Klettersteig 23, 26
Ranzo 99
Razor 51
Reali, Biv. 83
Reali, Via ferrata 83
Rebuzzini, Via ferrata 108
Regensburger Hütte 77
Reinhard-Schiestl-Klettersteig 40
Reschensee 41
Resegone 108
Revolto, Rif. 87
Riccardo Piazzo, Rif. 107
Rigidalstock-Klettersteig 118

Rino Pisetta, Via attrezzata 95, 99
Rio Sallagoni, Sentiero attrezzato 101
Rio Secco, Via ferrata 93
Riva 102f.
Roc du Vent, Via ferrata du 134
Roche à l'Agathe, Via ferrata de la 135
Rond, Mont 139
Rongio 105
Rosengartenhütte 78
Rosetta, Rif. 84
Rotstock-Klettersteig 114, 124
Rotwand (Rosengarten) 79
Rotwand (Sexten) 61
Rotwand-Klettersteig 61
Rotwandhütte 79
Rouas, Via ferrata del 37
Roverè della Luna 92
Rovereto 86

Saalfelden am Steinernen Meer 30
Saas Grund 126
Sacra, Via ferrata de la 37
Sagherza, Biv. 53
Salbithütte 121
Salbitschijen-Biwak 121
Salbitschijen-Kettenweg 121
San Martino di Castrozza 84
San Sebastiano, Rif. 69
Säntis 116
Santnerpass-Klettersteig 78
Santnerpasshütte 78
Sarche 99
Sas Rigais 17, 77
Sas-Rigais-Klettersteige 77
Sasso Cavallo 105
Sattelspitzen 32
Scalorbi, Rif. 87
Schafalpenköpfe 44
Scheichenspitze 23
Schiara 70
Schlicker Alm 39
Schlicker Klettersteig 39
Schlüterhütte 76
Schöllenenschlucht 120
Schwägalp 116
Schwendle 44
Sellajoch 74
Sentiero 'Eigenname
Sentinellascharte 61
Senza confine, Ferrata 56
Sexten 61
Soglio Rosso 86
Sonvico 104
Spannagel-Klettersteig 37
Spitzmauer 21
Spiz di Tariciogn 81
Spusagang 46
St-Colomban-des-Villards 139
St-Michel-de-Maurienne 141
St-Pierre, Via ferrata 131, 140
St. Anton am Arlberg 42
St. Christina 77

Standschützenhütte 57
Steffisalpe-Sessellift 45
Steinbergerweg 56
Steinernes Meer 30
Stodertaler Klettersteig 21
Stoppani, Rif. 108
Strada delle Gallerie 86
Strada Sanmarchi 15, 63
Straußsteig 46
Stuparich, Biv. 55
Südliche Fanisspitze 15, 67
Südwandsteig (Persailhorn) 30
Sulzleklammspitze 33
Suringar, Biv. 55
Susatti, Via ferrata 95, 103

Taccole, Ferrata delle 95
Taibon Agordino 82
Tajakante-Klettersteig 38
Tajakopf 38
Tälli-Klettersteig 114, 123
Tällihütte 123
Tällistock 123
Tarvisio 54
Télégraphe, Col du 141
Télégraphe, Via ferrata du 141
Tête aux Chamois, Via ferrata 114
Tête de Cheval, Via ferrata de la 136
Thônes 135
Ticarjev dom 51
Tière, Via ferrata de 114, 128
Tiers 78
Tiroler Hütte 33
Tiroler Weg 41
Tissi, Via ferrata 15
Tivan, Sentiero 68
Tofana di Rozes 66
Tonale, Passo del 91
Torrani, Rif. 68
Tour d'Aï, Via ferrata 125
Tour de Jalouvre, Via ferrata de la 132
Trento 97
Treviso, Rif. 83
Triglav 50
Tschagerjoch 78

Unterfennberg 92
Unterwasser 116
Urnäsch 116

Vaduz 47
Vajolethütte 78
Vajolettürme 78
Val Cassina, Ferrata 105
Valacia 81
Valbruna 55
Valgrisenche 129
Vallaccia, Rif. 81
Valle di Era 104
Vallesinella, Rif. 89
Valloire 140
Vallon 71, 73

— 143 —

Register

Vallugagrat 42
Vani Alti 83
Velo della Madonna, Rif. 85
Vernier, Mont 138
Vidi, Sentiero 90
Villnößtal 76
Vita, Via della 15, 53
Vordere Brandjochspitze 32
Vorderes Alpjoch 43

Vrsic 51f.

Wälscher Ring 76
Warth 45
Warther Horn 45
Watzmann 29
Watzmannhaus 29
Weg der 26er 37
Weissmieshütten 126

Weißschrofenspitze 42
Weißsee-Klettersteig 37
Welschnofen 79
Wiechenthaler-Hütte 30
Wildental-Klettersteig 30
Wilder Kaiser 31
Wimbachgrieshütte 29
Wochenbrunner Alm 31
Wolkenstein 74f.

Yves Pollet-Villard, Via ferr. 133

Zacchi, Via ferrata 70
Zandonella,
   Via ferrata 58, 61
Zanser Alm 76
Zoldo Alto 68
Zucco di Sileggio 104
Zugspitze 35

Impressum

Titelabbildung: Unterwegs am »Johann«, dem grandiosen Klettersteig durch die Südwand der Dachsteinwarte (Foto: B. Ritschel)
Umschlagrückseite: Die Hängebrücke an »La Traditionelle«, einem Klettergarten-Klettersteig im Parc National du Mercantour (Foto: J. Frank)

Textbeiträge

von S. Garnweidner (Tour 7), W. Heitzmann (Touren 1 und 2), H. Höfler (Tour 9), alle übrigen Texte von Eugen E. Hüsler

Bildnachweis (Seiten):

G. Auferbauer Seite 22, 26, 36, 42
J. Frank 7, 12, 13, 36 li.u., 45, 79, 108, 133, 135 l. G. Dähne 65. S. Garnweidner 4, 29, 31. W. Heitzmann 21. P. Hoff 56

H. Höfler 34. M. Kostner 67, 71 u., 99
F. Planinscheck 60 o., 70, 72. B. Ritschel
3, 17, 18, 22, 24, 27, 40, 135 re. P. Sandt
129.
Alle übrigen Fotos stammen vom Autor
Umschlaggestaltung: Ruth Kammermeier
Layout, Satz und Herstellung:
Text & Typografie, Bad Tölz
Sämtliche Karten: Ingenieurbüro für Kartographie Christian Rolle, Holzkirchen.
Alle Angaben dieses Werkes wurden von den Autoren sorgfältig geprüft und auf den aktuellen Stand gebracht sowie vom Verlag auf Stimmigkeit geprüft. Für die Richtigkeit der Angaben kann jedoch keine Haftung übernommen werden. Für Hinweise und Anregungen sind wir jederzeit dankbar. Bitte richten Sie diese direkt an den Autor: Eugen E. Hüsler, Ostener Str. 5, D-83623 Dietramszell, Tel. 0 80 27/13 69.

Gedruckt auf chlorfrei gebleichtem Papier

Die Deutsche Bibliothek –
CIP-Einheitsaufnahme.

Ein Titeldatensatz für diese Publikation ist bei Der Deutschen Bibliothek erhältlich.

Gesamtverzeichnis gratis:
Bruckmann Verlag GmbH, Innsbrucker Ring 15, D-81602 München
Internet: www.bruckmann.de

© 2002 by Bruckmann Verlag GmbH, München
Alle Rechte vorbehalten.
Printed in Germany by Passavia
ISBN 3-7654-3793-X